地理科学导论

张仲伍　主编

气象出版社
China Meteorological Press

内容简介

本书以地理科学发展为主线，以激发大学生学习地理学的兴趣和培养大学生探索地理学科学问题的激情为出发点，遵循大学生认知规律，由易到难，依照中国地理学最新和权威分类，分别介绍了自然地理、人文地理、信息地理和综合地理的基本知识和基本规律，以及研究地理学的方法论和方法，建立一个联系各地理要素或现象的解释体系，以探讨和总结地理学主要理论、规律和解释社会经济和生态领域的现实问题，是一部通论性的地理学教材。本书具体内容如下：第 1 章为绪论，重点介绍了地理学的发生发展、研究对象和核心内容，地理学分类体系以及本学科的主要价值体现。第 2 章为自然地理部分，主要介绍了自然地理各分支及其发展。第 3 章为人文地理部分，主要介绍了人文地理各分支及其发展。第 4 章为信息地理部分，主要介绍了信息地理三大分支的主要内容。第 5 章为综合地理部分，重点介绍了综合地理五大分支、主要原理和规律。第 6 章为地理学的方法论以及主要的研究方法。

虽然本书借鉴目前中外优秀教材，与相关新材料密切结合，但是本书还是以中国地理学发展以及地理学分类为依据，以介绍中国地理学学者研究成果，以及中国地理学服务社会为主要内容，特别适合作为师范院校大学本科地理专业的地理学导论教材，也可作为非地理专业地理公共课程教材，还可供中学地理和环境教育课的老师以及经济、规划等专业人员作参考。

图书在版编目（CIP）数据

地理科学导论 / 张仲伍主编. -- 北京 : 气象出版社, 2024. 9. -- ISBN 978-7-5029-8299-7

Ⅰ. K90

中国国家版本馆 CIP 数据核字第 2024C7Z668 号

DiLi KeXue DaoLun

地理科学导论

张仲伍　主编

出版发行：气象出版社

地　　址：北京市海淀区中关村南大街 46 号　　**邮政编码**：100081

电　　话：010-68407112（总编室）　010-68408042（发行部）

网　　址：http://www.qxcbs.com　　**E-mail**：qxcbs@cma.gov.cn

责任编辑：郝　汉　张锐锐　　**终　　审**：张　斌

责任校对：张硕杰　　**责任技编**：赵相宁

封面设计：地大彩印设计中心

印　　刷：北京中石油彩色印刷有限责任公司

开　　本：720 mm×960 mm　1/16　　**印　　张**：14.75

字　　数：300 千字

版　　次：2024 年 9 月第 1 版　　**印　　次**：2024 年 9 月第 1 次印刷

定　　价：78.00 元

前言

2010年，山西师范大学地理科学学院决定在大一新生课程中开设《地理科学导论》，将其作为学生选修课之一，目的是让新生全面了解地理学概貌，消除大学生对地理学的陈旧认知，特别是社会上对地理学的偏见。笔者被指定为该课程的授课教师之一，到今年已经连续讲授14年。在教授过程中，我深深感到该课程的重要性与任务的艰巨性，一是本课程作为大学生走进地理学殿堂的关键一环，能否激发学生学习地理学的兴趣，能否培养出学生探索地理学的激情，能否让学生全面了解地理学的全貌，能否让学生把地理学作为一生的事业，是本课程的重要目的。二是要达到上述目的，对教师整体素养要求很高。授课教师必须是一个痴心于地理学的教育者，一个热爱地理学的建设者，一个地理科学问题的探索者，一个综合地理学学者。同时，笔者发现，地理科学导论虽然已经有王铮老师、潘玉君老师和白润光老师等出版相关教材，也有学者翻译的国外书籍，但是，仍然需要一本符合时代实际发展需求、具有中国特色的地理学前沿问题探索的教材，特别是符合当下师范类大学学生的教材。一方面，师范类地理科学专业大学生毕业后主要从事基础地理教育，了解新时代中国地理学的发展及其特征是必要的。另一方面，地理学中很多理论与观点是西方地理学学者在研究西方社会经济问题中归纳的，难免"水土不服"，在我国社会经济高质量发展中，我国学者因地制宜，在理论和实践中做出了很好的成就，需要大力宣扬学习，增强学生学习地理学的信心，培养学生从事地理学的科学精神。在讲授过程中，笔者收集了该课程的不同版本教材、培养目标和教学资料，同时与讲授该课程的其他高校教师保持着良好的联系和交流。经过多年一线教学科研积累、社会实践思考，笔者申请到山西师范大学出版资助（山西师范大学教材建设资助项目（2021JCLX-11）），并得到山西师范大学研究生"课程思政"示范课程建设项目（2022YJSKCSZSFK-07 地理学哲学）的资助。经过2年的精心写作，在参考国内外优秀教材和相关文献下，终于成稿。在此，感谢所有对本书提出宝贵意见的各位同仁，感谢各位资深学者。本书引用文献均做出标识，但是难免遗漏一二，不当之处，还望各位专家学者海涵，在此一并谢过各位专家学者。

作者

2024年6月

目　录

第1章 绪 论

1 地理科学的发展阶段

1.1 古典地理学

古典地理学(上古时期至18世纪末)是农牧业社会的产物,以地理知识的描述性记载为主,学科内外分化尚不明显。同时,由于自然地理环境以及由此形成的人文地理环境的地域差异和交通不便等因素,古代地理文献的体例与内容具有明显的地域差异,即体现出多元文化特质。

古典地理学致力于探索地球的形状、大小和有关测绘技术,或描述性地记载地理知识,以及当时国家和地区的自然与人文现象。因此形成了地理学观察、实践和描述的研究范式与传统。如《易传·系辞传》(上)第四章就有"仰以观于天文,俯以察于地理"的记载。中国有《尚书·禹贡》《夏小正》《管子·地员》《山海经》《地理志》《水经注》《通志·地理略》《梦溪笔谈》《天下图》等代表性著作,西方有埃拉托色尼和斯特拉波分别撰写的《地理学》以及托勒密的著作《地理学指南》等。图1.1所示为程大昌的九州山川实证总图。

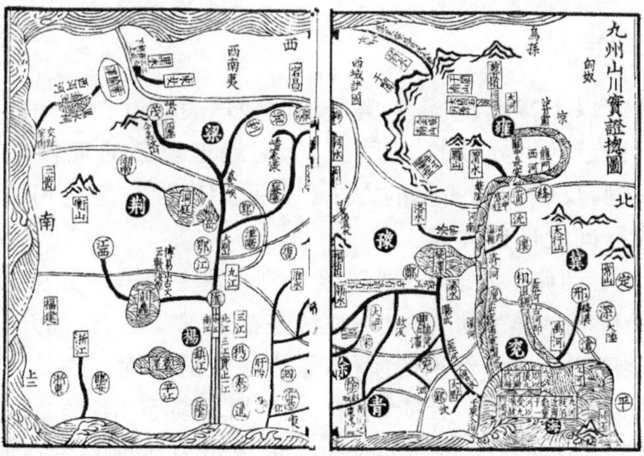

图1.1 九州山川实证总图

(出自程大昌编撰的历史地图集《禹贡山川地理图》,其初刻本现藏于中国国家图书馆)

1.2 近代地理学

近代地理学(19 世纪至 20 世纪 50 年代)是与社会经济的发展相适应的地理学。冯·洪堡的《宇宙》和卡尔·李特尔的《地学通论》标志着近代地理学的开始。

19 世纪上半叶,德国两位杰出的学者洪堡和李特尔将古典地理学系统地发展成为依靠科学方法进行研究的近代地理学。近代地理学对地表各种事物及其关系的描述表现为解释性描述,力图阐明基于近代科学意义上的因果关系,地理学理论思维发生重大转变。19 世纪下半叶,地理学思想在很大程度上受环境决定论影响。环境决定论认为人文现象受自然环境,特别是受气候条件的支配和限制。地理学者认识到人类社会变化主要是通过文化转变发生的,而不是由气候或基因决定的,文化地理学派的观点逐渐为人所知。

随着部门地理学分支的蔓生和独立性增强,地理二元论日渐明显,自然地理学试图走探索规律、寻求法则的自然科学道路,人文地理学试图走文化科学个性描述的道路。19 世纪末至 20 世纪前半期,近代地理学的主流纳入了赫特纳-哈特向的区域学派体系之中。哈特向强调地理学研究应重视地域差异,同时提出区域地理学的价值在于对区域本身独特性的研究,及其对地球表面区域现实的综合理解和解释性描述。区域个性研究使地理学缺乏理性的光辉,缺乏现代科学的方法论使得学科距离实际和社会的实际需求渐行渐远。

地理学概念体系渐趋形成与完善。地理学内部学科不断分化,地理学分化出一系列二、三级学科且学派林立。近代地理学阶段是部门地理学蓬勃发展的时期,强调自然过程和自然与人文现象的因果关系研究。同时,因文化交流的扩展,各国或各地区之间的地理学得以相互影响,发源于德国的近代地理学很快传播到法、英、俄、美等发达国家,以及包括中国在内的发展中国家。

1.3 现代地理学

现代地理学具有以下特点:①将人类居住的地球表面看作统一的复合系统,地理学本身的结构和体系已趋向世界性的一元化。②对地理现象的解释由单纯的类型归纳,过渡到理论演绎、实验反馈和模式化的方法。③采用定性与定量相结合的方法,对纷呈复杂的地表机理进行确定性研究等。

1953 年,德国学者谢弗尔发表了“地理学中的例外主义——方法论的检讨”一文。谢弗尔认为“地理学是区域差异的研究”这一说法是描述现象本身,离开对一般法则的抽象研究,只能使地理学停留在十分幼稚的阶段,是方法论的歧途。他认为,空间关系的研究才应是地理学真正的主题。其后,杜能、韦伯、克里斯塔勒等相继发展了地理空间理论。

1969 年,地理学大师哈维从逻辑实证主义的视角为地理学者指明了理论地理学的方向。现代地理学的“理论革命”,确实在地理学界引起很大的震动,但是它也受到来自传统区域学派和后来兴起的人文主义地理学、激进地理学两个方面的强烈批评。这些批评认为，逻辑实证主义的方法论无视地球表面环境的多样性，忽视人在地理环境中的作用，是地理虚无主义的表现，地理的“理”不应变成形状、距离的关系。

地理学在学科发展过程中不断地在独特性与普遍性之间来回摆动，究其根本是地理学研究对象的复杂性所致，这将是地理学存在的永恒危机。

1.4　从地理学到地理科学

1965 年，美国地理学家阿克曼提出地理科学概念。黄秉维(1959;1960)认为地理科学不完全等同于地理学，而是在若干科学的基础上的改造、重组和发展。地理科学是研究地球表层自然要素与人文要素的相互关系和相互作用的科学，是自然科学与人文科学的融合。1986 年，钱学森正式提出“地理科学”，他认为地理科学作为科学技术的一个大部门，与自然科学、社会科学、数学科学、系统科学、人体科学、思维科学、军事科学、行为科学、文艺理论共同组成了 10 个科学技术部门。

地理科学研究自然过程、社会过程的宏观规律和综合规律，具有综合性、交叉性和区域性的特征。以定性描述为主的传统地理学转向了具有独特研究方法的定量化的地理科学，二者差异主要体现在三个方面。

第一，研究方法的变革。传统的地理学方法主要有勘查、观测、记录、制图、区划与规划等。地理科学在发展过程中继承了原有优势，在加强野外考察、观测的同时，更注重应用空间统计、对地观测、地理信息系统、遥感等多种技术手段，建立模型和决策支持系统，为决策和管理服务。

第二，研究技术从概念模型走向定量表达。地理学研究已经从统计模型走向模式模拟，从线性分析发展为非线性数理统计，从模型建立走向模型系统。对地球表层的监测体系逐步建立，实现了精细化、多尺度的野外观测，深化了对地理现象过程和机制的认识。

第三，大数据、可视化和虚拟现实为研究复杂的地理学问题提供了重要工具。大数据可以比较精细地刻画社会经济现象的时空变化。综合性和整体性已经成为地理学的基本理念，“3S”技术(GIS(地理信息系统)、GPS(全球定位系统)、RS(遥感))贯穿于解决地理学问题的各个环节。

2　研究对象与核心内容

2.1　地球表层系统

地理科学的研究对象为地球表层系统。李特尔明确指出，地理学研究的对象不是宇宙，也不是地球的全部，而是地球表面。地球表层的范围直接与科学研究的任务相关，划分只能是相对的。近地面活动层是局地地理学和土地科学的研究范围，而以全球为对象的地理学则要涉及沉积岩石圈至对流层顶部的宏大空间。

多数自然地理学家提出从沉积岩石圈到对流层顶部为自然地理学的研究对象，划定这个范围的理由是：这里是以太阳能为主要能源的外力活动的范围，沉积岩是外力参与下形成的，对流层是太阳能作用下大气垂直和水平运动的活跃的动态体系，也是地球物理表面对大气圈作用和影响的基本范围，这个范围是太阳能作用的历史—现实复合系统。

人文地理学家很少注意关于地理壳厚度和上下界限的讨论，他们着眼于地表经济、社会、文化地域，是二维空间。吴传钧所提出的地理学的主要研究对象——人地关系的地域系统，是以地球表层一定地域为基础的人地关系系统。还有诸如苏联不少地理学家认为地理学没有统一的研究对象，自然地理学研究地理壳，有垂直范围问题，而经济地理学、人文地理学则研究社会经济文化地域，两者根本是两回事情。

2.2　人地关系地域系统

吴传钧(1989)先生强调，地理学要“着重研究人地系统中人与自然的相互影响与反馈作用”。人地关系是包括两个各不相同但又相互联系的变量的一种系统。在这个系统中，所谓“地”，是指由自然和人文要素按照一定规律相互交织、紧密结合而构成的地理环境整体。人在生物圈中之所以居于特殊地位，是因为人兼有生物属性和社会属性，具有认识、利用、改变、保护自然环境和认识、改变、控制自身的能力，具有活动的社会性。因此，人地系统具有自然与社会两种属性。

应当认识人地关系是在一定的社会关系下建立的。人同自然界的关系表现为人类社会同自然环境的关系，而不是单个人同自然环境的关系。人类社会通过生产，有意识地改变着自己生存的物质条件，从而改变着周围的自然界。在此过程中，人为与新的自然环境之间带来了新的关系，因此人地关系可以理解为一种具有社会和历史特性的辩证关系。

人地关系因区域依赖性、时空尺度转换而构成了一个完整的地域系统，这就是人地关系地域系统。人地关系地域系统研究的核心目标是协调人地关系，从空间结构、时间过程、组织序变、整体效应、协同互补等方面去认识和寻求全球的、全国的或区域的人地关系系统的整体优化、综合平衡及有效调控的机理，为有效地进行区域开发和区域管理提供了理论依据。因此，人地关系地域系统的理论要点就是人地相互作用形成的功能、结构、过程和效应，以及人地作用的区域分异特征、系统性和可调控性。

地球表层的格局和演变过程，无疑是自然环境和人类活动共同作用形成的。具体在某个地域而言，其功能特征和时空变化是人类活动和自然环境，或者说是人地相互作用的结果。人地关系构成了地理格局和过程最基本的关系，正是由于这种基本关系的形成是人与地相互作用的结果，其作用机理、动力机制、表达效果和产生的影响都呈现出综合性的基本属性。这种关系因功能特征与时空变化规律在不同区域的表现不同而具有明显的区域性。综合性与区域性是地理学两大特征，因此，研究人地关系就成为地理学的基本命题。

3　学科性质

陈发虎等(2021a)把地理科学分为综合地理学、自然地理学、人文地理学、信息地理学四大分支(图 1.2)。

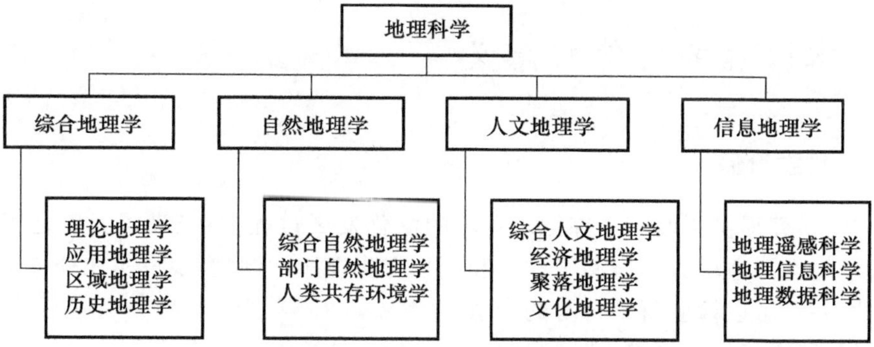

图 1.2　地理科学的学科体系(陈发虎 等，2021a)

3.1　区域性

地球表面自然现象和人文现象空间分布非均衡性的特点，决定了地理科学研究的区域性特点。地理学科的首要特征是区域性，区域性同时也是地理科学作为学科存在的基础。尽管有些学科也针对陆地表层自然要素和人文要素开展了大量研究，且取得了丰富成果，但是与地理科学不同的是，这些学科一般更加注重要素的时间过程，而忽略了空间距离、空间环境和空间格局对要素变化的影响。地理科学以其独特的区域视角，不可替代地从空间视角描述、解释了陆地表层要素的变化规律。

地理科学区域性研究内容包括区域内部结构和区际关系两个方面。地理科学的区域研究分为三个尺度：大尺度区域研究着重探讨全球或全陆地范围内的分异规律和内部结构特征，从而揭示全球或全陆地的总体特征；中尺度区域研究分析国家或大地区范围内区域总体特征和地域分异规律，以及该地区对大尺度区域分异的作用；小尺度区域研究揭示局部地区区域特征和分异规律，以及该地区对中尺度区域分异的作用。

3.2　综合性

作为研究对象的地球表层系统是一个多种要素相互作用的综合体，其决定了地理科学是一门综合性的学科。地理科学的综合性研究分为不同的层次:两个要素相互关系的综合研究、多个要素相互关系的综合研究、地球表层系统全部要素之间相互关系的综合研究。综合性的特点决定了地理科学是一个横断学科。事实上,许多研究地球表面某一圈层或某一圈层中部分要素的学科是从地理科学中分化发展而成的。在任何物理空间中,陆地表层特征都是由多个要素共同作用的结果,理解不同尺度地理区域要素之间的相互作用以及在空间上表现的整体特征,都是地理科学综合研究的核心任务。基于综合研究对陆地表层理解的重要意义,地理综合性研究将引领地理科学发展的未来。

4 本课程的价值与意义

4.1 哲学价值

为哲学研究提供了基础。在地理环境的演化发展过程中,充满了否定之否定的规律,地理环境空间地域分异充满了联系和质量变化规律,这些客观事实充分肯定了哲学的正确性,并且可以检验哲学自身的价值。

为哲学研究提供了答案。地理学自产生以来,就非常重视人地关系问题,形成了多种人地关系理论。地理学家经过研究和思考,得出了人地共生、人地共同创造是实现美好未来的正确途径的结论。

部分解决了人的主观能动性问题。哲学强调人的主观能动性的发挥,人地关系指出,在地球表层内发挥人的主观能动性,人的积极参与,建立起良性正因果反馈关系,使人地关系向越来越好的方向发展。

丰富了哲学方法。地理学的空间研究角度和方法,丰富了哲学方法,可以从空间角度思考,探索时间问题,有利于时空统一观的发展。又如在《尚书·禹贡》的世界中,华夏居九州,处于中央,四夷在边缘,处于四方边裔,它所呈现的是一个典型的华夏中心的世界观。图 1.3 所示为天圆地方说与盖天说。

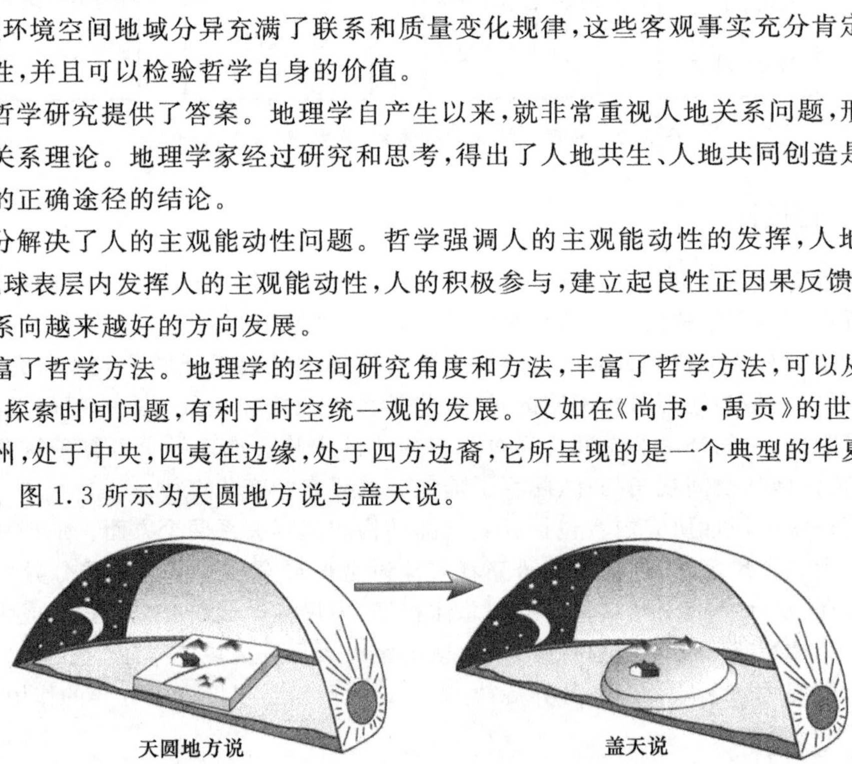

图 1.3 天圆地方说与盖天说(张玉清 等,2017)

4.2 科学价值

解释世界。提供关于事物变化之根本原因的总体观察。地理学的整体观念对当前一些重大问题的解决具有积极意义，地理学一向具有整体高于局部的观念，对正确解决困扰全人类的粮食、人口、资源与环境等复杂性、综合性问题具有重要作用。

构建知识。阐明科学推理过程，建立知识体系。地理学具有跨自然科学和社会科学的属性，在解决大量存在的、一系列重要的、综合性问题中起到特殊的作用。地域分异规律揭示出其他学科自身难以直接揭示的未知规律，应用空间分布规律可以找出某些人类疾病的原因和源地，地理比较研究为众多人文科学提供了知识基础和研究素材。

探究功能。提出重要的假设、思想、方法、标准、目标等。论证贯穿各种科学范畴的因素之间的重要共性和差异。地理学属于宏观科学，重大理论的突破将直接促进其他学科的进步，如道库恰耶夫提出的自然地带学说，直接派生了土壤发生学；青藏高原隆起对自然环境与人类活动影响的综合研究，对亚洲环境演变机理具有重要用途。

研究对象的特殊性决定了地理学在科学大厦中的地位。地理学以地球表层空间系统这一特殊领域为研究对象，这是其他任何科学（或学科）不曾研究的领域，而地球表层问题的主要研究之一就是空间系统。因此，地理学在科学大厦中具有其他学科无法替代的地位。图 1.4 所示为人地关系地域系统理论模式。

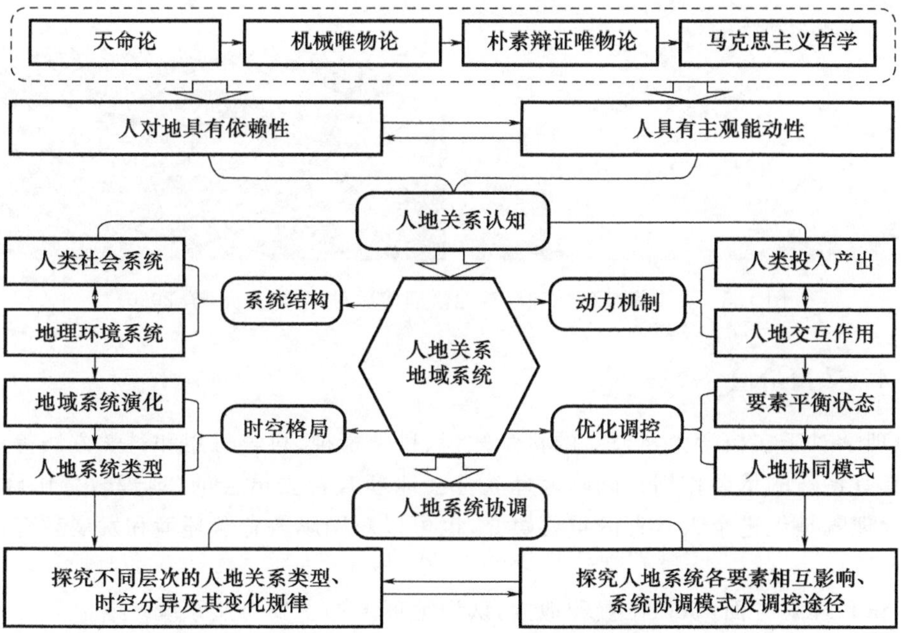

图 1.4 人地关系地域系统理论模式（刘彦随，2020）

4.3 社会价值

在自然环境区域差异与自然区划、土地利用与覆被变化、自然灾害形成运动规律和风险防控、荒漠化过程与防治、黄淮海中低产田改造、多年冻土区工程建设、地球化学元素异常和地方病防治、自然地理要素定位观测、地理空间异质识别和地理探测器等领域开展了大量工作，取得了卓越成就。自然地理学在实践和应用相关领域的研究加深了对中国陆地表层系统格局与过程的认识，同时有效支撑了中国农业发展、区域发展、资源合理利用和生态文明建设。随着经济社会的不断发展，地理科学的应用前景更加广阔。图 1.5 为黄淮海盐碱地和风沙地治理前后对比。

图 1.5 黄淮海盐碱地和风沙地治理前后对比(陈发虎 等,2020)

4.4 教育价值

地理学对于在校学生及公众的科学知识、科学精神、科学思想和科学方法等的教育方面，具有特殊的重要作用。国际地理联合会地理教育委员会的《地理教育国际宪章》指出:地理既是促进个人教育的重要媒介，也可以对国际教育及环境和发展教育做出重大贡献。

知识和理解方面:认识位置和地方，认识地球上的主要自然系统。

技能方面:掌握实地考察、绘制地图、访谈访问，理解二手资料和运用统计数据;利用信息传播、思考、实践和社交等技能，掌握提出问题、识别困难、收集和组织信息、处理资料、分析资料、评估资料、发展通则、做出判断、做出决定、解决难题、齐心合力参与集体工作、知行合一等。

态度和价值观方面：对周围的环境以及地球上各种不同的自然和人文特征产生兴趣，关注后代的居住和环境的质量与规划，了解态度和价值观在作出决定时的重要性。保证人们注意到个人和社会的行为所产生的影响，获得准确信息，就全球生态环境等问题作出正确的决定，建立一套环境道德规范作为行动指南。

第2章　自然地理部分

自然地理学是地理科学的一门基础学科，同时也是生态学、环境科学等相关学科的科学基础。自然地理学重点研究地球表层自然环境的空间特征、演变过程及其地域分异规律，以及人与环境相互作用的发展过程。在社会经济和科学技术快速发展的新时期，自然地理学与综合地理学、人文地理学、地理信息科学的联系更加密切和广泛。

自然地理学家不仅研究不同领域中不同地方的变化，还研究不同领域之间的相互作用及其随时间的变化。自然地理学的主要任务是：研究各自然地理要素的性质、形成机制和发展规律；研究各自然地理要素的相互关系、彼此间的本质联系和作用效应；研究自然地理环境的动态，从整体上阐明它的变化规律，预测其演替趋势；研究自然地理环境的空间分异规律，划分不同等级的自然综合体，确定其特征及开发利用方向；参与自然条件、自然资源的评价以及自然灾害防治和全球变化的研究；协调环境、资源、人口和发展的关系，探求自然环境和资源的永续利用途径。

第1节　自然地理学及其学科体系

1　自然地理学

1.1　研究内容及其转变

(1)自然地理学研究内容

自然地理学的研究对象是地球表面的自然地理环境，包括对流层、水圈、生物圈和岩石圈上部。自然地理学研究自然地理环境的特征、结构及其地域分异规律的形成和演化，聚焦地球陆地表层及其外围的特征和形成过程，重视对于了解当代地球环境必不可少的空间变异和时间变化，其目的是认识地球自然环境怎样成为人类活动的基础并受人类活动的影响。

借用一个数学方程式来表达自然地理学研究的性质：

$$F=f(P,M)\mathrm{d}t \tag{2-1}$$

式(2-1)的含义是：自然地理学关注自然环境的形态学要素或结果(F)，自然环境中的运作过程(P)，过程赖以在时期 t 进行的物质(M)，即研究时间 t 上自然地理过程依赖物质运作而产生结果。可将自然地理学家从事的各种研究分为五个层次。

第一层次：研究要素或组成部分。分别研究组成自然环境的各个要素，或分别研究特殊的自然环境和自然现象，及其空间过程和区域差异。

第二层次：平衡该方程式。研究不同尺度自然环境和自然地理学不同分支中过程、物质和结果相平衡的方式。此类研究聚焦于过程、物质与结局或环境条件之间的相互作用。

第三层次：对该方程式进行微分。分析该方程式随时间变化，即某种平衡状态被打破并被另一种平衡状态所取代的过程中的各种关系。此类研究蕴含环境变化的概念，包括气候变化的影响和人类活动的影响，有赖于对不同时间尺度数据加以拟合。

第四层次：应用该方程式。将自然地理学的研究成果应用于解决资源、环境管理问题。预测是这种应用的基础，包括从已知的过去和现在预知未来，将一定时间或空间尺度上获得的结果推演到其他尺度。

第五层次：鉴赏该方程式。即辨识和鉴赏自然过程和结果对(广义)文化的影响，也包括人类对自然环境和自然景观的反作用，及其影响环境管理和规划设计的方式。

(2)研究内容转变

第一，自然地理系统研究。用系统科学、系统技术方法、系统哲学思想进行概念界定、结构分析、模型模拟、解题应用。

第二，自然地理过程研究。探索隐藏在表象背后的相互关系和规律、决定过程运作的机理及其结构。近年来，针对沙漠和湖泊湿地等特定地表单元、冰川和冻土等特殊自然地理要素的研究，以及流域系统乃至整个地球表层系统的多要素或全要素研究得到了发展。

第三，景观与环境变化研究。强调年代学和过去环境条件的重建，强调基于过程或模型的研究且要与全球变化研究联系起来。环境变化在多时空尺度上展开，环境变化的三种性质：趋势性，即长期格局，通过过滤技术排除短期变化；周期性，规律性周期或轮回波动；滞后性，由于自然因素而产生的滞后，或者由于数据采集和处理结果而产生的滞后。景观和环境变化研究显著推进了学科联系的趋势。

第四，人类活动与环境变化研究。自然地理学者最早注意到人类活动对环境的影响，并在此类研究中一直居主导地位。针对过去人与环境的相互作用，自然地理学开展了史前人群扩散、社会发展和文明演化的人类生存环境研究，理解史前和历史时期人地关系在不同时间尺度和空间尺度的相互作用，构成了自然地理学与考古学、人类学等学科交叉的新领域。

第五,全球自然地理学研究。自然地理学切入全球变化的研究包括:提供与全球变化相关的数据(特别是遥感数据)、建立大气环流模式与环境系统各部分模型之间的联系、进一步发展关于全球变化空间影响的研究和调查、开展多学科和跨学科研究(包括与社会科学间的联系)。

第六,文化自然地理学研究。自然地理学本身就具有文化性,其所关注的人类活动(包括文化、经济和管理)是复杂自然系统中的重要变量和反馈机制。主要研究论题包括:鉴赏自然或景观,技术、文化和自然资源之间相互联系,生态系统和人类社会系统之间的复杂相互作用,文化景观,环境文化,环境设计。

1.2 自然地理学的科学地位与应用

(1)科学地位

改变世界的地理学思想:自然地理学综合的、辩证的、比较的观念被恩格斯誉为"打破 19 世纪保守自然观的六大缺口之一"。重要的基础学科:中国地理学家黄秉维提出了水热平衡、化学元素地表迁移和生物地理群落等自然地理学新方向。诸如此类自然地理学发展过程中的重大突破,都大大促进了对自然界的科学认识和全球变化的科学研究,也提高了自然地理学的科学地位和解决实际问题的能力。钱学森院士指出,地理科学的基础学科是自然地理学,并充分肯定了自然地理学的科学地位。

(2)应用途径

当代自然地理学特别关注全球环境变化及其区域响应和适应,其应用主要表现为广泛地参与资源、环境管理。中国地理学家任美锷早在 1945 年就提出"建设地理学"的概念和内容,指出地理学要为工业、农业、交通运输服务,地理学要解决重大经济建设问题。自然地理学的应用途径主要有:通过一些特别的研究设计,可将自然地理学传统分支和传统研究内容扩展到应用领域,广泛地应用于当今的资源、环境问题,对开发、保护和可持续利用等政策的制定作出了贡献。

自然地理学研究范围的变化以及新技术(遥感和地理信息系统)的出现,使自然地理学家能以两种特别的方式参与研究:其一,以整体的观点看待自然环境,自然地理学家在自然地理学与其他学科的交叉领域内获得很多机会;其二,自然地理学家可以对特定地方的特殊问题提出解决方案,诸如自然资源利用、环境保护、防灾减灾、旅游开发、工程设计等方面对自然地理学家的需求显著增加。

2 中国自然地理学

中国自然地理学的分类如图 2.1 所示。

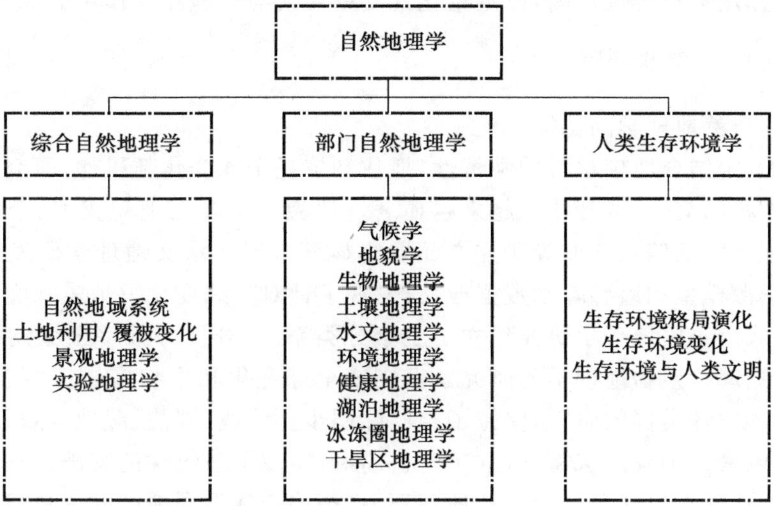

图 2.1　中国自然地理学分类(陈发虎 等,2021b)

2.1　综合自然地理学

(1)综合自然地理学的特征

随着人类活动和气候变化对陆地表层系统的影响日益加剧,自然与人文要素以及自然—社会经济复合系统等发生巨大变化,自然地理学综合研究的理论和方法不断拓展和深化。在研究对象上,从自然要素与过程综合,向自然和人文要素与过程综合发展,并通过学科交叉拓展到地球关键带研究。在研究范式上,非线性耦合反馈方法论逐渐取代单向线性方法论,分析工具和数据来源也日益多样。在研究方向上,自然地域系统研究从以静态刻画为主向动态演变深化,土地系统科学研究从结构与驱动力向近远程耦合与服务形成机制深化,典型区域地表过程研究向格局—过程耦合研究深化,人地耦合系统从概念框架向演变机制深化。

(2)重点方向

陆地表层关键要素耦合机制及区域效应,探索陆地表层自然要素多尺度相互作用和陆地表层格局的形成机制。变化环境下风险形成机制及其对社会经济的综合影响,区域气候变化的社会经济响应机理,陆表格局变化所产生的生态服务与社会经济的长期效应。LUCC(土地利用/覆被变化)驱动下生态系统服务演变机制及其资源环境效应,研究 LUCC 与社会—经济系统的耦合作用机制,探讨区域生态系统服务流带来的资源环境效应。中国区域人地耦合系统安全运行空间与最优发展路径,研究自然生态系统和社会经济系统对于生态系统服务权衡决策和管理措施的响应,探索实现联合国可持续发展目标为导向的人地耦合系统最优发展路径。自然环境定位观测体系,对环境与人类活动相互作用进行定位观测，以定量化地支撑对人与环境相互作用的深入认识。

2.2 部门自然地理学

(1)部门自然地理学的特征

气候学紧密结合地理学科的独特性，抓住和依托全球变化新机遇，研究外延不断拓展，与其他学科的交叉、融合特征越来越显著。地貌学主要在地貌成因、全国地貌类型区划、数字地貌特征信息获取等研究方面取得显著进展。水文地理学研发了中国的代表性径流、蒸散模型和遥感降水数据产品，发展了针对全球变化下地表水文过程的系统集成模拟模式。土壤地理学研究建立了土壤分类系统，开展了数字土壤制图并建立了中国土壤数据库。生物地理学的研究紧密围绕全球变化和生物多样性两个主题，开展了关键区域和关键类群的研究，保持了与国际同步。沙漠、湖泊、湿地、冰川冻土和生态水文的研究则紧密围绕国家需求，立足学科前沿，实现了系统性的突破。在区域研究方面，部门自然地理学将立足亚洲自然地理环境，拓展全球不同地区同一自然地理要素的研究，在重大科学问题上发挥引领作用。

(2)重点方向

地球关键带的过程与调控。描述和刻画复杂地形过程以及不同时空尺度的地下和地上过程的耦合关系，研究不同自然地理区域的生态系统服务及其受地上和地下过程调控动态；全球变化与地表自然地理过程模拟。开展空、地全方位观测，揭示全球变化背景下地表过程变化的规律性，发展地表过程模型，围绕国家战略，实现重点区域未来环境变化和可持续发展的模拟与预测。

植被-土壤系统过程与退化生态系统修复。开展生态系统退化和恢复过程中的植被-土壤系统过程变化研究，认识森林、草原、湖泊、湿地等不同生态系统退化的机理。特殊地表单元和圈层的地表过程监测与生态环境效应。开展不同区域不同地表类型风蚀可蚀性的系统测定，建立可蚀性与风蚀因子的关系，研究人类活动与气候变化对湖泊与湿地系统演变的影响机制，从全球和区域尺度定量解析冰冻圈变化的影响及作用机理。

人类活动导致的典型区域地表覆盖变化及其气候效应。开展森林、草地、农田、水体之间的相互转变对气候系统的反馈及其机理，评估区域性重大工程的气候效应。多尺度生态水文过程与区域人类活动的水资源阈值。开展生态水文、生物地球化学、社会经济模型之间的耦合与集成，揭示区域经济社会发展的水资源阈值。

2.3 人类生存环境学

(1)人类生存环境学的特征

人类生存环境学是地理科学中专门针对人类生存环境的时间变化及过去人—环境相互作用研究的自然地理学，是自然地理学与人文地理学、人类学、考古学等的特色交叉学科。它涉及“人”及其生存的“环境”两个核心要素，包括生存环境格局形成演化、过去人类社会发展与自然环境的相互作用。

目前，国际上以碳循环和人类起源演化牵引的生存环境格局变化均处于快速上升阶段。通过对土壤、植被、海洋等碳库动态的全面系统研究，揭示全球碳库/碳汇的作用和效率，探索大气二氧化碳变化与全球温度变化的联系；结合高精度的测年技术和基因测序技术，揭示自然地理要素的时空变化规律及人类行为的适应和影响；气候环境重建的地质载体及代用指标趋向多样化，使定量研究成为可能，并借助数值模拟和大数据技术的综合集成研究，为人类生存环境提供更全面、宏观和细致的图景。

(2)重点方向

亚洲环境格局演化与早期人类扩散。研究亚洲地貌和气候格局的形成变化与直立人在旧大陆的扩散路线，早期人类在亚洲大陆的活动历史、演化过程、生存策略及其对生态格局的影响；旧大陆晚期智人扩散与生存环境变化。探讨现代智人在亚洲的扩散路线和生计模式，末次冰期以来西风气候与亚洲季风气候变化，末次冰期以来的植被变化格局，环境剧烈波动对智人扩散及生存策略的影响，晚期智人扩散对大陆尺度生态格局和区域动植物的影响，以及晚期智人在青藏高原的长年永久定居过程。

农业起源、传播与季风—西风变化。研究东亚粟作和稻作农业的起源、传播过程，早期植物驯化和气候变化的驱动作用，东亚季风演化与史前东亚农业格局形成，东亚农作物西传、西亚农作物东传与东西方文化交流，青藏高原早期农业发展与西方农业和人群扩散，以及青藏高原季风—西风相互作用与自然景观变化；文明演化与环境变化。研究东亚史前社会复杂化及文明起源的气候环境背景，史前及历史时期人类社会演替的环境背景，高原丝绸之路的形成历史。

历史时期气候变化定量重建和变化机制模拟，探讨人类活动影响下的气候、植被变化及其与自然下的变化异同及驱动机制；人类世研究。通过地质学、地理学、大气科学、生态学、社会科学等多学科交叉的集成研究，在人类世起始时间和全球层型剖面研究基础上，构建自然营力与人类营力对地球系统扰动幅度和速率相对变化的历史，推动地球系统科学和地球科学发展。

3　自然地理学的发展

3.1　中国自然地理学发展

1949 年以来，中国自然地理学通过综合自然区划、生态地理区划、综合区划和未来风险区划等自然地理综合研究，直接服务了国家国土空间开发利用。土地资源的调查和研究、土地利用与土地覆被空间差异和变化驱动机制探索提供了中国人地关系协调发展的方案。以泥石流过程为主的主要灾害形成演化机理研究、单灾种到多灾种的综合风险研究、气候变化灾害风险评价体系建设、灾害风险评估等自然灾害过程和风险评估的系统研究直接服务了国家减灾救灾需求。中国西南地区的石漠化、西北干旱半干旱地区的沙漠化与土壤风蚀、东部季风区的水土保持等过程研究和防治技术研发促进国家荒漠化治理科学化。

自然地理学家还根据国家需求积极投入到黄淮海平原风沙盐碱地中低产田改造，破解了盐碱地、风沙地改良技术的难题。针对中国多年冻土区普通和高速铁路、公路等大型建设中遇到的冻胀变形等问题，自然地理学家积极投身到理论研究和实践中，为中国冻土工程与寒区大型建设提供科学支撑。针对克山病和大骨节病、地方性砷中毒等地方病与地理环境关系探索，从化学元素异常的地理分布和地方病的空间分布关系解决了地方病防治措施问题，为国家地方病防治做出了贡献。现代发展起来的地理探测器为地理空间分异研究提供了统计学工具，而空间定位观测与监测发展保障了自然地理过程的创新研究并支撑了国家生态文明建设。

自然地理学的应用研究为国家经济社会发展和生态环境建设做出了应有贡献，获得了近 30 项国家科技进步奖，培养了一批自然地理学应用和实践研究的学术带头人。近年来，在全球环境变化驱动下，自然地理学研究了气候变化、生态系统服务、格局与过程耦合、模型、尺度等热点问题，地貌学、气候学、综合自然地理学等分支学科在传承中得到新的发展，并出现城市自然地理学、流域与区域综合等新兴方向。

3.2 研究领域发展

研究领域发展表现在自然地理过程综合与深化、陆地表层系统集成、陆海相互作用和区域生态与环境管理应用等方面(图 2.2)。其中，自然地理过程综合与深化为自然

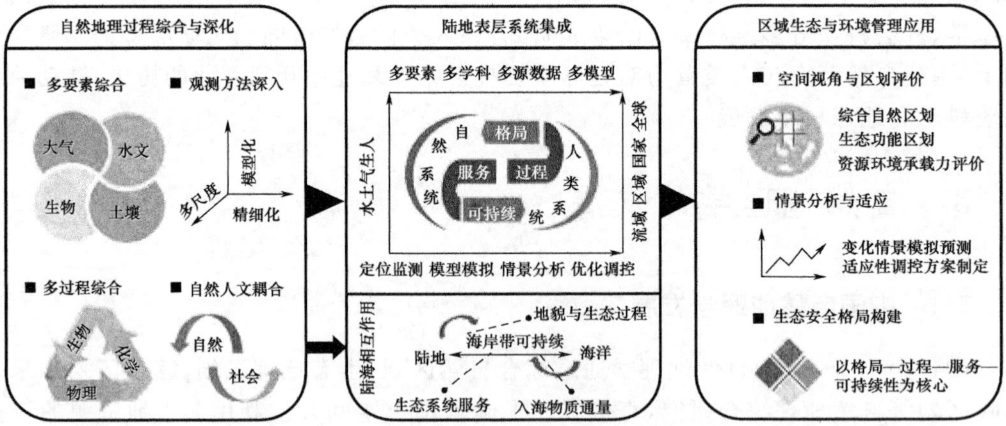

图 2.2 自然地理学研究领域的发展(傅伯杰，2018)

地理学综合研究提供了基础支撑,陆地表层系统集成与陆海相互作用研究是自然地理学格局与过程耦合、自然要素与人文要素结合的核心展现,而区域生态与环境管理应用则是自然地理学面向国家和区域重大战略需求和决策应用的重要体现。

(1)自然地理过程综合与深化

自然地理学立足水文学与水资源、生物地理学与生态系统、地貌学与第四纪环境、冰冻圈等研究领域,在对水循环过程、生态水文过程、水文模型及不确定性、植被—气候关系、生物多样性维持机制及气候响应、生态系统碳循环、地貌演化历史过程、环境变化定量重建、冰冻圈生态系统、冰冻圈古气候重建、污染物空间过程等热点问题的探索中,推动了自然地理过程的综合与深化研究。

地理过程的研究正经历着从自然向自然与人文结合,从无机向无机与有机结合,从单要素、单个过程的研究向多要素、多过程耦合与综合研究,从宏观到宏观与微观结合的方向发展。伴随着地理空间观测手段的不断进步和数理模拟算法的研发应用,自然地理过程研究也表现出精细化、多尺度和模型化的特点。依托观测更精准、尺度更全面、算法更先进的自然地理研究方法,自然地理过程综合研究正在由传统的多元经验知识及概念综合走向模型化、系统化等更高层次的综合。

人类活动对自然地理过程有着深刻的影响,将人类活动纳入自然地理过程,对不同尺度自然人文要素进行集成分析,辨析自然人文过程的耦合作用机理,对于揭示结构与过程的演变规律与特征具有重要意义。自然地理学与其他学科交叉融合过程中所形成的新的分支学科与领域,如社会水文学、生态水文学、地球关键带、人类地貌学、全球变化生物地理学等,均有效地推动了自然地理过程综合与深化研究。

(2)陆地表层系统集成

陆地表层系统是地球表层最复杂、最重要、受人类活动影响最大的子系统。陆地表层系统的集成研究是伴随着全球气候变化、地球系统科学和可持续发展等领域的研究发展而来的。陆地表层系统的集成研究成为自然地理学乃至地理科学研究的前沿领域,是应对全球环境变化与可持续发展挑战的基础学科。

陆地表层系统集成研究以人地系统研究为核心,以格局—过程—机制—预测—服务—可持续性研究为纽带,强调自然过程与人文过程的有机结合,注重知识—科学—决策的有效链接,研究主题涵盖气候变化、土壤、水文水资源、土地利用、碳循环、全球化、遥感、模型模拟等多个方面。

在具体研究过程中,陆地表层系统集成研究以流域或区域集成的方式开展,通过不同尺度监测调查、模型模拟、情景分析和优化调控,耦合格局与过程、过程与服务、自然与社会多个方面,注重多要素、多尺度、多学科和多源数据集成。模型或模型系统的建立作为系统集成分析的关键,不仅需要模拟自然过程,也需要耦合生态、人文和社会经济模型,实现多模型集成。此外,陆地表层系统集成依赖于系统整体的分析方法,需要分析探讨系统的脆弱性、恢复力或弹性、适应力等。

(3)陆海相互作用

海岸带是地球系统物质能量循环过程中的固态、液态和气态三相接触带和地球系统的重要子系统,其水文动力过程、生态系统过程、痕量气体交换过程以及人类活动过程的耦合作用研究涉及自然科学和社会科学的多个领域。

河流入海物质通量研究是陆海相互作用研究的基础内容,并可分解为淡水通量、泥沙通量、污染物通量等不同研究对象,对该物质通量的全面观测及准确模拟是理解与预测陆海生物地球化学循环的重要依据。海岸带人类活动在物理层面直接影响地貌过程,显著影响海岸带生态过程,改变生态系统结构与功能,导致生态系统服务的变化;海洋生物资源过度捕捞、近海富营养化、海洋垃圾等问题导致近海生物多样性降低,同样影响着海岸社会—生态系统可持续性。全球气候变化导致海平面上升,增加了沿海城市的灾害风险,同时潮汐、大气干沉降等过程改变近海化学物质,影响人类的生产生活条件。发挥自然地理学综合性、交叉性的学科特点,从海岸地貌塑造过程、陆海气生物地球化学循环、海岸带生态系统服务、海岸带环境及灾害风险等多个研究视角切入,致力于陆海相互作用研究的系统集成,服务于海岸带可持续发展。

(4)区域生态与环境管理应用

立足地理空间视角,深入理解人类与环境的交互作用,识别与解读环境变化及其影响能力,通过解析环境变化的原因、影响及缓解策略,为构建可持续的生态与环境做出贡献。

面向生态系统管理的复杂性,生态系统可持续管理议题充分展现了自然地理研究综合性与实践性的特征。开展陆地生态系统变化情景分析并制定针对性适应方案,为适应气候变化提供了可操作的森林、牧场、淡水可持续管理途径。在考虑生物多样性、生态系统功能和生态系统服务三者相互关联的基础上,构建生态系统服务补偿机制,为提升生态系统保护的综合社会效益提供了有力支撑。在我国大力推进生态文明建设的时代背景下,自然地理学在生态安全格局评价、识别、构建与调控等领域,也具有广阔的应用前景。在具体研究过程中,需要基于格局—过程—机制—预测—服务—可持续性的研究框架,在分析地理格局与过程、地理过程与服务相互作用机制的基础上,以可持续发展为导向,通过情景分析与模拟,设计维护区域生态安全的地理空间格局。

3.3 应用研究方向

(1)社会经济可持续发展需求

进入21世纪以来,可持续发展理念深入人心,强调保护地球生态系统,支持现在和将来的人类福祉。自然地理学区域基础与综合研究的学科特色,理论与实践相结合的研究机制,将不断加强社会经济可持续发展的科技支撑作用,在中国特色社会主义建设上具有广阔的应用前景。自然地理学应用研究领域与范围将进一步拓展。在全球环境变化驱动下，相关的国际重大科学计划相继启动。如从国际生物圈计划(IBP)到人与生物圈计划(MAB)，再到千年生态系统评估(MA)；从国际地圈—生物圈计划(IGBP)到全球变化的人文影响计划(IHDP)等，可以发现现代地理过程研究更加注重人类活动影响。新时代自然地理学发展，需要更多地研究和考虑人类活动对自然环境的影响及反馈，提高研究成果的客观性和应用性，用以正确指导践行“绿水青山就是金山银山”的重要发展理念。未来应积极拓展自然地理学应用领域与范围，从传统的综合区划、荒漠化防治与农业增产等领域，扩展到气候变化应对、灾害风险防范、环境污染控制、脆弱生态修复、生态系统和自然环境服务价值等与人类生产与生活密切相关的领域，为国家提供更加精准细致的决策建议和科学依据。

(2)高科技应用与学科交叉融合

1949 年以来，中国自然地理学与生存环境基础研究取得一系列重要进展，为自然地理应用与实践提供了重要的理论基础。在现代技术进步与学科交叉的有力推动下，中国自然地理学支撑解决社会经济可持续发展、自然与社会经济融合、生态文明建设等重大问题的能力将会有显著提升。自然地理学在过去积极学习物理、化学和生物学手段方法的基础上，更应将地理信息系统和遥感等现代技术作为自然地理学主要的技术手段，继续加强地理时空数据的可得性、连续性与拓展性；大数据方法与人工智能等新技术手段在自然地理学中将受到更为广泛的关注。同时，随着自然地理与人文地理、生态、经济等学科的深入融合，学科交叉的不断兴起，自然地理学将在更广阔范畴和更深入层次发挥独特优势。技术进步支撑与学科交叉相互促进，使得自然地理学将从过去的地理现象描述与表征，现在的过程机理解析，发展到未来的演化趋势预估，必将更好地应用于社会经济建设，有力推进中国生态文明与小康社会建设，服务国家和地区可持续发展。

第 2 节　地球系统及其效应

1　地球系统

地球系统是由近地空间大气圈、水圈、固体地圈(岩石、地幔和地核)等自然层圈紧密关联的整体(图 2.3)。地球系统可划分为三大部分：深层地球系统、表层地球系统、地外环境系统。深层地球系统和地外环境系统是整个地球系统的两极，与表层地球系统进行着能量交换和物质循环。

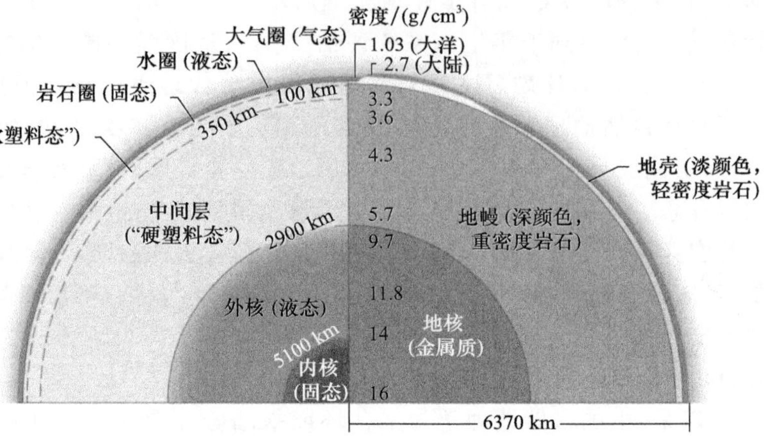

图 2.3　地球系统的结构(汪品先 等,2018)

表层地球系统从其作为人类的生存环境的角度来看,是地球系统的主体部分,可以分为物理气候系统、固体地球系统和全球生态系统。物理气候系统以大气圈和水圈为主体,决定着地表的水分、能量的分布与流通,并由此形成了全球不同的气候。固体地球系统以岩石圈为主体,决定着地壳的生长、消亡及其运动,形成地球上海陆分布格局及多样的地貌形态,地球上所有的生物及其支持系统。连接以上三个系统并形成一个有机整体的是水循环、生物地球化学循环和地球固体物质循环。

人类对地球的开发、利用、探索研究活动由来已久,地理学、地质学、气象学、海洋学和生态学等都有悠久的历史。科学家普遍认识到,把地球作为一个由相互作用着的各个组元或子系统(地核、地幔、土壤—岩石圈、大气圈、水圈、生物圈)组成的统一系统,即地球系统来研究更为科学。

地球系统各圈层本来就是有机结合的整体,任一圈层过程都在不同程度上与其他圈层不同时空尺度过程存在着相互影响和制约,任一圈层的结构、功能和行为都是地球系统在局部的反映,层圈行为的耦合产生了系统的新行为,它完全不同于各个层圈的行为的叠加,系统整体不等于部分之代数和。因此,必须从复杂系统的科学理论出发,在综合分析的高度上,研究地球系统在驱动力作用下演变的整体行为的新规律和新机制。

2　地球系统的外部环境

2.1　太阳的地理效应

(1)太阳辐射

太阳能。太阳是整个太阳系的光和热的主要源泉,太阳能是太阳的热核反应产生的。太阳辐射是光量子的物质以电磁波的形式向外的传播，太阳辐射能量的绝大部分(99.9%以上)在 0.15～4 μm 波段，称为“短波辐射”。

太阳活动。太阳活动是指太阳大气一切活动的总称。表现为黑子、光斑、耀斑、日珥(突出太阳外面的发光气团)、日冕瞬间变化现象，平均周期一般为 11 a。当活动强烈时，紫外线、X 射线、射电辐射、粒子辐射增强，会对行星造成很大影响。

(2)太阳对地球地理过程的影响

太阳能是地球表层的基本能源。在没有大气影响的情况下，在日地平均距离处于太阳光垂直方向上时，地表单位面积每分钟接受的太阳辐射能称为太阳常数。太阳会导致地球温度上升，并且地球自转、公转会造成昼夜、四季的温度变化，这些使地表岩石风化，不断地为地表物质迁移提供物质来源。地球的球形形状导致地表受热不均，产生了大气环流和水循环，在流水和风的作用下，侵蚀、搬运、堆积，雕刻和塑造了千姿百态的地貌形态。

太阳能是地球生命的源泉。太阳能通过绿色植物的光合作用，将水、二氧化碳等无机物合成为有机物，将太阳辐射能转化为生物能，哺育了地球上 30 多万种植物和 100 多万种动物。

太阳活动对地球的气候过程、生物过程产生强烈影响。太阳活动对地球地理过程影响最强烈的是太阳黑子的活动。太阳黑子是太阳表面的强磁场区，强度高达几千高斯。其比太阳表面低 1000 ℃以上，相对较暗，故称“黑子”。黑子具有 11 a、22 a、80～90 a 甚至更长的活动周期。

地磁活动量与太阳黑子相对数基本是同步起伏的。大黑子群的出现、耀斑的爆发强烈影响星际环境和地球环境。太阳黑子极大的年份往往会引起磁爆和极光。由于磁场强度增加，紫外线、X 射线突然增强，导致电离层受到干扰，离子浓度剧增，反射吸收无线电波，使短波通信中断。

2.2　月球的地理效应

月球绕地球公转(图 2.4)。月球半径为 1738 km，是地球赤道半径的 27.25%。月球质量为地球的 1/81，体积是地球的 1/49。月球距地球 3.84401×10^{8} km，是日地距离的 1/390。月球绕地球公转的轨道称为白道，公转的周期是 27 d 7 h 43 min 12 s，月球自转周期与公转周期一致，故总是以同一面对着地球(图 2.5)。

由于月球离地球最近，地球上的物质受其引力影响，发生周期性起伏，即固体潮汐、海洋潮汐和大气潮汐。除月球外，太阳等其他天体的引力也有作用，但不如月球引力强。当月球引力与太阳引力结合起来，产生叠加效应，其作用就更加明显，可使地表水、海洋和大气发生巨大涨落(图 2.6)。

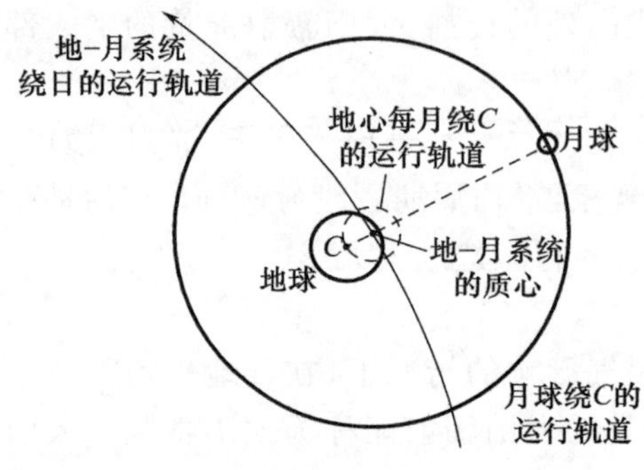

图 2.4 地球、月球共同质心运动(张国,2014)

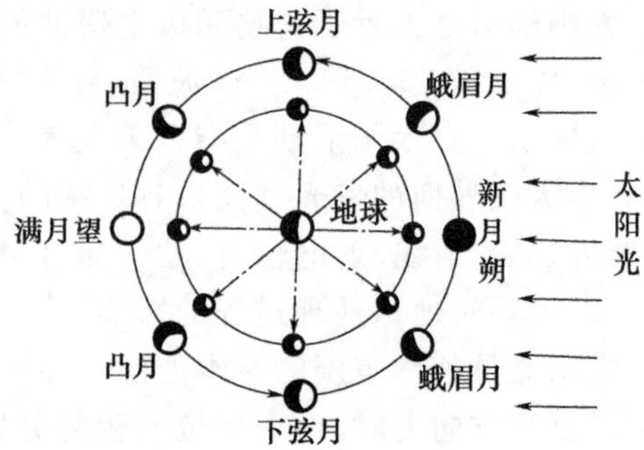

图 2.5 月相变化(刘序俨 等,2001)

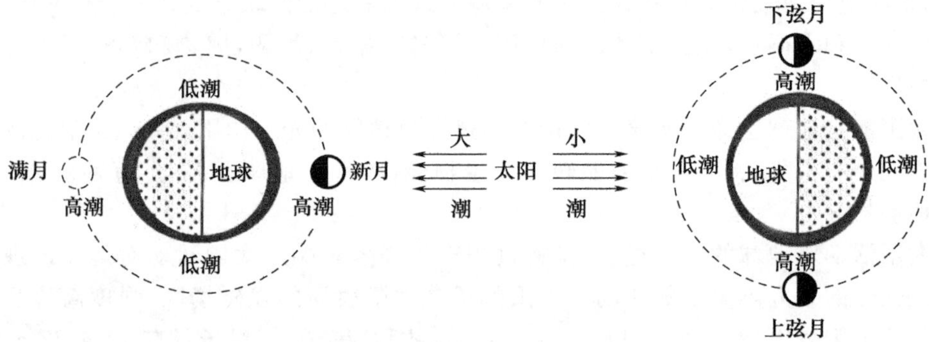

图 2.6 地球潮汐变化(孙四周,2002)

3 地球系统的内部环境

3.1 地球的圈层构造

(1)地核

地心至距地表 2900 km 的地方为地核。因地震波在该处的传播速度与在高压下铁中的传播速度相近,故推测其可能是由高压状态下铁、镍成分组成的物质。根据地震波传播速度的不同,地核又分内核和外核。外核深度为距地表 2900～5100 km,地震波横波不能通过,推测其为液体。内核深度从距地表 5100 km 到地心,地震横波又重新出现,故推测其为固体。

(2)地幔

距地表 2900 km 到莫霍洛维奇面(简称为莫霍面)为地幔。所谓莫霍面,是南斯拉夫莫霍洛维奇 1909 年根据地震波研究所得资料而发现的地球内部物质界面,通过此面时地震波的纵波和横波速度分别从 7.0 km/s 和 4.2 km/s 猛增至 9.1 km/s 和 4.4 km/s,

这一不连续面被科学家普遍认为是地幔和地壳的交界面。莫霍面深度不一，大陆处平均深度为 30～40 km，其中褶皱山地达 50～75 km，岛屿地区为 20～30 km，大洋则只有 5～10 km。多数地球科学家认为，地幔以距地表 1000 km 为界分为上地幔和下地幔两部分，上地幔以橄榄岩为主要成分，下地幔以金属氧化物、硫化物为主。还有的学者对地幔做了更具体的划分，认为地幔顶部是比较坚硬的岩石，连同上面的地壳统称为岩石圈，厚约 70 km，由于 70～350 km(数字的阈值为左不包含右包含，下同)处地震波速度较低，判定那里的物质为熔融状态，称为软流层，350～2900 km 为下地幔。

(3)地壳

地幔以上的部分称为地壳。在大陆地区，地壳分上下两层，以康拉德不连续面(C 界面)隔开，上部为花岗岩层，密度为 2.60～2.78 g/cm^3，富含硅和铝，又称硅铝层。下部为玄武岩层，密度为 2.82～3.00 g/cm^3，富含硅和镁，又称硅镁层。海洋地壳与大陆显著不同，海洋地壳很薄，很多地方甚至缺失硅铝层。地壳表层受水、大气、生物及温度变化的作用和影响，形成土壤层、风化壳和沉积岩石层。

3.2　地球的表层形态

(1)大陆边缘

地球表面分为陆地和海洋两大部分。陆地面积为 1.49×10^8 km^2，占地球表面积的 29.2%，65%以上的陆地集中在北半球。海洋面积为 3.61×10^8 km^2，占地球表面积的 70.8%。各大陆的轮廓均有某些相似性，所有大陆的北端宽、南端窄，大致呈倒三角形，并多在北端与其他大陆相连。三大洋则在 50°～60° S 相互沟通。

地球表面起伏不平，地表的最高点是喜马拉雅山脉的珠穆朗玛峰，海拔 8848.86 m。最低点位于太平洋西侧的马里亚纳海沟，在海面以下 11034 m。地表最大垂直起伏约 20 km。陆地的平均高度为 875 m，海洋的平均深度为 3729 m(图 2.7)。

大陆边缘是大陆与大洋盆地之间的过渡地带。由海岸向深海方向，大陆边缘常包括大陆架、大陆坡和大陆基(图 2.8)。有时在大陆边缘则出现岛弧与海沟地形(图 2.9)。大陆边缘分为两类，一类是由大陆架、大陆坡和大陆基组成，这类大陆边缘主要分布于大西洋，称为大西洋型大陆边缘；另一类是由大陆架、大陆坡和海沟组成，主要分布于太平洋，称为太平洋型大陆边缘。

大陆架是海与陆地接壤的浅海平台，其范围是由海岸线向外海延伸至海底坡度显著增大的转折处。大陆架部分的海底坡度平均约 0.1°，一般小于 0.3°，水深平均为 130 m。大陆架的宽度差别很大，平均为 75 km，欧亚大陆的北冰洋沿岸可达 1000 km 以上。

大陆坡是大陆架外侧坡度明显变陡的部分，其平均坡度为 4.3°，最大坡度可达 20°以上，水深一般为 200～2000 m，平均宽度为 20～40 km。大陆坡上常发育有海底峡谷，峡谷的下切深度可达数百米乃至数千米以上，两壁陡峭，有些海底峡谷可切过整个大陆架与现代大河河口相接。

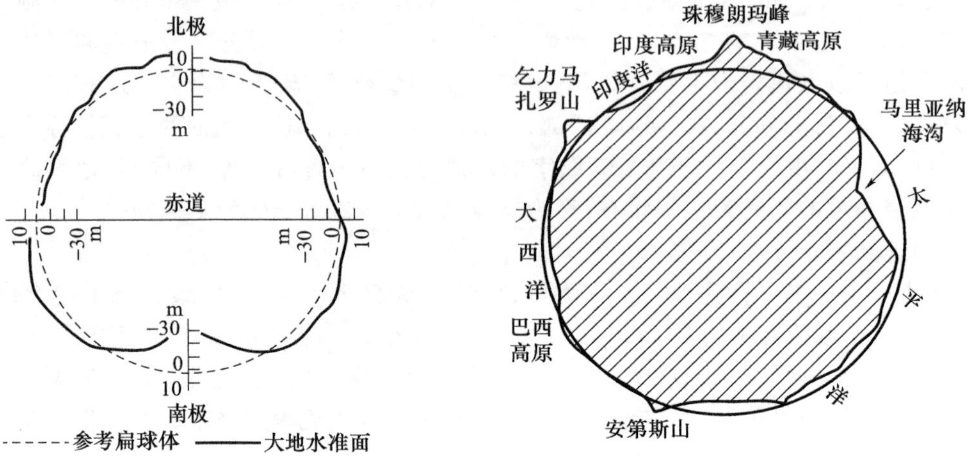

图 2.7　大地水准体(圆)和地球真实形状(阴影)(沈志奔,2014)

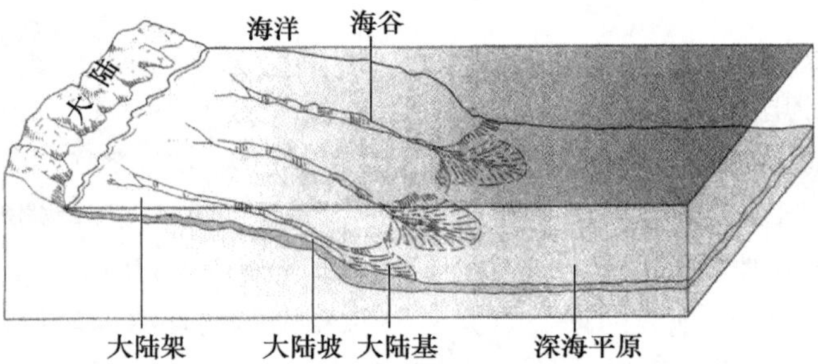

图 2.8　大陆架、大陆坡与大陆基(由川,2020)

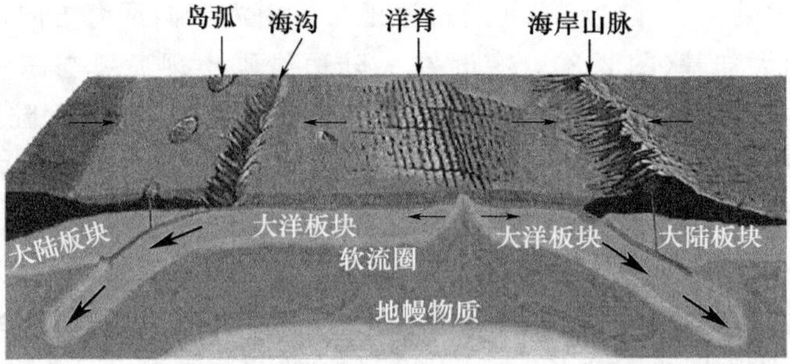

图 2.9　岛弧、海沟与洋脊(张耀光 等,2004)

大陆基是大陆坡与大洋盆地之间的缓倾斜坡地,坡度通常为 5′～35′,水深一般为 2000～4000 m,宽度可达 1000 km。大陆基主要分布于大西洋和印度洋边缘,有海沟发育的太平洋边缘大陆基不发育。

岛弧是大洋边缘延伸距离很长、呈弧形展布的岛群。海沟是大洋边缘的巨型带状深渊，其长度常达 1000 km 以上，宽度近 100 km，深度多在 6000 m 以上。海沟常与岛弧平行伴生，发育在岛弧靠大洋一侧的边缘，与岛弧组成一个统一的海沟—岛弧系。

(2)大洋中脊

大洋中脊是绵延在大洋中部(或内部)的巨型海底山脉，它具有很强的构造活动性，经常发生地震和火山活动。大洋中脊在横剖面上一般呈较对称的中间高、两侧低的形态。中部通常高出深海底 2000～3000 m，其峰顶一般距海面 2000～3000 m(个别地点可露出海面，如冰岛、亚速尔群岛等)，宽度可达 2000～4000 km。大洋中脊在各大洋中均有分布，且互相连接，全长近 65000 km，堪称全球规模最大的"山系"。大洋中脊轴部常有一条纵向延伸的裂隙状深谷，称为中央裂谷。该裂谷一般宽数十千米，深可达 1000～2000 m。

(3)大洋盆地

大洋盆地是介于大陆边缘与大洋中脊之间的较平坦地带，平均水深 4000～5000 m。大洋盆地主要可分为深海丘陵和深海平原两类次级地形。深海丘陵为高度几十至几百米的海底山丘组成的起伏高地，深海平原是坡度很小(平均小于 1/1000°)的洋底平缓地形。此外，大洋盆地中常可见规模不大、地势比较突出的孤立高地，称为海底山脉。顶部平坦的海底山脉称为平顶海山，其一般认为是海山顶部接近海面时被海浪作用夷平而成。有些海山呈链状分布，延伸可达上千千米，称为海岭。海山顶部如露出海面以上即成为大洋中的岛屿。

3.3　地球的外部圈层

(1)大气圈

在地球固体表面和水面以上是地球的大气圈，总质量达 5×10^{15} t，占地球总质量的 0.00009%。主要成分为氮(78%)、氧(21%)、其他(二氧化碳、水汽、惰性气体、尘埃等，1%)。

由于物质分异作用，地球在其形成和演化的过程中，轻的物质上升形成大气圈。又因地球的引力作用，大气物质附着在地表，形成一个同心状的大气圈。地球大气圈成分是随着时间而变化的，如二氧化碳以及氧气的变化。根据大气圈层的组成成分，分为对流层、平流层、中间层、热成层(又称暖层)、外逸层(又称散逸层)。

(2)水圈

水圈主要是呈液态及部分呈固态出现的，由海洋、江河、湖泊、冰川、地下水等形成的一个连续而不规则的圈层。地球上的原生水，是地球物质分异的产物。水圈的质量为 1.41×10^{18} t，占地球总质量的 0.024%。其中，海水占 97.2%，陆地水占 2.8%。陆地水中冰川占水圈总质量的 2.2%，其他陆地水所占比重是很微小的。水分在大气中有一部分，在生物体内有一部分，在地下的岩石与土壤中也有一部分。水圈是独立存在的，但又是和其他圈层互相渗透的。大气圈中存在的水分只占水圈总量的十万分之一，但意义重大，它是海陆水分循环的中转站。

(3)生物圈

生物圈指地球表面有生物存在并感受生命活动影响的圈层。整个生物圈的质量并不大，是大气圈质量的 1/300。生物圈包括大气圈的下层、岩石圈的上层和整个水圈，最大厚度可达数万米，核心部分为地表以上 100 m 和水下 100 m，也就是说大气与地面、大气与水面的交接部位是生物最活跃的区域，其厚度约为 200 m，这个范围内具有适于生物生存的温度、水分和阳光等最好的条件。生物圈是在地球演化过程中形成的一个特殊圈层，大约在 30 亿 a 以前，地球上才开始有了最原始的生命纪录。大约从 6 亿 a 前才进入生命演化的飞跃阶段。自从地球上出现生物以来，生物便对地球的发展起着重要、特殊的作用。由于生物的生长、活动和死亡，使得生物和大气、水、岩石、土壤之间进行着多种形式的物质和能量的交换、转化和更替，从而不断改变着周围的环境。

3.4 地球的运动(持续)

(1)地球的自转

地球自转的性质。地球自转的方向是：绕地轴自西向东旋转。地轴与地球表面相交的两点为地球的南极和北极。地轴在地球内部的位置并非是一成不变的，其有着微小的移动，这种变化称为极移。地轴在天空中的位置有周期性变化，这就是地轴的进动(岁差)。黄道与天赤道(地球赤道面延展与天球相交的大圆)相交的两点为春分点和秋分点，黄道与天赤道相距最远的点为夏至点和冬至点。地轴的进动必然引起天轴(地轴无限延长与天球相交点的连线)、天赤道的变化，天球上的这四个点也必然在黄道上以 50 ″/a 的速度西移，这就造成了恒星年(地球公转 1 a 的时间)与回归年(太阳视图中心两次经过春分点的时间)产生差异，这就是我国古人所说的岁差(图 2.10)。

地球自转的速度。地球自转的速度分为角速度和线速度两种。角速度是地球上某点绕轴转过的速度，除两极以外，地球各地的角速度都是一样的，其速度为 15 ″/s。线速度是指地球上某点单位时间所转过的距离，线速度随纬度的增加而降低。

地球自转的周期。地球自转的周期是地球绕轴旋转 360°所需的时间。地球绕轴自转的时间和天体系统地球的周日视运动时间是一致的。但由于参照点不同，计量的自转周期有所不同。恒星日是恒星(或春分点)连续两次通过同一子午线的时间，约 23 h 56 min 4 s。太阳日是太阳连续两次通过同一子午线的时间，即 24 h。太阴日是月球连续两次通过同一子午线的时间，平均为 24 h 52 min。这三种日中只有恒星日为真正的自转周期，人们日常使用的是太阳日。

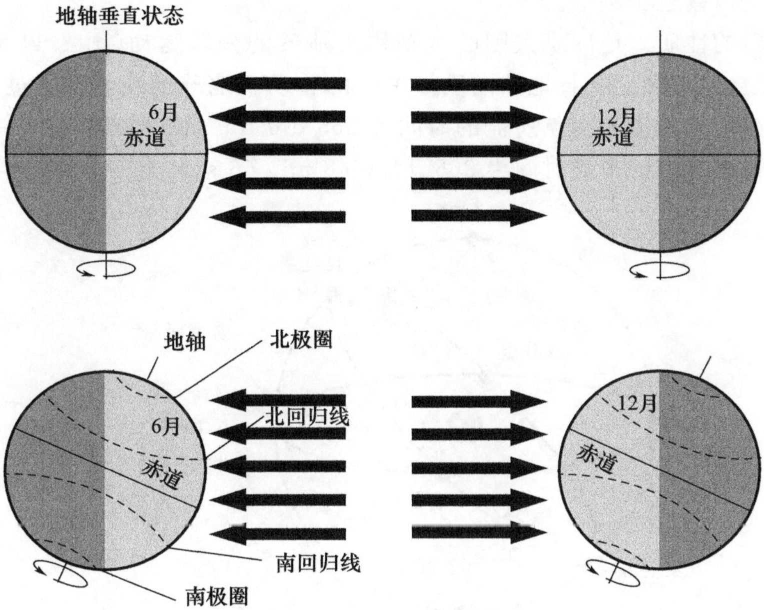

图 2.10　地球自转示意图(宋贯一,2008)

地球自转的地理效应。地球自转造成昼夜更替,深刻影响着自然过程和人类生活。自转使同一地方的太阳辐射能在时间上发生周期性变化,同辐射有关的气温、湿度、蒸发、降水和风等自然要素也随之具有日变化的节律。由于周期短、节奏快,地球接受太阳辐射能比较均匀,有利于生物的生活,也使地球的自然过程变化频繁而生动。这种节律直接影响生物的行为,许多生物特别是高级生物具有昼出夜伏的特征。人类行为的昼夜节律影响到社会生活的各个方面。

由于地球的自转,按惯性规律保持原来运动方向的地表气流、水流,相对于处于自转状态的地球基面发生偏转,在北半球向顺时针方向转,在南半球向逆时针方向转,这种力称为地球自转偏向力(科里奥利力)。

自转偏向力对大气运动以及洋流、河流的运动产生重要影响。如果没有地球自转,地球的基本大气环流就是一种形式,即从赤道到极地的大环流。正因为有了自转偏向力,才形成现实的环流系统。气旋和反气旋的转动方向、河岸的不对称都与自转偏向力有关。洋流的方向也是盛行风向和自转偏向力共同作用的结果。自转偏向力的影响深入地理过程的各个方面。地球自转产生天体的周日视运动,使不同经度上的人们处于早、午、晚、夜等不同时间感受状态,因此才有了世界时间的问题。

(2)地球的公转

地球公转的方向从北极向下看是与地球自转方向相同的,即自西向东逆时针方向。

地球公转的轨道接近于圆形。

地球公转的性质。地球绕太阳的运动称为地球的公转运动(图 2.11 和图 2.12)。理论上,地球公转是地球绕日地共同质量中心的转动。地球连续两次通过太阳和另一恒星的连线与地球轨道的交点所需的时间为 365 d 6 h 9 min 9.5 s,称为一个恒星年;连续两次通过春分点的平均时间为 365 d 5 h 48 min 46 s,称为一个回归年。

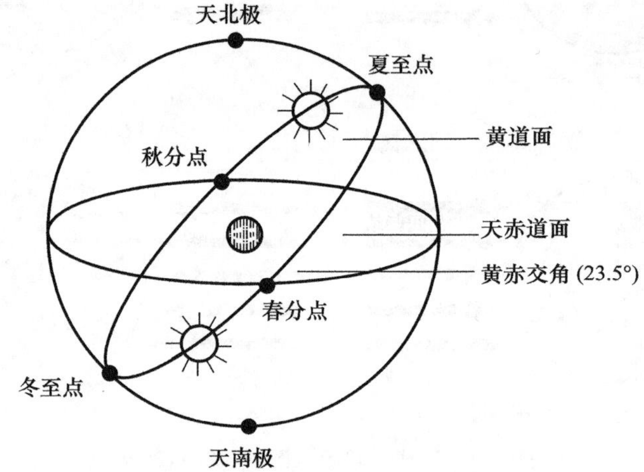

图 2.11　黄赤交角示意图(高长虹,2013)

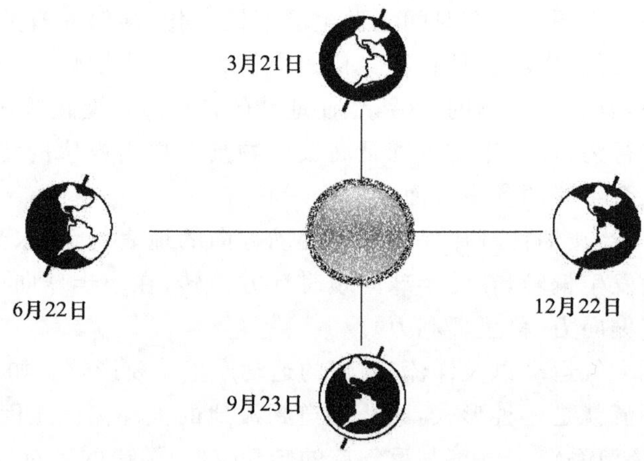

图 2.12　地球公转示意图(孙莺绮,2019)

地球公转的地理效应。四季形成的根本原因是地轴的倾斜和地球保持这种状态公转绕太阳平行移动。地球的椭圆轨道使近日点与远日点受热不同,但是由于偏心率很小,这种差异也很小。全年全球接受太阳能总量差额的极值也不过 7%而已。北半球通过远日点是在 7 月,正是夏季,根本感受不到这一差异。

对长周期气候变迁的影响。通过对地质历史的气候变迁研究发现，在地球很长的发展历史过程中有长周期的、大的冷暖交替，即冰期和间冰期的交替变化。

第 3 节　地质地貌

1　地球组成物质

地壳中的各种化学元素，在各种地质作用下不断进行化合，形成各种矿物。石英、长石和云母是上地壳中最常见的矿物。不同的矿物组成决定了岩石或硬或软、或重或轻、一种颜色还是另一种颜色、化学稳定与否等物化性质。较常见的岩石种类包括花岗岩、玄武岩、石灰岩、砂岩和板岩等。

1.1　火成岩

火成岩是由熔融岩石冷却和凝固形成的。一般认为，火成岩由两类岩石组成：一类是岩浆作用形成的岩浆岩，另一类是非岩浆作用形成的岩石，如花岗岩。

岩浆是在地壳深处或上地幔天然形成的、富含挥发组分的、高温黏稠的硅酸盐熔浆流体，是形成各种岩浆岩和岩浆矿床的母体。岩浆顺着地壳中的裂隙或者薄弱部分运移和聚集，侵入地壳或喷出地表，最后冷凝为岩石。岩浆的发生、运移、聚集、变化及冷凝成岩的全部过程，称为岩浆作用。

火成岩是由岩浆冷凝固结形成的。岩浆在地下深处冷凝而成的岩石，称为深成岩；在浅处冷凝而成的岩石，称为浅成岩(图 2.13)。喷出地表后的熔岩在地面上快速冷凝形成的岩石，称为喷出岩。

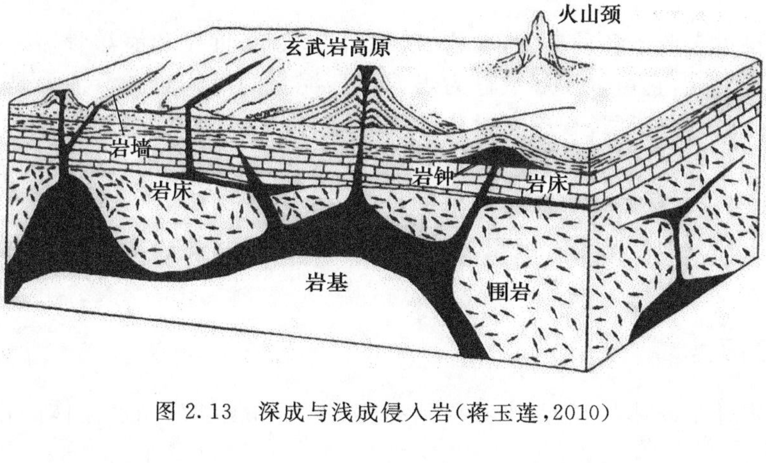

图 2.13　深成与浅成侵入岩(蒋玉莲，2010)

岩浆和熔岩的成分决定了岩浆岩的矿物组成,其冷却的速度则决定了形成晶体的大小。酸性岩浆在地壳深处缓慢冷却后,往往形成以粗大的长石、石英为主要矿物的花岗质侵入岩。基性熔岩溢流出地表冷凝后形成的玄武岩,是大洋盆地的主要组成物质,也是地球表面最常见的岩石。当熔岩喷出地表后,由于外部压力迅速降低,导致内部的一些挥发组分逃逸,形成具有大量孔洞、容重较小的岩石,因其能够浮在水面之上,称为浮岩。另外,由于喷出岩快速冷凝,使得矿物无法结晶而形成玻璃质的岩石,最典型的是黑曜岩。

1.2 沉积岩

一些沉积岩由砾石、沙子、淤泥和黏土颗粒组成,这些颗粒是从已经存在的岩石中侵蚀出来的。地表水将沉积物带到海洋、沼泽、湖泊或盆地。最初沉积物都是松散的,经过漫长的时间,上部沉积物越来越厚,下部沉积物越埋越深,经过压固、脱水、胶结和重结晶等成岩作用,逐渐变成坚固的岩石,导致沉积岩形成(图 2.14)。

图 2.14　左权县沉积岩(张仲伍摄,2023)

沉积岩也可来源于各种生物(动物、植物),如珊瑚、贝壳和海洋骨骼。有机物质主要由植被分解形成,它可以发展成称为煤、褐炭、泥炭的沉积岩。石油也是一种生物产品,其在数百万年的掩埋过程中通过化学反应形成,这些化学反应将一些有机物质转化为液态和气态化合物——油气烃,包括石油、天然气、地蜡、地沥青等。沉积岩在颜色、硬度、密度和耐化学分解性方面差异很大。

大陆的大部分地区都含有沉积岩。这样的构造表明,过去海洋覆盖的地球面积可能比现在更大。

1.3 变质岩

岩石基本处于固体状态下,当其受到温度、压力和化学活动性流体的作用,会发生矿物成分、化学成分、岩石结构构造的变化，形成新的结构、构造或新的矿物，这种地质作用称为变质作用。由变质作用形成的岩石，就是变质岩。由火成岩形成的变质岩称为正变质岩，由沉积岩形成的变质岩称为副变质岩。

变质岩的主要特征：一是岩石重结晶明显；二是岩石具有特定的结构和构造，特别是在一定压力下矿物重结晶形成的片理构造。变质岩和火成岩相比，二者虽都具有结晶结构，但前者往往具有典型的变质矿物，且有些具有片理构造，而后者则无（图 2.15）。例如，在巨大的压力下，页岩这种沉积岩变成了板岩；灰岩在某些条件下可能会变成大理石，花岗岩可能会变成片麻岩；在地下很深的地方发生变质，并且上覆的地质体被缓慢侵蚀后才暴露出来的物质，常常是地球上已知最古老的岩石之一。然而，变质岩像火成岩和沉积岩一样，它们的形成是一个持续的过程（图 2.16）。

图 2.15　皱纹构造和块状铁矿石（高凯，2019）

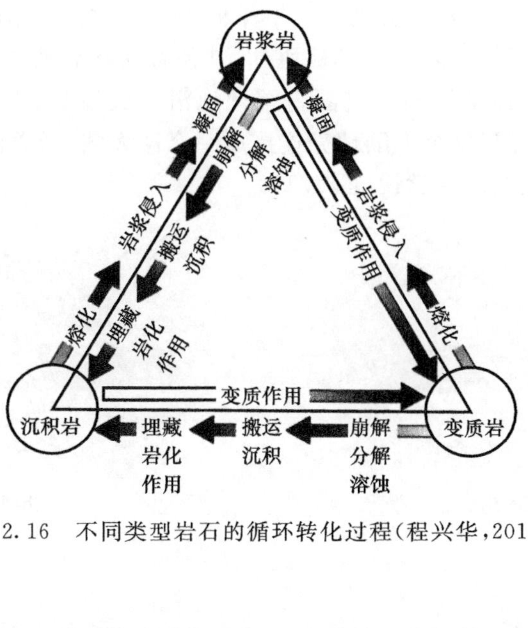

图 2.16　不同类型岩石的循环转化过程（程兴华，2017）

岩石是地貌的物质基础，其强度、渗透性和矿物质含量控制着岩石对塑造和重塑它们力量的反应方式。所有岩石都是地质循环的一部分，通过这些过程，旧岩石不断转化为新岩石。在整个地球的历史中，很少有岩石被原封不动地保存下来。

2 构造运动与地质构造

2.1 地壳运动

在地球内部的上方是一层部分熔融的液体，称为软流层（软流圈），它支撑着一层薄而坚固的固体岩石圈——地壳。地壳分为两部分，上层为陆壳，主要由较轻的花岗岩组成；下层为洋壳，主要是海洋底部，由较重的玄武岩组成（图 2.17）。

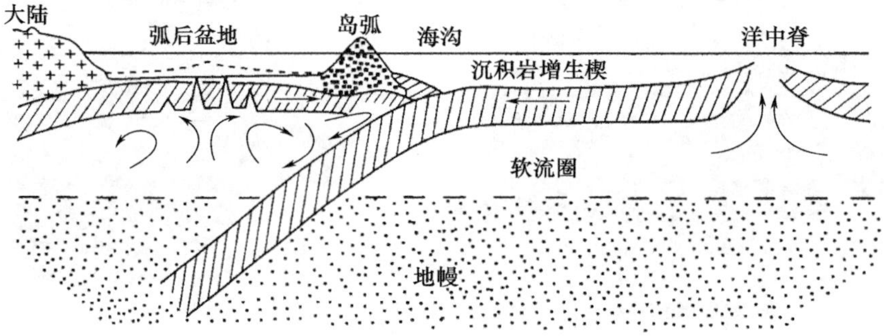

图 2.17 地球板块构造示意图（郑永飞，2024）

岩石圈被划分为六大板块，分别是太平洋板块、欧亚板块、印度—澳洲板块、美洲板块、非洲板块、南极洲板块。除太平洋板块外，其他板块均包含洋壳和陆壳。根据板块构造理论，每个板块都在半熔融软流圈上缓慢地滑动或漂移，在俯冲带中向下俯冲消失。大约在 2.25 亿 a 前，整个大陆地壳连接成一个泛大陆，随着海底开始扩张，泛大陆分裂成板块，形成了大陆漂移学说（图 2.18）。

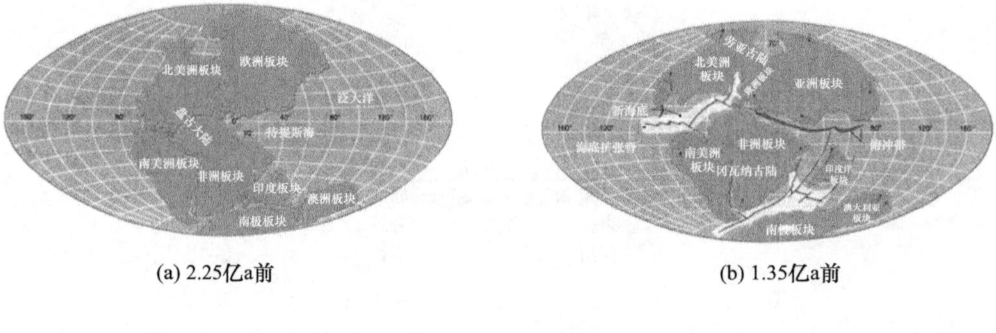

(a) 2.25亿a前　　(b) 1.35亿a前

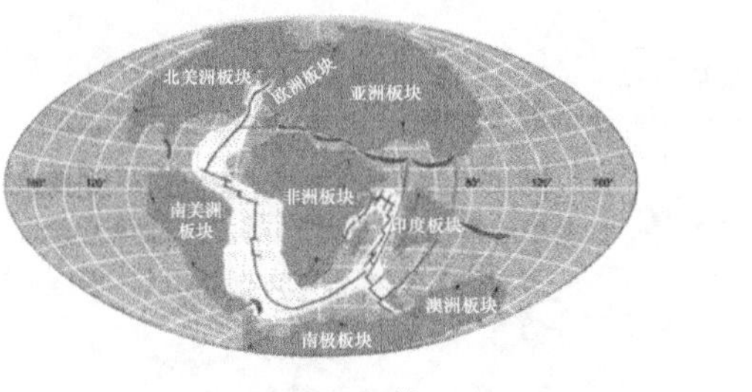

(c) 6500万a前

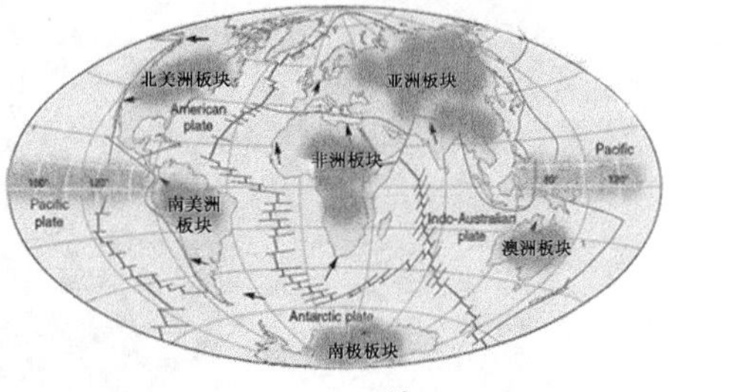

(d) 目前

图 2.18　大陆漂移学说(赵文津,2009)

大陆漂移有两个明显的方向:一是从两极向赤道的离极运动,这是由地球自转所产生的离心力引起的。东西向的阿尔卑斯山脉、喜马拉雅山脉等,就是大陆壳两极向赤道挤压的结果。二是自东向西的运动,这是太阳和月球对地球的引力所产生的潮汐(摩擦力)作用引起的。美洲西岸的经向山脉(如科迪勒拉山脉和安第斯山脉),就是美洲大陆向西漂移,受到硅镁层阻挡,被挤压褶皱形成的;亚洲大陆东缘的岛弧群、小岛,是陆地向西漂移时留下来的残块。

密度较小的大洋壳浮在密度较大的地幔软流圈之上,地幔温度的不均一性,导致地幔物质密度的不均一性,从而在地幔或软流圈中引起物质的对流,形成若干环流。在两个向上环流的地方,大洋洋壳受到拉伸,形成大洋中脊,中脊被拉开,形成两排脊峰和中间谷,来自地幔的岩浆不断从洋脊涌出,冷凝后形成新的洋壳,温度和热流值都较高。新洋壳不断生长,随着地幔环流不断向两侧推开,洋壳的年龄随着与洋脊的距离越远而越老。最老的洋壳约有 2.25 亿 a,洋壳更新过程大约需要 2.25 亿 a。在不断扩张的大洋壳与大陆壳相遇的地方,由于前者密度较大、位置较低,便向大陆壳下俯冲,形成海沟或贝尼奥夫带。

板块相互远离的边界称为发散板块边界,转换边界出现在一个板块水平滑过另一个板块的地方,而在汇聚边界处,两个板块相互移动。岩石圈板块的移动有时会发生碰撞。施加在板块交汇处的压力会引起地震,地震会在多年的时间里改变地貌的形状和特征。岩石圈板块的汇聚运动导致深海海沟和大陆尺度山脉的形成,并导致地震的发生(图 2.19)。

2.2　褶皱与断层

当板块运动产生的压缩压力很大时,岩石层被迫弯曲,呈现出一系列的波状弯曲,但岩石层未失去其连续完整性的构造,称为褶皱构造,它是岩石层发生塑性变形的结果(图 2.20)。褶皱的形态多种多样,褶皱的规模可大可小,但褶皱的基本类型只有背斜和向斜两种。背斜成山、向斜成谷为正地形(图 2.21),背斜成谷、向斜成山为逆地形。

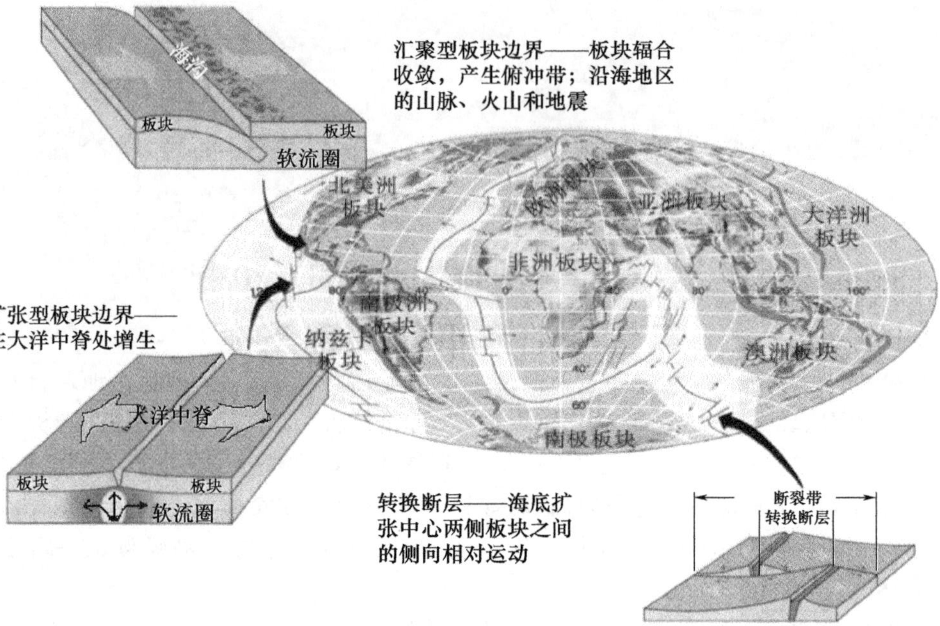

图 2.19　板块三种运动类型

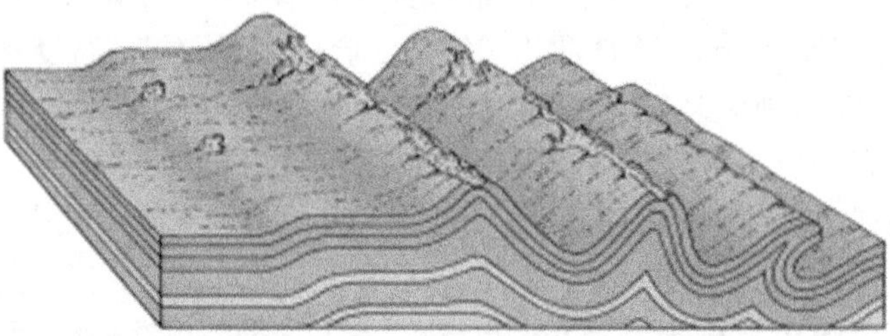

图 2.20　褶皱(姚蒙蒙,2017)

图 2.21　背斜成山与向斜成谷(张燕妮,2015)

断裂构造是指岩石受力达到破裂强度，其连续完整性受到破坏而产生的构造。形态断裂构造包括断层与节理两类。岩石破裂后，其两侧的岩块沿破裂面有明显滑动者，称为断层(图 2.22 和图 2.23)；无明显滑动者，称为节理。就其力学成因来说，两者密切相关，常互为伴生，并无本质差别。

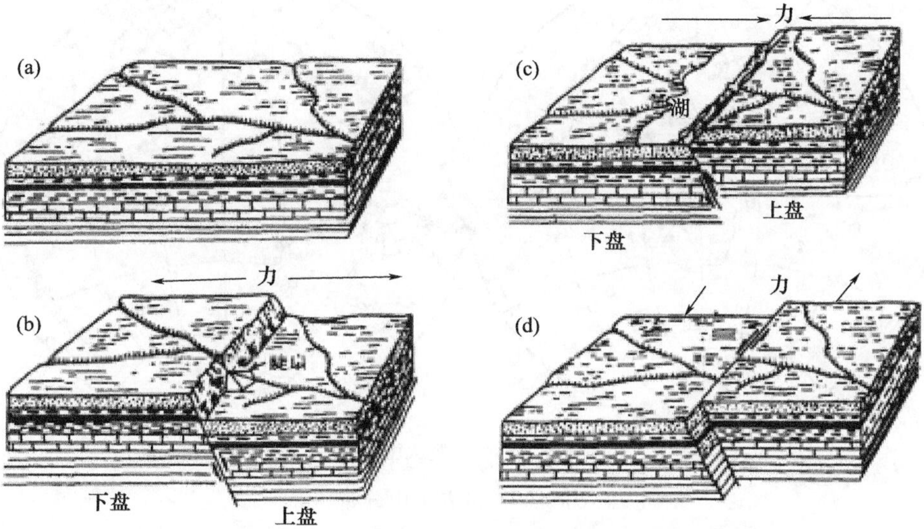

图 2.22　常见的断层类型(蒙赵红 等，2015)

(a)变动前的岩石层；(b)正断层；(c)逆断层；(d)平移断层

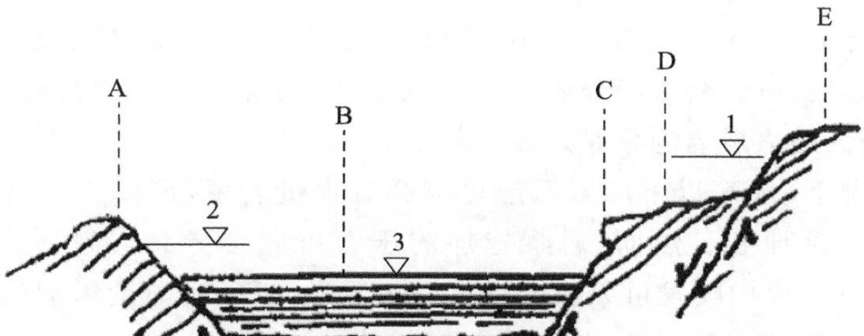

图 2.23　武夷山九曲溪四曲断层

(A 仙钩台，B 卧龙潭，C 洞穴，D 大藏峰，E 鸣鹤峰；1～3 表示早中期与近期河流水面)

2.3　火山活动与火山现象

熔融物质流向板块与板块的交叉点处或附近，如果足够的内部压力迫使岩浆向上，地壳中的薄弱部分或断层会使熔融物质到达地表。喷射到地球表面的物质可能会以一系列爆炸的形式出现，形成一个陡峭的圆锥体。由交替的凝固熔岩、灰烬和火山灰层组成，称为平流火山或复合火山。火山喷发也可能没有爆炸，而是形成一个平缓倾斜的盾状火山。世界上的火山分布如图 2.24 所示。

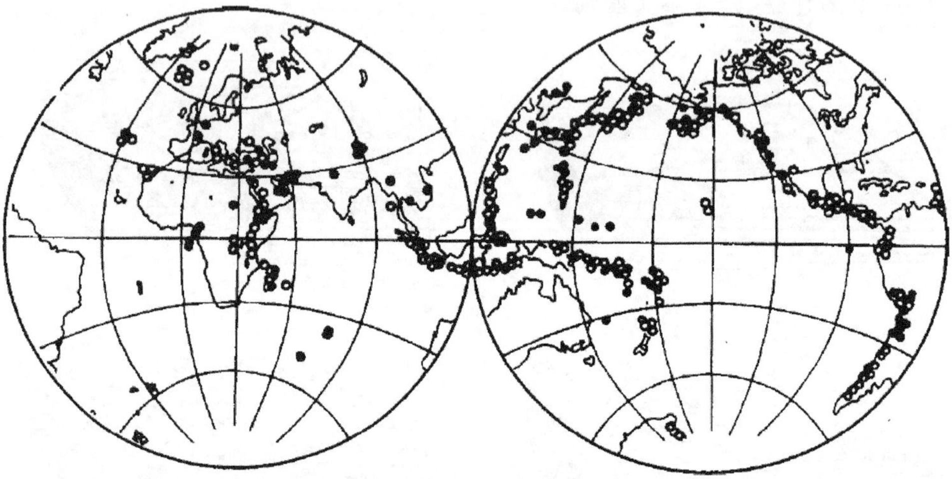

○：活火山；●：死火山

图 2.24 世界火山分布

熔融物质既可以平稳地从火山口流出，也可以以爆炸的形式射入空中。一些相对安静的火山没有长而平缓的斜坡，这表明其流动平稳，而爆炸性火山则有陡峭的侧面，蒸汽和气体会不断逸出。

在许多情况下，地壳下方的压力不足以让岩浆到达地表，这些情况下岩浆凝固成各种地下火成岩地层，有时会影响地表地貌特征。然而，梯度力可能会侵蚀上覆岩石，因此，坚硬且抗侵蚀的火成岩通常是地表的特征。

在其他情况下，地表以下的岩石层可能会有大量岩浆，但由于上覆岩石致密而导致岩浆无法排出到地表。然而，岩浆施加的压力可能会导致岩浆侵入体弯曲、起泡或破坏地表岩石。火山喷发可以将大量火山灰喷入大气，有时会影响数千千米外的天气和气候。熔岩有时会流过裂缝但不会形成火山。这些渗出的熔岩流已经覆盖了海底。

3 风化过程

3.1 机械风化

机械风化是岩石在地表或地表附近的物理分解过程。也就是说，较大的岩石被分解成较小的碎片。许多过程会导致机械风化，最重要的三个分别是冰胀作用、盐分结晶作用和根劈作用。

如果渗入岩石(颗粒之间或沿节理)的水结冰，冰晶就会生长并对岩石施加压力。当这个过程重复(冻结、解冻、冻结、解冻……)，岩石会开始分解。盐晶体在干燥气候中的作用也类似，地下水通过毛细作用被吸引到地表，水分蒸发后，溶液浓度增加，甚至饱和，会析出膨胀和分解性的岩石。树木和其他植物的根系也可能进入岩石节理，随着根系的生长，它们会破碎并分解岩石。这些都是机械风化过程，它们的本质都是物理过程，不会改变岩石的化学成分。

3.2　化学风化

许多化学风化过程会导致岩石的化学分解。位于地表的岩石矿物在水、大气、生物的相互作用下发生氧化、溶解、水解、水化等一系列化学反应，改变了岩石的物化性质和成分，甚至形成新矿物，破坏了原来岩石的结构，使得岩石疏松甚至逐渐变成松散的土层，这种作用称为化学风化作用。

氧气与矿物成分(例如铁)结合形成氧化物，即为氧化。一些与氧气接触的岩石区域会开始分解。当水与某些岩石矿物质(例如硅铝酸盐)接触时，也会产生分解，这时发生的化学变化称为水解。当大气中的二氧化碳气体溶解在水中时，会形成一种弱碳酸，称为碳酸化，这在石灰石上尤为明显，因为在该过程中产生的碳酸氢钙盐很容易溶解并被地下水和地表水去除。

无论是机械风化还是化学风化，本身都不会导致独特地貌的产生。然而，它为岩石颗粒的侵蚀和土壤的形成做好了准备。在风化过程分解岩石后，重力和流水、风和移动冰的侵蚀能够将风化物质带到新的位置。

机械风化和化学风化作用能够导致土壤形成，这是一层薄薄的含有有机物、空气、水和风化岩石材料的精细材料，位于其下方的坚硬岩石上。形成的土壤类型取决于其所在地区的气候和其下方的基岩类型。温度和降雨作用于矿物质，连同腐烂的植被，形成土壤。

4　主要地貌

4.1　流水地貌

地表流水是最主要的地貌外力之一。水在流动过程中，形成各种形态的侵蚀地貌，又将被侵蚀的物质沿途堆积，形成各种各样的堆积地貌。凡由地表流水作用(包括侵蚀、搬运和堆积)塑造的各种地貌，统称流水地貌。

(1)流水作用

流动的水具有强大的侵蚀力量,在流水作用下,陆地表面的任何岩石均会发生形变,形成各种各样的流水地貌。图 2.25 所示为河谷地貌。

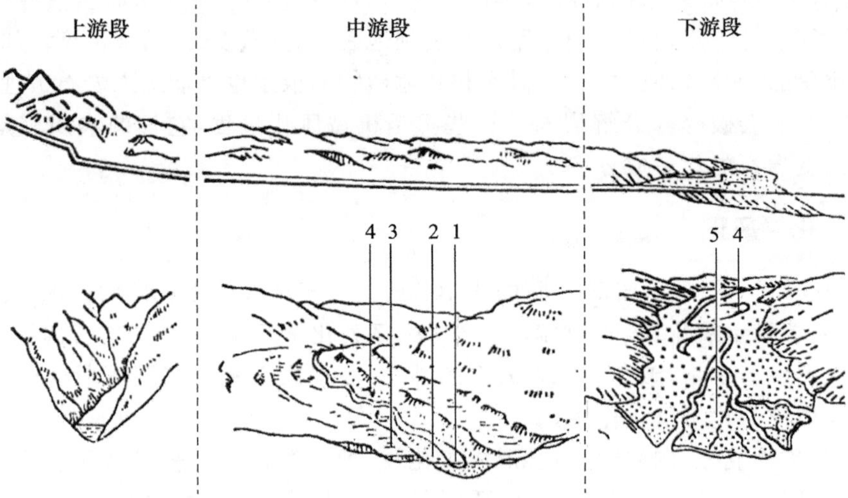

图 2.25 河谷地貌(申朝瑞 等,2022)

(1 河谷,2 河漫滩,3 阶地,4 牛轭湖,5 三角洲)

流水的侵蚀能力取决于几个因素:降水量、边坡的长度和坡度、岩石和植被的种类。陡峭的斜坡和更快流动的水会导致更强的侵蚀。植被覆盖会减慢水的流动,流水的侵蚀作用也会减弱。当植被减少时(可能由于农业活动或牲畜放牧),侵蚀可能会加强。

在平坦的地面,特别是在黄土高原上,降水(大雨或冰雹)会导致侵蚀。大雨冲走土壤后,雨水的力量使地表变得更加致密,因此,进一步的降水无法渗透到土壤中,就会形成径流,地表被径流侵蚀成细沟(又称犁沟),深 3~30 cm,宽 3~100 cm,长度可达十余米,细沟一经耕犁,即行消失。细沟扩大发展为切沟,切沟宽 2~2.5 m,横面呈"V"形,沟缘线明显,切沟下切能力较强或是因为其沟底岩性差别,沟底纵面线与坡面线不一致,黄土高原被侵蚀成为千沟万壑(图 2.26)。

水和溪流中的颗粒都是侵蚀的媒介。当颗粒撞击河道壁和沿河床时,就会发生磨损。由于水流的力量,大颗粒(如砾石)沿着河床滑动,沿途磨碎成岩石。洪水和快速流动的水是造成河道大小和配置发生巨大变化的原因,有时会形成新的河道。在城市中,地面铺砌的地砖和水泥覆盖了本来会吸收或保持水分的土壤,径流会加剧,因此附近的河流和溪流在大雨过后会迅速增加规模和水流速度,经常会导致城市内涝暴发并产生严重侵蚀现象。

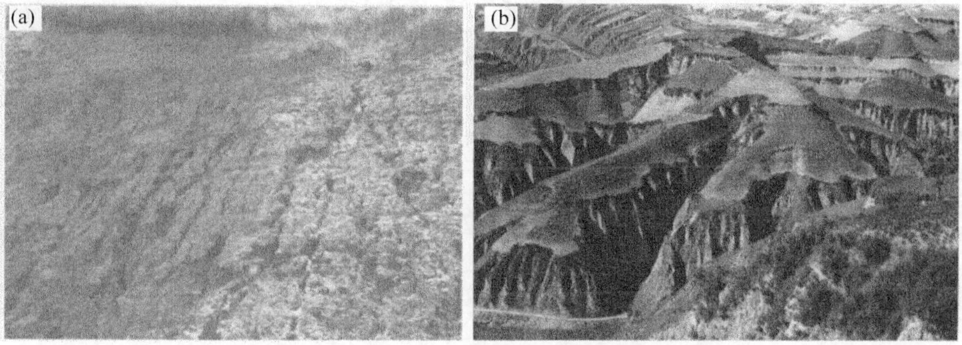

图 2.26　细沟(a)与千沟万壑(b)(温锋,2023)

黏土和淤泥等小颗粒悬浮在水中,与溶解在水中或沿底部拖曳的物质一起构成溪流的负荷,快速流动的洪水承载着巨大的负荷。随着高水位或洪水退去,河流流速降低,河流中的沉积物不再保持悬浮状态,颗粒开始沉降,重、粗的颗粒下落最快,细的颗粒则悬浮时间更长、运输更远。当溪流在海湾、海洋和湖泊中遇到缓慢流动的水时,其流速的下降和由此产生的沉积尤其明显和突然。淤泥和沙子在交叉路口堆积,形成三角洲。

(2)河流景观

河流景观处于地块隆起和侵蚀之间的相对平衡状态(图 2.27)。地块快速隆起之后,往往没有有序的侵蚀阶段。可以假设降起和侵蚀是同时发生的,在给定位置、给定时间,一种力量可能大于另一种力量,但目前还没有办法准确预测景观演变的“下一个”阶段。图 2.28～图 2.31 为不同的河流景观。

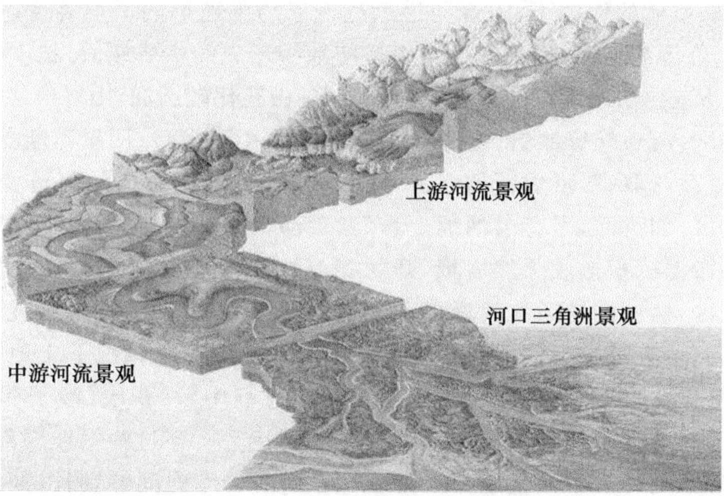

图 2.27　河流景观模型(宋欣,2011)

图 2.28 怒江河谷(李宗敏,2010)

图 2.29 黄河壶口河谷(刘洁,2014)

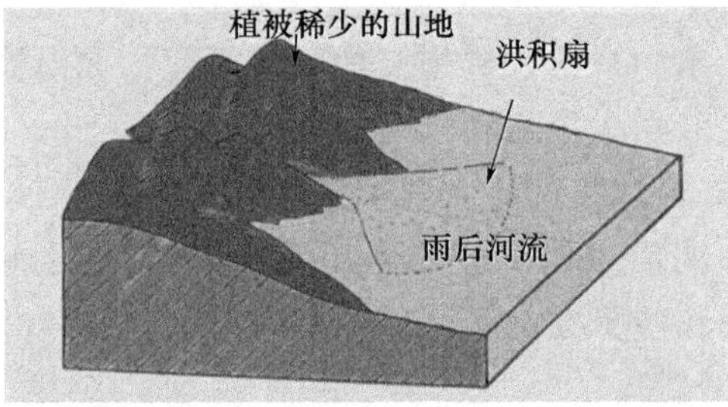

图 2.30 洪积扇

图 2.31 河流阶地地貌(方成杰,2017)

在湿润地区,疏松的地表物质或岩石中的凹陷形态有利于河道发育。在山区,地面坡度大,河流流速快,侵蚀下切,河道被深入侵蚀为狭窄的"V"形态。水流流经悬崖时,往往会形成瀑布。在水流的侵蚀下,山区河道远远低于周围地形的平均高度,呈现为高山深谷、河流湍急。在湿润地区,河流侵蚀作用是使地貌形成的主要原因,坡度中等的湿润地区河流往往会形成比山区更宽的山谷,河道周围的山丘比较圆润,山谷最终演变为平原。

在平原地区,河道蜿蜒曲折,在地转偏向力的作用下,河流凹岸不断减少,凸岸不断增加,最终河流裁弯取直,形成新的河道。新河道被切割后留下的河道变成了牛轭湖。在平坦的洪泛区,如黄河,是有名的地上悬河,黄河下游地区最高海拔处是河堤,洪水期间河流边缘的淤泥沉积形成天然堤坝,开封等地的黄河河底比开封海拔高出 7～8 m。

在干旱地区,植被的缺乏大大增加了流水的侵蚀力。如果河道穿过沙漠,源自山区的水多数无法到达大海。事实上,径流只存在于雨季,大多数情况下土地是干涸的。当水冲出山口,聚集并形成水流,称为积水喷。在此过程中,冲积层(沙子和泥浆)在湖泊和低海拔地区堆积,沿山坡形成冲积扇。当径流到达它所穿过的斜坡底部的谷地时,由淤泥、沙子和砾石向外沉积产生扇形。如果这个过程持续时间特别长,冲积物可能会掩埋被侵蚀的山体。

由于干旱地区的径流是间歇性的，它们的侵蚀力不如湿润地区，多数情况下难以形成标准的流水地貌，但是在特殊情况下，如山洪暴发，快速流动的水可能会雕刻出深而直的地貌形态。山洪以复杂模式涌入冲积平原，留下洪积扇。这种水流形成的通道称为洗涤。山丘和台地（大山丘）的峭壁组合极大地说明了干旱地区不受限制的流水的侵蚀力。

4.2　风成地貌与荒漠地貌

在干旱和半干旱地区（年降水量 250 mm 以下），年蒸发量超过年降水量数倍至数十倍，年温差和日温差都较大，地表径流贫乏，植被稀疏，暴露在外的沙子、黏土和淤泥颗粒会随风移动，风力作用是该区域最主要的地貌营力，其次是风化作用、重力作用和流水作用。风的作用表现为气流沿地表流动时对地面物质的吹蚀、磨蚀、搬运和堆积过程。在此过程中，形成各种风蚀地貌和风积地貌（图 2.32）。

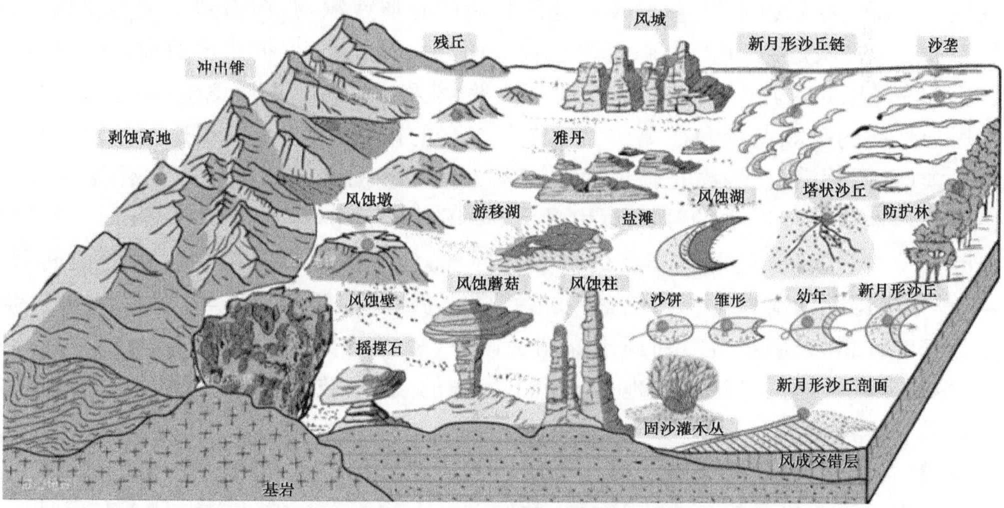

图 2.32　风成地貌示意图

干旱地区呈现荒漠景象，从山地到山前平原（盆地）形成干旱区特有的地貌组合，山前带由山地前缘、山麓剥蚀面和岛山组成，在封闭的盆地中有宽广的洪积扇带和盐湖（或干盐湖）沙丘分布。根据荒漠地貌特征和地表物质组成，可将荒漠分成岩漠、砾漠、沙漠和泥漠四种类型。

(1)风成地貌

风蚀地貌。风的吹蚀作用仅限于一定高度，因风的挟沙量在近地表 10 cm 高处最多，跃移的沙粒上升高度一般不超过 2 m，所以风蚀地貌在近地面处最明显，主要风蚀地貌有以下几种：石窝（风蚀壁龛）、风蚀蘑菇和风蚀柱、雅丹（风蚀垄槽）。

风积地貌。风积地貌的形成与含沙气流结构、运动方向以及含沙量的多少有关。

根据含沙气流结构等特征，可划分四种风积地貌类型：信风型风积地貌（主要有新月形沙丘、纵向沙垄）、季风—软风型风积地貌（主要有新月形沙丘链、横向沙垄和梁窝状沙地）、对流型风积地貌（主要有蜂窝状沙地）、干扰型风积地貌（主要有金字塔形沙丘）。

(2)荒漠地貌

岩漠（石质荒漠）。岩漠是干燥、风蚀以及重力共同作用形成的地貌形态。岩漠主要形成于有一定坡度的山麓地带，重力及间歇性水流将坡面物理风化产生的大部分风化碎屑产物带走，风力又将沙粒与粉尘带走。山麓剥蚀面（山足面）是岩漠中发育最为完全的一种地貌类型，倾斜和缓，上覆薄层松散堆积物，残留有坚硬岩石形成孤丘，称为岛山（残丘）。各山麓剥蚀面不断扩展而相互联合成大片的山前夷平面。雅丹地貌是岩漠的一种特殊类型，基岩残丘的风蚀迹象明显，主要由风蚀土墩和风蚀沟槽形态组成。

砾漠（砾石荒漠）。砾漠是指地面由砾石组成的荒漠，蒙古语称"戈壁"。荒漠中的各种沉积物（洪积、冲积和冰积等）以及基岩风化后的碎屑残积物，在强烈的风力作用下，细粒的沙和粉尘被吹走，留下粗大砾石覆盖着地面，形成砾漠。根据我国习惯，还把岩漠中的石质荒漠平原归入其中，为了区别于砾石戈壁（堆积），特称为石质戈壁（剥蚀）。如新疆哈密以南辽阔的噶顺戈壁和准噶尔盆地东部著名的诺明戈壁，都属于这种戈壁类型。

沙漠（砂质荒漠）。沙漠是指地面覆盖着大量流沙的荒漠。这里风力作用很强，形成各种风积地貌。荒漠中的沙漠面积最大，中国沙漠面积为 6.37×10^5 km^2。沙漠的形成除了干旱气候外，还要有丰富的沙源。因此，沙漠多分布在内陆巨大的山间盆地里，以及干燥剥蚀的高原上。内陆盆地接受了四周山地大量风化破坏产物的堆积，具有深厚疏松的冲积（或湖积）沙层；而干燥剥蚀高原，经受了长期干燥剥蚀作用后，在高原面上，特别是其中的低平地和洼地里堆积了大量的残积、坡积和冲积沙层，都为沙漠的形成提供了丰富沙源。

泥漠（黏土荒漠）。泥漠是由黏土物质组成的荒漠，分布在干旱区的低洼地带，如封闭盆地的中心。这里是洪流自山区搬来的细粒黏土物质淤积的地方。黏土变干时发生多边形网状裂隙，形成龟裂地。泥漠的地面平坦，植物稀少，地表光裸，地下水位较浅且含有大量盐分，在干燥气候条件下水分不断蒸发，盐分析出在地表不断积聚，形成盐土、盐壳甚至盐岩层，则称为盐沼荒漠或盐漠。

黄土主要分布在中纬度干旱或半干旱的大陆性气候地区。我国黄土主要分布在北方干旱区和半干旱区，位于 34°～45° N，呈东西向带状分布。黄土区的西面和北面与沙漠相连，从西北向东南依次为戈壁、沙漠、黄土，逐渐过渡。西北部靠近沙漠的地区，黄土粒度较粗，愈往东南距离沙漠愈远，黄土粒度逐渐变细。我国黄土总面积约 6.35×10^5 km^2。其中，黄河中下游的陕西北部、甘肃中部和东部、宁夏南部和山西西部，是我国黄土分布最集中的地区，不仅分布面积广，而且厚度大（最厚可达 200 m）。由于这个地区的地势较高，形成有名的黄土高原。

4.3　黄土地貌

(1)黄土沟谷地貌

黄土沟谷按照发生的部位、发育阶段和形态特征，分为细沟、切沟、冲沟和纹沟等几种(图 2.33)。黄土沟谷的发展过程，与一般正常流水沟谷发展相似。但由于黄土质地疏松，垂直节理发育，加上有湿陷性，常伴以重力、潜蚀作用，故黄土沟谷系统发展较快。

图 2.33　黄土沟谷地貌(陈卫平 等,2020)

(2)黄土沟间地貌

沟间地是指沟谷之间的地面。沟间地的地貌有塬、墚、峁，它们是黄土高原的地貌主体(图 2.34)。塬是面积广阔而且顶面平坦的黄土高地。塬面中央部分斜度不到 1°，边缘部分在 3°～5°。墚是长条形的黄土高地。根据墚的形态，可分为平顶墚和斜墚两种。峁是一种孤立的黄土丘，呈圆穹形。峁顶坡度为 3°～10°，四周峁坡均为凸形斜坡，坡度 10°～35°不等。

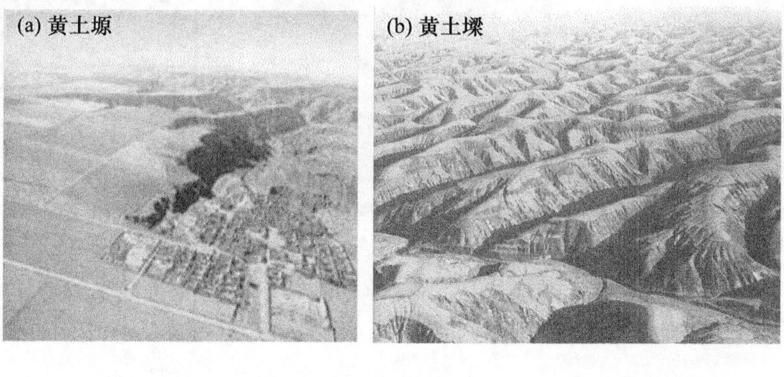

(c) 黄土峁　　(d) 黄土墚峁

图 2.34　黄土沟间地貌(陈卫平 等,2020)

(3)黄土潜蚀地貌

流水沿着黄土中的裂隙和孔隙下渗,进行潜蚀,使土粒流失,产生洞穴,最后引起地面崩塌,可形成黄土特有的潜蚀地貌(图 2.35)。黄土碟是一种由流水下渗浸湿黄土

(a) 黄土碟　　(b) 黄土井

(c) 黄土柱　　(d) 黄土尖柱　　(e) 黄土巨柱

图 2.35　黄土潜蚀地貌(陈卫平 等,2020)

后，在重力的影响下，土层逐渐压实，使地面沉陷而形成的碟状小洼地。形状为圆形或椭圆形，深数米。黄土陷穴由流水沿着黄土中节理裂隙进行潜蚀作用而成，可分 3 种：①漏斗状陷穴，呈漏斗状，主要分布在谷坡上部和墚峁的边缘地带；②竖井状陷穴，呈井状，口径小而深度大，深度可超过 20～30 m；③串珠状陷穴，几个陷穴连续分布成串珠状。黄土柱是分布在沟边的柱状残留土体。由于流水不断地沿黄土垂直节理进行侵蚀和潜蚀，以及黄土的崩塌作用，残留的土体会形成黄土柱。

4.4　岩溶地貌

地下水，特别是与二氧化碳结合时，会通过化学过程溶解可溶性物质。尽管地下水倾向于分解多种类型的岩石，但其对石灰岩的影响最为显著。

岩溶作用使可溶性岩石形成一系列独特的岩石地貌，按出露情况可分为地表岩溶地貌和地下岩溶地貌两大类，前者主要由地表水作用所形成，后者主要为地下水所雕塑。按其形态及形成过程归纳为以下主要地貌类型：溶沟与石芽、漏斗与落水洞、峰从与峰林、溶蚀洼地与坡立谷（溶蚀平原、盆地）、干谷与盲谷、伏流与暗流、溶洞、岩溶湖与岩溶泉、岩溶塌陷地貌。

世界上许多巨大的洞穴都是地下水流通过石灰岩而形成的（图 2.36～图 2.38）。水从上方的岩石中下沉，在滴入空旷的空间时会留下碳酸盐沉积物。沉积物悬挂在洞穴顶部（钟乳石）并从洞穴底部（石笋）向上堆积。在某些地区，地下水侵蚀对石灰岩的不均匀影响会留下一系列由落水洞、塌陷洞穴区域的地表凹陷形成的坑坑洼洼。喀斯特地貌是指以天坑、洞穴和地下溪流为标志的大型石灰岩区域。

图 2.36　象鼻山

图 2.37　喀斯特地貌

图 2.38　中国天眼

4.5　冰川地貌

冰川的形成位置是在雪线以上。雪线指当年降雪量超过年融雪量和蒸发量的界线，多在寒冷的地方，形成多年积雪。雪的重量使其在底部压实并形成冰，即冰川冰。当降雪厚度达到约 100 m 时，底部的冰会变得像厚厚的牙膏并缓慢移动，越过雪线流到消融区，形成冰川(图 2.39)。因此，冰川沿着斜坡缓慢移动或在陆地表面向外扩散。一些冰川似乎是静止的，仅仅是因为冰川边缘的融化和蒸发速度等于冰层前进的速度。

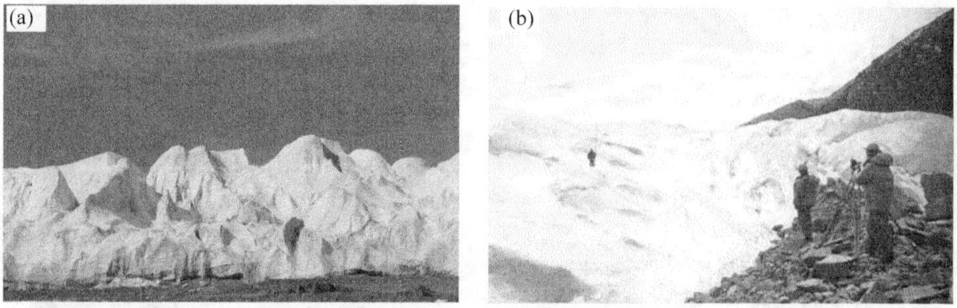

图 2.39　格拉丹东冰川(a)和祁连山七一冰川(b)

大多数关于冰川形成的理论都与地球气候冷却有关。第一个理论将冷却归因于大气中可能存在过量火山尘的时期。空气中的尘埃降低了到达地球的太阳辐射量，从而有效地降低了地表温度。第二种理论将冰川形成归因于过去 50 万 a 来地球绕太阳轨道的形状、倾斜度和季节的变化。这种变化改变了地球接收到的太阳辐射量及其在地球上的分布。最近的一项理论表明，当大型大陆板块在极地上空漂移时，地球上的温度会变得更加极端，从而导致冰川的发展。当然，这个理论无法解释最近的冰河时代。

地球陆地面积的大约 10%处于冰层之下。在最近的冰层推进期间发现，格陵兰岛的大陆冰是一个巨大冰川的一部分，该冰川几乎覆盖了整个加拿大以及美国和欧亚大陆的最北部。巨大的冰川厚度达到 3000 m，包围了整个山脉系统。上一个冰河时代的另一个特征是永久冻土层的形成，永久冻土层的深度可达 1500 m。永久冻土层阻止水分向下渗透，在短暂的夏季，表层土壤可能会被水饱和，此时只有薄薄的表层冰川融化。近年来，由于北纬和南纬地区明显变暖，冰川融化的速度超过了它们的发展速度。

冰川的重量压碎了下面的岩石，这些碎岩石通过移动的冰块运输。因此，冰川通过侵蚀改变了地貌。冰川在移动时会冲刷陆地，在残留的岩石上留下表面划痕。加拿大东部的大部分地区都被冰川冲刷过，这些冰川几乎没有留下土壤，但有许多被冰川挖出的湖泊和溪流。

冰川冲刷造成的侵蚀形式有多种。冰川槽是一个深的“U”形山谷，只有在冰川退去后才能看到。如果山谷低于海平面，例如在挪威或加拿大不列颠哥伦比亚省，就会形成峡湾或海洋的臂膀。尖锐的山脊将相邻的冰川雕刻的山谷分开。冰斗是由冰川谷头的冰蚀形成的。

冰川在沉积它们运送的碎片时会形成地貌。这些沉积物，称为冰碛物，由岩石、鹅卵石和淤泥组成。随着巨大的冰舌向前移动，冰碛物会在冰川的某些部分堆积。冲刷谷壁的冰和前进的舌尖处的冰充满了碎屑。随着冰川的融化，它会留下大小和形状不同的山丘，例如冰碛和鼓形(图 2.40)。

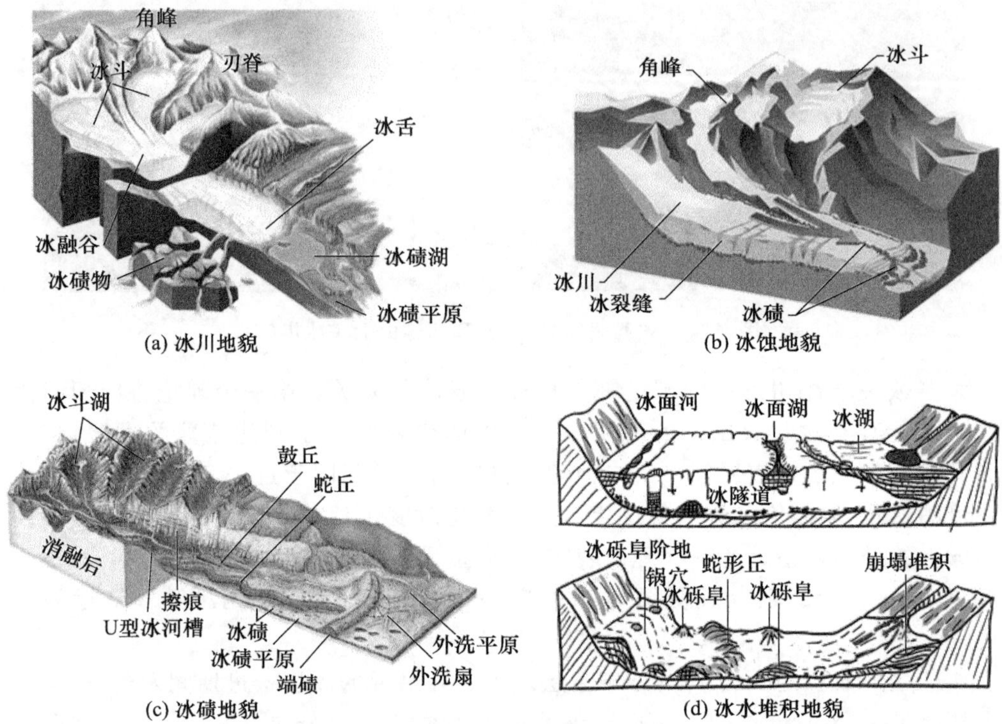

(a) 冰川地貌　(b) 冰蚀地貌　(c) 冰碛地貌　(d) 冰水堆积地貌

图 2.40　主要冰川地貌

许多其他地貌都是由冰川形成的，最主要的是冲积平原。在融化的冰川前有一个平缓的倾斜区域，沿着宽阔的前沿融化，成千上万的小溪流从冰川中流出，这些溪流沉积了由沙子和砾石组成的整齐分层。冲积平原本质上是巨大的冲积扇，覆盖范围广，为土壤形成提供了新的母质。美国中西部大部分地区的土壤肥力有一部分归功于风对冰川沉积的影响。

4.6　波浪、洋流和沿海地貌

大陆海岸和岛屿上的海浪不断侵蚀，并导致海岸地貌发生相当大的变化。当海浪到达靠近海岸的浅水时，它们会因沿海平面的摩擦而被迫升高，直到形成波浪，海水的上涌不仅携带沙子沉积，还侵蚀海岸的地貌，而反冲洗带走被侵蚀的物质。

如果海岸的土地远高于海平面，波浪作用会导致其形成悬崖。悬崖的侵蚀速度取决于岩石对盐水持续攻击的抵抗力。在暴风雨期间，波浪的向前推力释放了大量的能量，并且发生了大量的侵蚀。滑坡在沿海风暴期间是一种危险，尤其发生在沉积岩薄弱或存在岩石层的地区。

海滩是由水中所含的沙粒沉积而成的。沙子源自大量海岸侵蚀和溪流。与海岸大致平行的沿岸洋流运送沙子，形成海滩和沙嘴。

然而，如果不存在沿岸洋流，海浪的反冲会带走海滩上的沙子。因此，沙洲可以在离海岸线很短的距离内形成。如果沙洲变得广泛，它们最终会关闭海岸，形成一个新的沿海地貌，将泻湖或入口包围起来。盐沼经常在这些地区及其周围形成。珊瑚礁由生长在热带浅水中的数百万个色彩缤纷的珊瑚骨骼组成，其是在温暖的水和阳光存在下通过碳酸钙的分泌而形成的。澳大利亚东北部海岸附近有最著名的珊瑚礁——大堡礁。环礁位于南太平洋，是在火山周围的浅水中形成的珊瑚礁，几乎被水覆盖。

第 4 节　天气与气候

1　气压与风带

1.1　大气温度

全球不同地区大气温度差异主要原因是纬度不同和海拔不同。大气温度的热量主要来自于太阳辐射，太阳的短波辐射只有很小部分能量能够直接被大气吸收增温，大部分能量被地表吸收后，以长波辐射的形式反射到大气中，被大气吸收后，气温增高(图 2.41)。

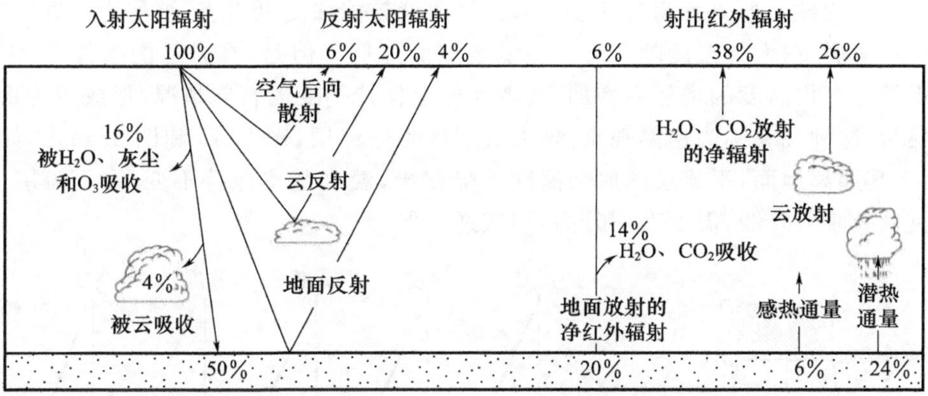

图 2.41　全球地气能量平衡图(Peixoto etal. ,1992)

纬度不同的地区，太阳高度角不同，单位面积上地表获得的太阳辐射不同，因此，不同地方大气年均温度不同。在同一纬度，大气温度受到下列因素的影响：①空气中水蒸气的量；②云层覆盖程度；③地球表面的性质；④海拔高度；⑤空气流动的程度和方向。

大气温度有日变化和年变化。在一天里，随着入射的太阳能超过通过反射和再辐射而损失的能量，温度开始上升；地面储存了一些热量，温度继续上升，直到太阳高度越来越低，接收的能量低于反射和再辐射过程损失的能量，温度逐渐降低(图 2.42)。大气的热量损失主要是在漫长的夜晚。在一天的大气温度变化中，日出前后温度最低，午后(14 时(北京时，下同))温度最高。

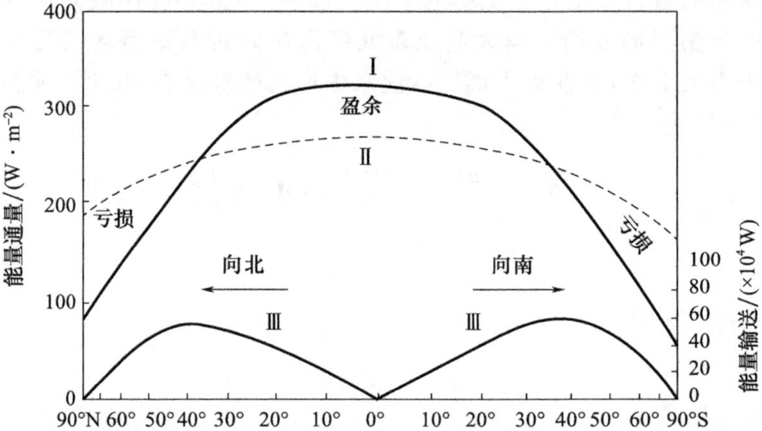

图 2.42 吸收辐射(Ⅰ)与射出辐射(Ⅱ)以及能量输送(Ⅲ)(缪启龙，2018)

从全球尺度上看，大气温度随着纬度的增加而降低，低纬度大气温度高，南北两极大气温度低。在同一纬度，大气温度随着海拔的升高而降低，平均每升高 1000 m 约下降 6.4 ℃。青藏高原平均海拔 4000 m，大气温度较同纬度低得多，被称为世界第三极。

正常情况下，大气温度随着海拔高度增加而降低。但是，在合适的条件下，大气温度出现随着海拔高度的增加而增加，或者大体上保持不变的特殊情况，形成较为稳定的大气层结，这种现象称为逆温现象，该大气层称为逆温层(图 2.43 和图 2.44)。如平流层：由于其远离地面，平流层的底部温度下降很慢，温度基本保持不变，在平流层上部，由于臭氧吸收紫外线，温度有所升高，形成逆温层。

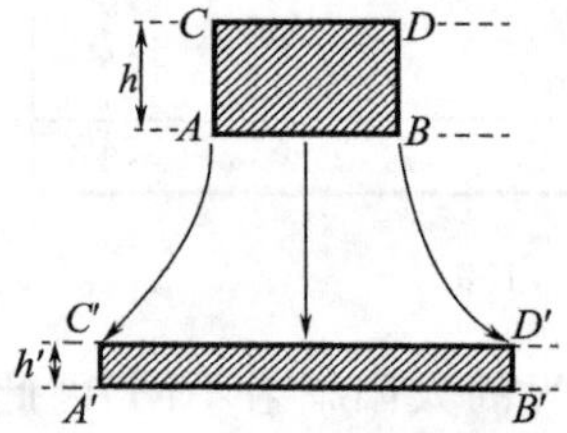

图 2.43 下沉逆温层(冯明 等，2015)

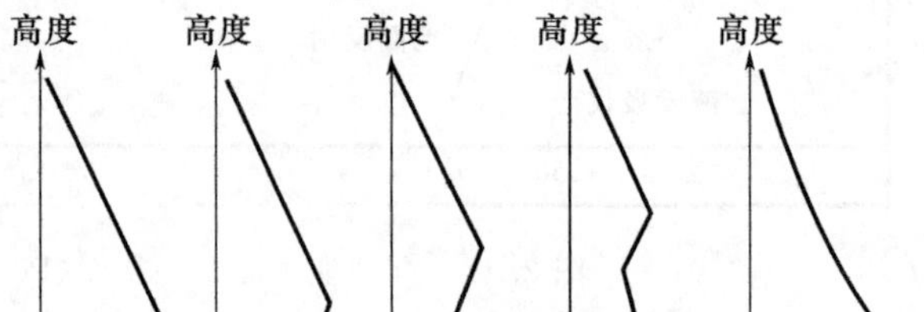

图 2.44 辐射逆温层的生消过程(冯明 等，2015)

在晴朗、寒冷、无风的夜晚，近地面大气快速降温，导致近地面大气温度低于高空温度，形成逆温层。在山谷和盆地等特殊的地形区，加剧了逆温层产生的频率和强度。逆温层阻碍了空气的流动，因此近地面产生的污染被堆积在近地面的空中，形成重大的大气污染。

1.2　气压与气压梯度力

空气是一种气体物质，其重量会形成气压。假设在地球表面分离出 16.39 cm^3 的空气柱，将其与上方所有的空气一起称重，其总重量是一定的。当选定温度为 0 ℃、纬度为 45°的海平面作为标准时，海平面气压为 1013.25 hPa，相当于 760 mmHg（毫米汞柱），称此压强为 1 个标准大气压。可以想象出，高于海平面的空气相应减少，气压降低，也就是近地面空气更重，气压更高。等量的冷空气和热空气，冷空气更密集，气压更高，热空气更稀疏，气压更低。我国冬季北部内蒙古和东北一带，气压高。在一天中，寒冷的早晨空气相对较重，正午过后，气温升高，空气相对较轻。

由于地球表面性质的差异，如陆地与海洋、高山与深谷、高原与平地、湿润与干旱、城市与乡村等，即影响能量吸收和储存的要素的不同，形成了高气压和低气压区域。这些高（低）压区域大到可以覆盖整个大陆，或是几百平方千米。

当区域之间存在压力差时，形成气压梯度，气压梯度等于两气压面的压力差除以二者之间的垂直距离。当气压梯度存在时，单位质量受到的力称为气压梯度力。空气从高压区域吹向低压区域，大气的流动就产生了风。气压差越大，风力就越大。重空气会靠近地球表面，并迫使暖空气向上运动。风的速度与压差成正比。如果高压区和低压区之间的距离较短，则压力梯度大，风速很大。当不同压力的区域相距很远并且差异程度不大时，会发生更温和的空气流动。

1.3　地转偏向力与摩擦力

（1）地转偏向力

在从高压到低压移动的过程中，风在北半球向右偏转，在南半球向左偏转。因地球自转产生的非惯性力称为水平地转偏向力，也称为科里奥利力，这种偏转称为科里奥利效应。如果不是这种效应，风将完全按照压力梯度指定的方向移动。地转偏向力和气压梯度力产生螺旋，而不是简单的直线风，风的螺旋是许多风暴的基本形式，这些风暴对地球的空气循环系统非常重要（图 2.45）。

（2）摩擦力

风的运动被地球表面的摩擦力减慢了，这种减慢效果在地表最强。随着海拔高度的增加，摩擦力下降，在离地面约 1500 m 以上基本消失。摩擦力不仅使得地表的风速降低，而且也使得风向发生变化。

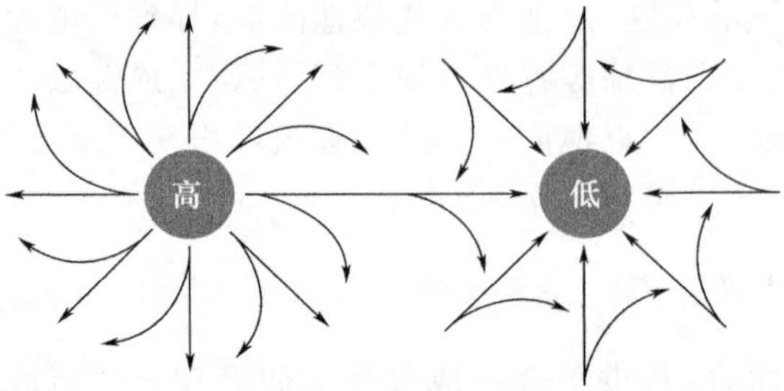

图 2.45 地转偏向力对空气流动的影响(冯明 等,2015)

1.4 全球大气循环模式

大气不仅仅吸收太阳辐射、地面辐射和其他热量,大气本身也向外辐射能量。因此,地球不同区域的大气就有了净得能量区和净失能量区,区域间收支不平衡,大气就有了温度梯度,大气通过流动以达到能量平衡。

假设地球不自转,则会形成理想的大气环流。由于地球自转产生地转偏向力,使得风向发生改变。在北半球的极地高压区的低空大气到不了赤道,就成为极地东风。高空中的赤道低压区的大气在中纬度就转向为西风。在高低空区域,根据大气的辐合和辐散,形成了与单一环流不一样的环流系统,如在北半球,形成了三个径向环流圈(图 2.46)。

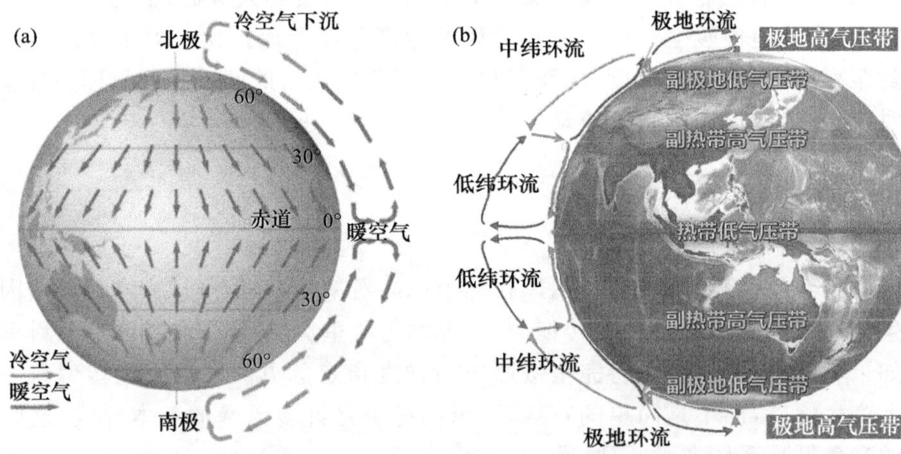

图 2.46 全球大气环流(Randall,2015)

(a)地球无自转;(b)地球自转

赤道地区是低压区,气温高导致近地面大气受热上升,形成对流效应。随着赤道暖空气的上升,在高空冷却并最终变得密集,分别向南北方向上流动,凝结的空气下沉,在近地面形成高压区，称为亚热带高压，大致位于 30° N～30° S。在北半球，亚热带高压区的大气向低纬度的赤道低压流动，在科里奥利力作用下，形成了东北信风。同时，亚热带高压区的大气向北高纬度的副极地低压流动，在科里奥利力的作用下，在中纬度地区形成了西风(实际上是西南风)。

极地地区近地面往往生成冷高压，称为极地高压，在纬度 60°附近，形成了亚寒带低气压。极地高压区大气流向亚寒带低气压，在低空形成了极地东风。

1.5　对流效应

暖空气上升，冷空气下降。下降冷空气和上升暖空气的循环运动称为对流。当表面加热的暖空气上升并被来自上方的冷空气取代时，会产生对流风系统。

(1)陆风和海风

对流系统的一个很好的例子是陆风和海风(图 2.47)。白天，靠近一大片水体的陆地，陆地和水之间的温差很大。因此，陆地上较温暖的空气垂直上升，被来自海上的较冷空气所取代。晚上，情况恰恰相反。水比陆地温暖，陆地微风吹向大海。这两种风使温暖气候下的海滨位置特别舒适。

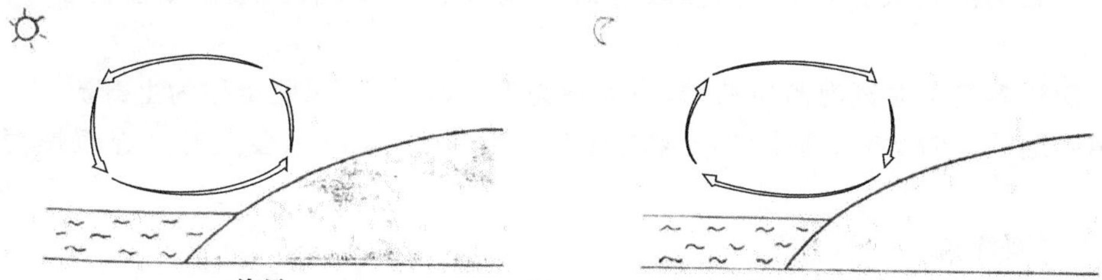

图 2.47　陆风和海风示意图(刘南威，2014)

(2)山风和谷风

重力导致沉重的冷空气从山区积雪堆积的高度下降到较低的山谷位置，如图 2.48 所示。因此，山谷会变得比斜坡冷得多，并且会发生温度反转。斜坡是山区农业的首选

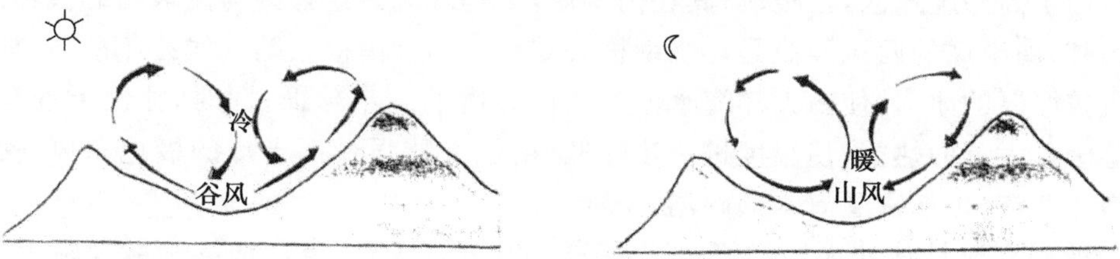

图 2.48　山风和谷风示意图(刘南威，2014)

地点，因为来自山风的冷空气会导致山谷更加寒冷。在人口稠密、工业集中的狭窄山谷中，空气污染可能变得特别严重。山风通常发生在夜间；山谷的微风由山区的暖空气向上移动至斜坡引起，通常发生在白天。

2　洋流对大气的影响

2.1　洋流及其动力机制

(1)洋流

海水沿一定途径的大规模流动，称为洋流。根据洋流的成因，分为三种类型：风海流、密度流和补偿流。

风海流是由风引起的，风推动海水随风漂流，表层海水又带动了深层海水流动。这是全球主要的洋流形式，西风漂流、赤道暖流等都属于风海流。

密度流是由海水的温度和盐度不同而引起的，密度高的海水流向密度低的海水形成密度流。如地中海海水盐度大、密度高，相邻的大西洋海水密度低，于是地中海的海水从海峡底层流入大西洋，大西洋表层海水则经直布罗陀海峡流入地中海，形成密度流。

补偿流多发生在近海沿岸海域，常表现为上升流形式，因此也称为上升流。当风沿着偏离陆地的方向吹时，这个区域会出现海水亏缺，下层海水会上升补充近岸海水的流失。

(2)主要洋流

墨西哥湾暖流是世界上最大的暖流，水流流速快、流量大、水温高，温暖着所经地区的空气。西欧和北欧沿海地区虽处于中高纬度地区，但受墨西哥湾暖流的影响，温度更高、气候更湿润。

西风漂流是在盛行西风的吹送下，海水自西向东大规模流动的洋流。它虽是日本暖流和墨西哥湾暖流的延续，但在南北半球却大不相同。北半球的西风漂流从低纬度地区流向中高纬度地区，是暖流；其在南半球，则是寒流。这是因为南极与北极不同，南极有大陆，南半球的西风漂流是环绕南极大陆流动的。南极大陆气候终年酷寒，地面上常年覆盖厚厚的冰雪，使南大洋海水温度比同纬度的北半球低；同时，冰山上的浮冰融化时会吸收大量的热能，使温度进一步降低；南极大陆强劲而干冷的极地东风，使高纬度的海水北流，也加剧了海水的降温。

加纳利寒流是从北大西洋漂流向南分支出来的洋流，经过加纳利群岛附近，最后形成了大西洋北赤道洋流的补偿流。加纳利寒流对于非洲北部的撒哈拉沙漠的形成有着重要的作用，由于其降温降湿，使原本缺水的地区更干旱，形成了大面积的沙漠。

日本暖流又称为黑潮，是全球第二大洋流。它起源于菲律宾群岛的吕宋岛以东海区，流经我国台湾一带，东到日本以东与北太平洋暖流相接，温度高、盐度高。黑潮还带来了一些“次生产品”——台湾暖流和黄海暖流。台湾暖流是黑潮次表层水和台湾海峡暖水团的混合，沿闽浙海的槽状凹地北上，一直到达我国长江口外。黄海暖流通过渤海海峡流入渤海，高温、高盐，冬季强、夏季弱，在冬季温暖了中国秦皇岛和葫芦岛等地，有北方“不冻港”之称。

2.2　洋流的地理效应

洋流的运动堪称全球气候的“调节器”，它将低纬度的热量向高纬度传输，起到降温降湿或者增温增湿的作用。同时，洋流不断地与上空的气团进行热量和水汽的交换，会对流经地区的气候产生影响，常常出现该地区本应是某一类气候却被另一类气候所占据的现象。例如，非洲马达加斯加岛，远离赤道地区，从纬度上看，应为热带草原气候或者热带沙漠气候，但是岛的东部却是热带雨林气候。究其原因，是经过岛东部洋面从北往南流的暖流所致。

洋流对气候的影响还体现在另一方面，当某一个洋流减弱或者增强时，洋流经过地区的气候也会随之改变。科学家研究发现，若气候持续变暖，导致冰川大范围融化，降水量增加，大量淡水流入北冰洋造成北大西洋暖流减弱，会使整个欧洲平均气温下降 5 ℃。

正常年份，在赤道以南的太平洋上，由于强劲的东南信风的吹拂，海水向西流，使澳大利亚附近的洋面比南美地区高出约 50 cm，东太平洋海域水温低于西太平洋海域，靠近赤道的秘鲁沿岸海水上涌形成秘鲁上升流。

然而每隔几年，强劲的东南信风渐渐变弱，甚至倒转为西风，温暖的海水从赤道向南流动，迫使秘鲁寒流向西流动，这种现象称为“厄尔尼诺”。厄尔尼诺使赤道附近太平洋中东部的海水温度异常升高，赤道附近的太平洋东岸地区气候由原来的干燥少雨变为多雨，引发洪涝灾害，而赤道附近的太平洋西岸地区，气候由原来的湿润多雨变为干旱少雨。这样，海水异常升温转而又给大气加热，引起难以预测的气候异常。厄尔尼诺曾使非洲南部、印度尼西亚和澳大利亚遭受了前所未有的旱灾，同时带给秘鲁、厄瓜多尔和美国加州的则是暴雨、洪水和泥石流。

有的年份，当信风增强时，海水又开始向西流，促使赤道西太平洋海面比东部海面高出近 60 cm，赤道上太平洋东部和中部的海水表面温度迅速下降，增加了秘鲁寒流的势力，引发了“拉尼娜”现象，也称为“反厄尔尼诺”现象。拉尼娜现象易造成我国冷冬热夏，登陆我国的热带气旋比常年增多。

3 大气中的水分

空气中水蒸气是降水的来源(图 2.49)。降水是指从天空降落到地面的液态或固态水,包括雨、毛毛雨、雪、雨夹雪、霰、冰粒和冰雹等。降水量指降水落至地面后,未经蒸发、渗透、流失而在水平面上积聚的深度,降水量以毫米为单位。降水主要分为四种类型,分别为对流降水、地形降水、锋面降水与台风降水(图 2.50)。

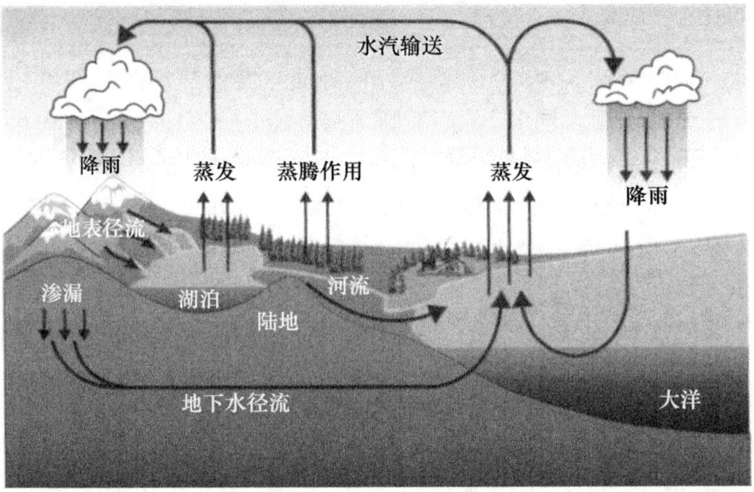

图 2.49 海陆水分循环

(1)对流降水

被含有大量水汽的大气受热上升,随着空气上升,气温出现下降,大气含水量降低,水分被析出冷凝,降水发生。对流降水是热带和大陆性气候中夏季风暴或阵雨的典型特征。通常,地面在早上和下午早些时候被加热,积聚的暖空气开始上升,首先形成积云,然后形成积雨云,最后出现闪电、雷声和强降水。这些对流风暴通常发生在下午或傍晚。

如果快速上升的气流使云内的空气迅速循环,则可能会在云顶附近形成冰晶。当这些冰晶大到足以下落时,一个新的含有水的上升气流会迫使它们重新上升,从而扩大冰块。这个过程可能会反复发生,直到上升气流以冰雹的形式落到地面,形成冰雹。

(2)地形降水

地形降水主要发生在山脉、丘陵一定高度的区域,特别是位于海洋或大型湖泊下风向的地区。来自水面的饱和空气吹到岸上,随着陆地的上升而上升,再次发生冷却、冷凝和沉淀的过程。丘陵和山脉的迎风坡(暴露于盛行风的一侧)降水量很大,山脉的背面(称为背风坡或雨影)以及顺风的相邻区域经常是干燥的。穿过山脉或丘陵的空气下降并变暖。

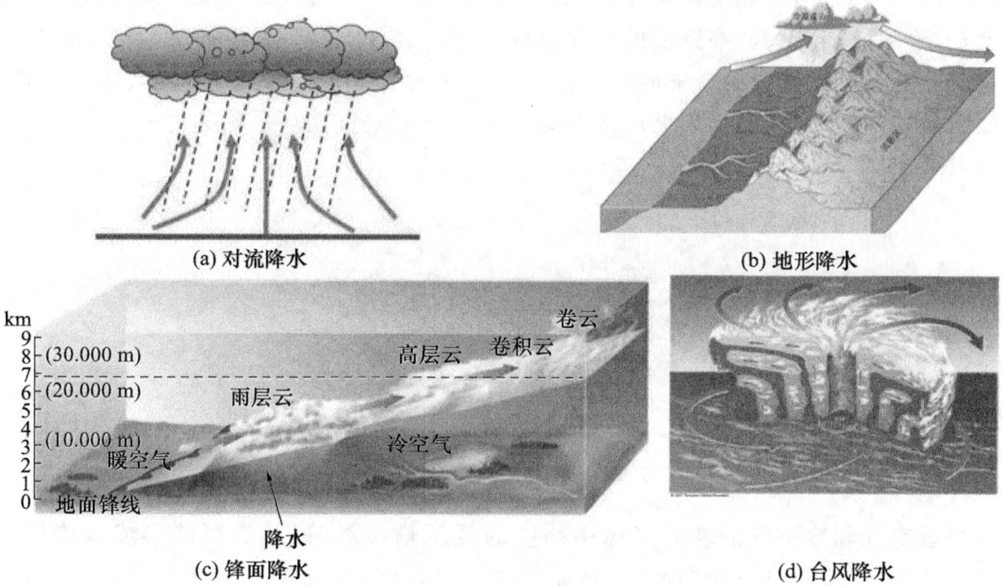

图 2.50　四种降水类型(黄忠恕 等,2005)

(3)锋面降水

锋面(气旋)降水常见于中纬度地区,在热带地区则成为飓风和台风的起源。气团是具有相似温度和湿度特性的大型空气体,它们在大面积均匀的地表和相对一致的温度源区域上形成。生成气团的源区主要有:大陆极地、海洋极地、大陆热带和海洋热带。大陆极地气团形成于高纬度地区的陆地或冰上表面,性质为又冷又干。海洋极地气团形成于高纬度的海洋上空,性质为寒冷潮湿。同样,热带气团起源于北非和澳大利亚北部的南北回归线之间,在大陆上形成,则为热带大陆气团,性质为温暖干燥。当它在热带海洋上空形成时,为热带海洋气团,性质为温暖潮湿。一个气团在完全形成时通常会覆盖数千平方千米的地球表面。

当寒冷干燥的高纬度冷气团向低纬度的温暖湿润的暖气团推进时,它们的接触面称为锋面。当冷空气向暖空气移动时,温暖湿润的空气在冷气团推动下被迫上升,上升的湿润空气凝结,形成积雨云,产生锋面降水。锋面降水短暂而强烈。随着锋面经过,气温明显下降,天气晴朗,空气变得干燥。

当暖空气移向冷空气时,暖空气在冷空气上方移动,形成灰色的积雨云,产生降水,这种降水稳定而持久,随着暖锋面经过,温暖、闷热的空气占领该地区,形成温暖湿润的天气。

(4)台风

两个气团接触(一个锋面)创造了风暴发展的可能性。如果温度和湿度的对比足够大,或者两个接触的物体的风向相反,那么前面可能会产生波浪,如图 2.51 所示。一旦建立,波浪可能会扩大。在锋面的一侧,较冷的空气沿地表移动,而在另一侧,暖空气向上移动并越过冷空气。上升的暖空气形成了一个低压中心。在北半球,大量降水伴随着低压区周围的逆时针风,以低压区域为中心的大型空气循环系统称为中纬度气旋,它可以发展成风暴。

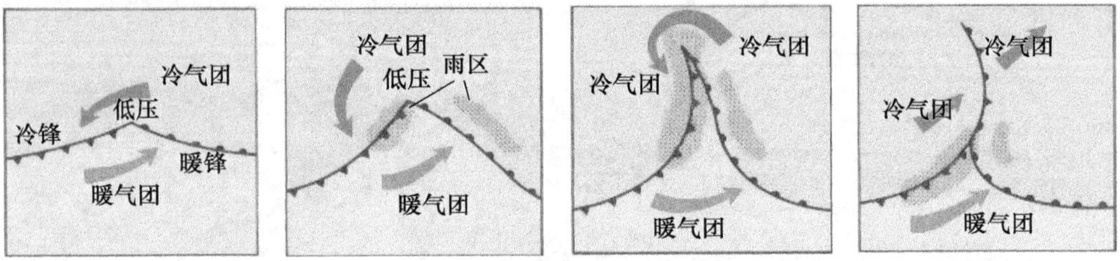

图 2.51 气旋风暴形成(Arthur,2014)

当暖空气和冷空气沿着北半球中纬度的低压槽接触时,就有可能形成气旋风暴。波沿极锋形成,冷空气开始向南转向,而暖空气向北移动;通常,比暖空气移动得更快的冷空气开始超越暖空气,迫使它上升,在此过程中,风暴加剧;最终,两股冷空气汇合。随着冷锋的重新建立,气旋风暴消散。

强烈的热带气旋始于温暖水域上空的低压区,通常在北半球;在西太平洋称为台风,在北美洲称为飓风。在发展的热带气旋中,地表温暖潮湿的空气上升,有助于形成高大的积雨云。这些高耸的云层释放的能量使不断增长的风暴的中心变暖。热带气旋的一个特征是具有平静、清晰的中央核心,称为台风眼。

台风的风向为沿逆时针方向,在中心附近会聚并在几个同心带中上升。大风(大于119 km/h)和海水涌入沿海低地造成了巨大的破坏。在台风眼中,呈现微风和相对晴朗的天空。在陆地上,这些风暴失去了它们的温水能源会迅速消退。如果它们进一步移动到较冷的北部水域,它们会被其他气团推动或阻挡,失去能量来源并减弱。

4 气候区

4.1 低纬度气候

低纬度气候主要受赤道气团和热带气团控制,全年地—气辐射差额是正值,全年高温;主要受到赤道气流辐合带、沃克环流、信风、赤道西风和副热带高压的影响,年降水丰富。

热带雨林气候。横跨赤道的地区通常位于赤道低压区，这些地区称为热带雨林气候区(图 2.52)。全年正午太阳高度角都很大，各月平均气温在 25～28 ℃，气温年较差大，日较差小，全年处在赤道气团控制下，以辐合上升气流为主，全年多雨，年降水量在 2000 mm 以上，降雨通常来自每日对流雨。

图 2.52　热带雨林气候(罗勇，2017)

热带稀树草原气候。主要分布在 5°～25° N 和 5°～25° S，由于太阳的直射点在 23.5° N～23.5° S 移动，赤道低压区也沿着太阳直射点的路径移动。因此，热带雨林的北部和南部地区受到副热带高压和赤道低压的交互控制，形成湿季和干季，湿季高温多雨、植被繁茂，干季高温少雨、植被枯黄，这些区域称为热带稀树草原气候区(图 2.53)。

热带季风气候。主要分布在南亚地区，这里热带季风发达，一年中风向季节变化明显。在热带大陆性气团控制时，降水稀少。在赤道海洋气团控制时，降水丰富，加以热带气旋雨，年降水量一般在 1500～2000 mm，北半球集中在 6—10 月。全年高温，年平均气温在 20 ℃以上，年较差在 3～10 ℃，春秋季极短。热带干旱和半干旱气候。分为三个类型：第一类是热带沙漠气候，分布在热带稀树草原气候两侧，主要受副热带高压控制，全年天气炎热、降水很少，草本植物逐渐稀少，沙漠灌木成为优势种；第二类是热带西岸多雾干旱气候，主要分布在 10°～30° N 和 10°～30° S 大陆西岸，寒流经过地区，多雾少雨，相对湿度大，气候凉爽，气温年较差和日较差均较小。但在厄尔尼诺现象出现年份会出现大雨，造成洪涝灾害；第三类是热带半干旱气候，分布在热带沙漠气候外缘，年降水量在 250～750 mm，有短暂的雨季，出现在太阳高度大的季节，赤道低压槽移来，形成对流雨。

图 2.53 热带稀树草原气候(姜世中,2020)

4.2 中纬度气候

副热带干旱与半干旱气候。在热带干旱气候向高纬度一侧,主要受到副热带高压下沉气流和信风带背岸风的影响,干旱少雨。

副热带季风气候与副热带湿润气候。副热带季风气候分布在副热带亚欧大陆东岸,约以 30° N 为中心,南北扩张 5°。受到海洋性气团和极地大陆性气团的交绥角逐,四季降水分明,主要集中在夏季,无明显干季。副热带湿润气候分布在南北美洲、非洲和大洋洲,由于大陆面积小,无法形成季风气候,年降水比较均匀。

副热带夏干旱气候。又称为地中海气候,分布在大陆西岸,30°～40° N 和 30°～40° S,受副热带高压季节移动的影响,该气候夏季位于高压中心,下沉气流旺盛,高温少雨,冬季副热带高压难移,该气候受到极锋影响,锋面气旋活动频繁,降水丰富,冬季气温比较温暖(图 2.54)。

温带海洋性气候。其分布在 40°～60° N 和 40°～60° S,终年盛行西风,受温带海洋气团控制,同时又有暖流经过,全年多雨湿润,降水丰富,降水量年较差小。全年气温在 0 ℃以上,夏无酷暑、冬无严寒。在北欧,由于无高大山脉阻挡,沿岸有北大西洋暖流,温暖湿润的海洋气流可以深达欧洲中部。美国西北部、加拿大西部和智利南部由于其海岸有高大山脉阻挡,在迎风坡地区产生大量降水,形成了针叶林——针叶树覆盖山脉的低海拔地区。而背风坡,降水大大减少,甚至形成沙漠。

图 2.54　地中海气候(邢西武,2019)

温带季风气候。其分布在亚欧大陆东岸,35°～55° N 和 35°～55° S,夏季在太平洋副热带高压控制下,盛行东南风,温暖多雨,冬季在蒙古高压控制下,盛行偏北风,寒冷干燥。

温带大陆性气候。其分布在亚欧大陆温带海洋性气候区的东侧,北美洲 100° W 以东的温带地区。冬季寒冷,有少量气旋性降水,夏季降水量较大。

温带干旱半干旱气候。其分布在 35°～50° N 和 35°～50° S 的亚洲与北美洲大陆中心区域,终年在大陆气团控制下,降水稀少,夏季短暂、高温干燥,冬季漫长、干燥寒冷。

4.3　高纬度气候

高纬度盛行极地气团和冰洋气团,在冰洋锋上有气旋活动。本区域地—气系统的辐射差额为负值,这里气温很低,没有真正意义上的夏季,降水稀少、蒸发弱,因有冻土,排水不畅,因此,这里没有干旱型地区。其主要分为三个气候型。

副极地大陆性气候。其又称为雪林气候,分布在 50° N、50° S 或 55°～65° N、55°～65° S 地区,冬季漫长严寒,一年中至少有 9 个月为冬季,气温年较差特别大,冬雪少、蒸发弱、融化慢,土壤冻结严重,

苔原气候。其又称为极地长寒气候,分布在亚欧大陆和北美洲大陆北部,北冰洋内的一些岛屿,以及南半球高纬度的群岛上。年蒸发量小于 35 cm,全年皆冬,一年中仅 1—4 月气温在 0～10 ℃。漫长寒冷的冬天占主导地位,一年中大部分时间地面均结冰。

极地冰原气候。其分布在格陵兰、南极大陆和北冰洋的若干岛屿上,全年严寒,各

月平均气温皆在 0 ℃以下，常年大风，寒冷夹雪。年降水量小于 250 mm，皆为干雪，不会融化，长期累积形成很厚的冰原。

4.4 高地气候

高地气候气温随海拔升高而降低，高地气温低于同纬度低地。高地气候是复杂的，因为海拔和纬度只是决定其性质的两个因素。一些山坡面是盛行风，而其他则是背风坡。每一个山脉范围都包含了一幅详细的气候镶嵌图。

5 气候变化

气候是一个历史的概念，与特定的时间阶段相联系，是相对稳定的。气候表示气象要素长期的平均水平，总体是稳定的，或者说在一定时间段是稳定的。但是，气候始终是变化的，冷暖更替与干湿变化一直是气候演化的基本特征(图 2.55)。

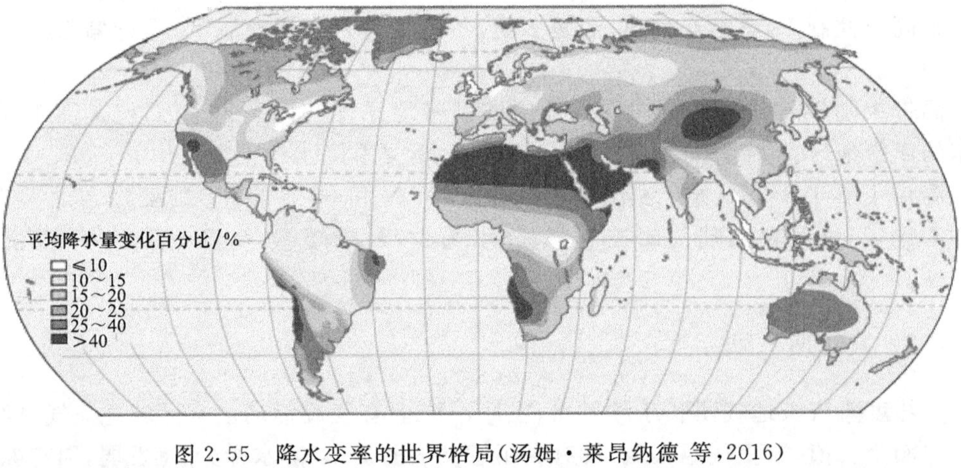

图 2.55 降水变率的世界格局(汤姆·莱昂纳德 等，2016)

以全球变暖为主要特征的气候变化对自然生态系统和人类社会有着巨大的影响，如果应对不力，将会危及人类的可持续发展。如果大气中温室气体含量得不到有效控制，21 世纪末全球预估将增温 1.1～6.4 ℃；如果全球气温升高 1.5～2.5 ℃，地球上 20%～30%的现有生物物种将会面临灭绝危险；如果全球平均气温上升 2～3 ℃，格陵兰冰盖将大量消失，造成海平面快速上升和全球 30%的海岸带被淹没；其他一些自然过程也将出现明显变化。全球变暖的影响还表现在热浪、干旱和强降水等极端气候事件发生的强度和频率可能增加；人类社会系统也受到重大影响，如环境风险加剧、水资源短缺、粮食减产、健康和疾病危险等。

5.1　长期气候变化

地质时期发生了显著的气候变化。例如，约 6500 万 a 前，地球气候突然变冷，导致约 75％的动物、植物灭绝，包括大多数恐龙。冰盖形成和解体循环至少在最后一个冰河时代发生了 5 次，持续了 10 万 a，仅在 11000 a 前结束。在过去 1000 a，气候学家已经确定了两个主要的气候时期：中世纪的温暖时期和小冰河时代。

(1)中世纪温暖期

公元 800—1200 年，大约是欧洲的中世纪时期，气温比现在温暖。居民聚落和农业向高纬度、高海拔扩展。中世纪温暖期对应我国五代至北宋的一段时期(公元 907—1126 年)，五代至北宋时期的华北地区降水等级表明，在这个时期大范围降水比较多见，在百年尺度上有两次峰值，第一次出现在公元 970 年，第二次出现在公元 1080 年。五代至北宋时期的黄河频繁决溢和改道，其根本原因是华北地区汛期的大范围强降水，干流大洪水会造成河道在不同之处都出现决溢。因此，五代至北宋(中世纪温暖期)对应华北地区出现的降水增加和洪涝灾害多发的局面。

(2)小冰河时代

小冰河时代在公元 1300—1850 年，持续了 500 a 以上，北极冰层扩大，冰川在地球上较发达，干燥的地区变得更干燥，农作物歉收导致饥荒的情况很常见。

根据研究发现，中世纪温暖期北半球中低纬度等温线比小冰河时代普遍由南向北迁移了 0.5°～1°(纬度)，北极－20 ℃的低温区由小冰河时代时的横贯全球萎缩到仅局限在 130° E～30° W 范围；南半球中低纬度等温线的位置变化不明显，但中高纬度等温线在中世纪温暖期时则明显比小冰河时代由北向南推移了 0.5°～1°(纬度)，而且小冰河时代时南极－60 ℃的冷区范围在中世纪温暖期时萎缩到几近消失。中国东部等温线在中世纪温暖期比小冰河时代普遍由南向北迁移了 0.5°～1°(纬度)，西部青藏高原中心的－15 ℃等温线范围在中世纪温暖期时比小冰河时代时缩小了 1 倍多，而位于新疆的 5 ℃高温区在中世纪温暖期时则比小冰河时代扩大了 1 倍多。中国东南部地区的旱湿期如表 2.1 所示。

表 2.1　中国东南部地区旱湿期

年份(公元)	持续时间/a	湿润指数	旱湿期
0—100 年	100	0.66	旱
101—300 年	200	1.44	湿
301—350 年	50	0.94	旱
351—520 年	170	1.48	湿
521—630 年	110	0.96	旱

续表

年份(公元)	持续时间/a	湿润指数	旱湿期
631—670 年	40	1.60	湿
671—710 年	40	0.98	旱
711—770 年	60	1.50	湿
771—810 年	40	0.88	旱
811—1050 年	240	1.44	湿
1051—1270 年	220	1.08	旱
1271—1330 年	60	1.46	湿
1331—1370 年	40	1.00	旱
1371—1430 年	60	1.50	湿
1431—1550 年	120	1.08	旱
1551—1580 年	30	1.48	湿
1581—1720 年	140	1.02	旱
1721—1760 年	40	1.40	湿
1761—1820 年	60	1.02	旱
1821—1900 年	80	1.30	湿

科学家们针对气候的这种长期周期性变化提出了若干种解释。部分气候变化被认为是由地球运动的三个方面所导致的,主要影响着到达地球表面的太阳辐射量。首先是地球轨道的形状,其从近乎圆形变为椭圆形大约需要 10 万 a 的时间。当轨道接近圆形时,地球会历经相对较低的温度。而当轨道呈椭圆形时,地球多次更靠近太阳,暴露在更多的太阳总辐射之下,因而温度更高。

另一个周期与地轴相对于轨道平面的倾斜度相对应。倾斜度在 21.5°～24.5°变化,周期为 41000 a。极地的太阳辐射量会随着地球倾斜角度的改变而改变。处于低倾斜位置,也就是地球更垂直的位置时,会伴随着更寒冷的气候时期。凉爽的气候被认为对冰盖的形成至关重要。地球如同一个不平衡的陀螺般摇晃,随着其轻微旋转,改变了地球朝向太阳的方向。旋转轴的回转每 23000 a 重复一次。当轴的倾斜度达到最大时,极地地区接收的太阳光辐射较少,比其他时候更为寒冷。

5.2　短期气候变化

火山喷发可以改变气候长达数年。火山喷发将大量的灰烬、水蒸气、二氧化硫和其他气体喷入高层大气。这些固体和液体粒子遍布地球的大部分地区,它们阻挡了一些能够到达地球表面的太阳辐射,产生了冷却效果。“没有夏天的一年”(1816 年)发生在美国新英格兰，6 月落雪、7 月霜降，这些均可能是由于印度尼西亚坦博拉火山在前一年喷发所致。该火山喷发将约 2×10^8 t 气溶胶和 50 km^3 灰尘喷入大气，冷却效果持续多年。1883 年，印度尼西亚喀拉喀托火山爆发后出现了气温下降(图 2.56)。1990 年初，气温下降幅度较小，但 1991 年 7 月菲律宾皮纳图博火山爆发使全球平均气温降低了约 0.5 ℃(图 2.57)。

短期气候变化的另外两个原因是海洋环流和太阳黑子活动模式的改变。例如，在厄尔尼诺期间，来自西太平洋的温暖地表水向东移动，改变了南太平洋西部海岸的气候。太阳黑子活动影响着太阳辐射强度以及强烈吸收太阳辐射的大气中的臭氧浓度。

图 2.56　印度尼西亚喀拉喀托火山爆发

图 2.57　菲律宾皮纳图博火山爆发

5.3　温室效应和全球变暖

大气中的水汽、二氧化碳、氧化亚氮、甲烷和臭氧等由自然或人为产生的气体成分，能够吸收和释放地球表面、大气和云射出的热红外辐射的特定波长辐射，将热量俘获在地表—对流层系统内，造成地表和对流层低层温度升高，这称为“温室效应”。这些气体成分称为“温室气体”，像温室中的玻璃一样，允许太阳辐射的进入，但会阻止其重新辐射回太空。

地球具有天然的温室效应，其笼罩着从海洋蒸发的水蒸气或从陆地蒸发的水蒸气，使得水汽总量保持不变。在过去 150 a 左右的时间里，人类活动增加了大气中温室气体的总量，增强了大气的吸热能力。大多数科学家担心温室效应增强是导致地表平均温度增高的原因,也是温室气体逐渐增加的原因。对地球的生态系统而言,地表平均温度升高的过程称为全球变暖。有学者研究认为,全球大气中的二氧化碳、甲烷和氧化亚氮的浓度显著增加是自 1750 年以来人类活动的结果。全球二氧化碳浓度的增加主要是由化石燃料的使用和土地利用的变化引起的,而甲烷和氧化亚氮则主要是由于农业所引起的。

20 世纪中叶以来,全球变暖的主要原因是大气中二氧化碳等温室气体浓度的增大。二氧化碳是主要的温室气体,其含量因人类活动而增加。从工业革命中期开始(1700 年),大量的煤炭、石油和天然气被焚烧,用于电力工业、城市供暖和制冷以及车辆行驶产生了大量的二氧化碳和水蒸气。与此同时,世界上的大部分森林已被砍伐摧毁,并成为农业开垦土地。森林砍伐以两种方式加剧了温室效应:一是吸收二氧化碳和产生氧气的树木越来越少,二是燃烧木材会将二氧化碳送回大气中。二氧化碳对全球变暖的相对贡献约为 55%。

20 世纪是过去 600 a 以来最温暖的时期,它最温暖的年份集中在 20 世纪末。20 世纪世界平均地表温度上升约 0.6 ℃,这种变暖模式已经持续到 21 世纪(图 2.58)。

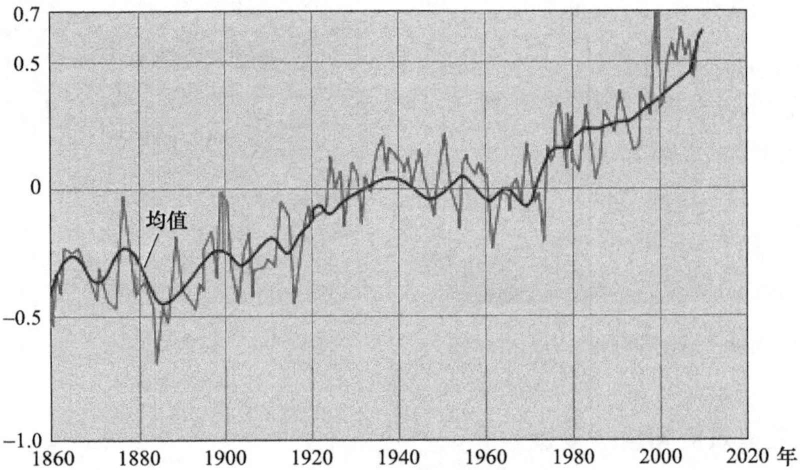

图 2.58　1860—2020 年全球温差及长期平均值(Lindsey et al. ,2020)

第3章 人文地理部分

人类活动分布规律是受自然环境因素和社会文化经济因素共同作用的结果。人文地理学表现出两大独特的学科属性，一是具有自然与人文学科综合交叉的属性，在地球科学体系中，人文地理学是为数不多的研究地球圈层中人文与自然圈层相互作用的一门分支科学；二是具有学术研究与决策应用耦合互动的属性，在地理学乃至整个地球科学各分支学科中，人文地理学是服务国土空间格局优化配置和城乡区域发展战略政策最直接的一门科学。人文地理学探讨资源、环境、生态和灾害等自然地理环境相互作用关系的同时，还要研究人类生产生活活动分布的经济规律，还势必同意识形态、体制机制、社会文化、行为心理等人文环境有着不同程度的因果关系，只有这样才能科学地揭示人类活动的空间规律，才能对未来人文地理过程和格局给出合理的模拟、预判、调控和优化，这是人文地理学应用于决策的价值所在。人文地理学的学科特性表现出社会性、区域性和综合性。

第1节 人文地理学及其学科体系

1 人文地理学

1.1 研究对象与内容

吴传钧、陆大道认为，人文地理学是研究地球表层的人类活动和地理环境相互关系的地域体系的形成过程、结构、特点和发展规律的地理学分支学科之一，重点研究“人—地”间相互作用、相互适应和人地关系系统的优化调控。人文地理学是关于人类活动的空间差异、空间组织以及人类与地理环境之间相互关系的学科，其研究内容包括3个方面：①人地关系。人文地理学研究人文现象空间特征与人类活动赖以生存的地理环境之间的关系，揭示自然环境和人类社会活动相互作用的变化和规律，以及探讨如何适应环境和改造环境，以协调人地关系；②区域研究。人文地理学从地域的观点去研究人文现象的区域差异、区域分布、区域特征及其形成过程、发展规律和演变趋向；③空间分享。人文地理学关注地球表面自然现象和人文现象的区位和空间变化，强调地方和空间对过程与现象的重要性。

把人文地理学界定为研究人类集团和地理环境的关系的科学。人文地理学所研究的是作为集体的人，地理环境比自然环境的含义更广，它不仅包括可以表现出来的自然的影响，还包括一个有助于形成地理环境，即整个环境的人类自身的影响；研究的主要内容：人类社会对自然资源的开发利用、人类社会对利用自然资源的方法所进行的不断演进（即文明类型的演化）、随着自然条件及被开发利用的资源而变化的人类分布、人类从最简单到最复杂的集群或定居的方式。

人文地理学是以人地关系的理论为基础，探讨各种人文现象的分布、变化和扩散，以及人类社会活动的空间结构的一门近代科学。其着重研究地球表面的人类活动或人与环境的关系所形成的现象的分布与变化。人地关系内容随着人类社会活动的发展而不断变化，人文地理学从地域的观点研究人文现象的分异规律，着重说明在什么地方、有什么样的人文活动和人文特性，探讨其形成过程，揭示其与地理环境的相互关系，并预测其发展变化趋向。

1.2 学科地位与应用

在地理学的历史上，人文地理学是地理科学体系中与自然地理学并立的两大分支学科之一。自然地理学研究地球表面各种自然要素的空间组合规律，而人文地理学则是研究地球表面各种人文事象的空间组合规律。

国内外人文地理学理论的发展及学科的建设，在服务生产或社会实践中得到长足的进步。例如，区位论是解决企业或市场布局的理论和方法，文化景观论能够指导绿化地带、旅游点及休养区的建设。在区域规划和整治、交通运输和高速公路建设、城镇体系设置和布局等领域，人文地理学发挥了重要作用。

人文地理学高度关注全球性变局的影响与反馈作用，关注全球和国家尺度的自然资源开发与利用、经济发展、人口增长、老龄化、难民、饥饿与粮食安全、就业与社会、性别歧视、地缘冲突等事项，在实现可持续发展和高质量发展区域模式有重大理论与实践突破，在“Future Earth”（“未来地球”）研究计划和“宜居地球”研究计划中发挥引领和示范作用。人文地理学还关注探索交通等基础设施同经济活动组织和空间格局的动态交互过程、高速交通运输技术下（高铁、互联网、物联网等）的空间相互作用规律特征、流空间发育规律及其对基础设施特别是新型基础设施体系布局的影响，培育国土安全和国土品质研究领域的新增长点。

2　中国人文地理学体系

中国现代人文地理学始于 20 世纪 20—30 年代，一批欧美留学归国的地理学者全面开启了中国现代人文地理学科研和教育事业，填补了中国现代人文地理学研究的众多空白领域。中华人民共和国成立后，经济地理学一枝独秀，在工农业和交通地理学领域形成了强大的研究团队和丰富的成果积累。1978 年，在李旭旦先生和吴传钧先生等的倡导下，中国人文地理得到全面复兴。人地关系地域系统理论始终是中国人文地理学学科发展的基石。中国人文地理学的研究基本遵循了在现实需求中凝练关键科学命题、在解决问题中实现创新和推进学科发展、在学科建设的支撑下提升服务国家需求的质量水平的范式。中国人文地理学已形成四大领域，即综合人文地理学、经济地理学、城市地理学和乡村地理学、社会文化地理学和政治地理学。

2.1　综合人文地理学

综合人文地理学发展的关键是建立了人地关系地域系统理论，揭示了人地系统中人与自然相互作用的规律，从空间结构、时间过程、组织序变、整体效应、协同互补等方面，为全球、国家和地方可持续发展提供理论基础，并有效地规避了发达国家一度因人文化和社会化所导致的人文地理学空心化。

人地关系地域系统理论、区域可持续发展研究在认识全球、国家或地方的人地关系系统的整体优化、综合平衡及有效调控机理与途径方面形成了重大的科学成果产出，如 PRED（人口、资源、环境和发展）研究主题的凝练与应用、地域功能理论与主体功能区划应用、城市群资源环境基础与效应等，坚持区域综合研究，为全球人文地理学的区域研究回归树立了榜样。从自然承载力延伸到综合承载力、从地域分异到区域发展模式、从区域发展机理到空间治理体系等，区域可持续发展研究取得了系统性成果，在主体功能区战略、重大区域发展战略和“一带一路”愿景的形成和实施中，发挥了科技支撑的主体作用，受到国际同行和国家决策层的认可。

2.2　经济地理学

经济地理学是新中国成立后，重点发展且成果突出、特色鲜明的地理学分支，其特色是综合运用经济学市场规律、利润规律、价值规律、遵循自然规律，自然科学生态竞争法则、平衡法则、吸引力法则及物质能量流动原理，社会科学的社会公平理念，历史演变逻辑与数量分析等理论方法，结合地理学的综合性和区域性思想，阐释区域以及全球发展规律。针对新经济地理现象和机制开展创新研究，形成了产业创新空间、金融地理、信息化体系布局。针对典型区域，如大江大河流域、海岸带、山地、资源枯竭型城市、老工业基地等，开展经济地理学研究。因为中国经济地理学强调人地关系及可持续性、基于地区比较优势注重差异化发展、强调国际前沿与中国特色相结合，所以其在新世纪以来的中国空间治理和区域规划中发挥了重要的作用。

经济地理学发展现状具有以下特点：研究对象实现了企业活动为主的全链条纵向拓展和以企业与地理关系为焦点的横向拓展；理论经济地理学、部门经济地理学、公司(企业)地理学、区域经济地理学、演化经济地理学等各个分支学科发展迅速；区域与地方发展、全球化和国际劳动地域分工、产业集群、国家和地方创新体系、金融地理、交通地理等研究成果产生国际影响，并支撑国家综合交通规划等决策制定；旅游地理研究则建立基于"过程—结构—机制"中国本土化的旅游地理学理论体系。

2.3 城市地理学和乡村地理学

中国城市地理学注重面向国家新型城镇化发展战略需求，更具规范性和战略性。近年来，对中国城市形成发展的资源环境基础、历史基础、经济基础、交通基础、社会基础、文化基础以及政治制度基础等进行深入研究，在城镇化、郊区化动力机制以及中国城市群、都市连绵区研究、区域一体化等方面形成了具有中国特色的理论，对城市居民行为、城市历史与文化、生态与环境，以及城市全球化和国际化的研究日益关注，注重分析复杂多元的城市社会，城市犯罪、城市公平、流动人口对城市的影响等多维度研究，并极具实践指导性，为中国城镇体系规划编制和发展做出了重要贡献。

乡村地理学经历了 1978 年前成为中国人文地理学的重点优势学科、1978 年后学科研究力量显著削弱、进入 21 世纪后得以逐渐复兴的一个发展历程。在复兴过程中开拓新的研究领域、聚焦具有现实应用和学科前沿时代感的研究命题，包括：农业与乡村地理学的综合研究、农村空心化与空心村整治并向地理工程拓展的乡村发展问题研究、乡村聚落空间特征及其演化研究、乡村生态和乡村景观研究，并服务乡村振兴、乡村脱贫、城乡协调发展等决策制定。

2.4 社会文化地理学和政治地理学

在中国，社会地理学、文化地理学和政治地理学是人文地理学科体系中的后发分支。该学科群既延续了 1978—2000 年的发展态势、特点和范畴，也开拓、借鉴了新的研究范式和应用领域，壮大了中国人文地理学的力量。

社会地理学研究相对薄弱，主要探讨不同社会群体的空间活动、社会生态以及与社区、犯罪、贫困等社会问题相关的地理问题。文化地理学成果相对较多，既集中在文化源地、文化扩散、文化生态、文化整合、文化景观、传统文化区等主题上，也探索了新文化地理学的研究范式。文化地理学者参与了文化产业、城市更新、文物和非遗保护、地名管理等应用领域的研究项目。

政治地理学以往一直侧重行政区划地理学的研究，近年来扩展到地缘政治、地缘政治经济，借鉴了国外以多尺度/跨尺度为特色的新政治地理学研究，重点探讨热点地区和全球政治格局、中国和平崛起的地缘战略、全球资源地缘格局与中国资源安全战略，以及组织开展中国周边地缘环境与地缘经济合作研究。

3　优先发展领域与重点方向

3.1　优先发展领域

高度关注全球性变局影响与反馈作用，实现可持续发展和高质量发展区域模式的研究突破，发展新时期人地关系地域系统基础理论，促使人口地理学回归与创新发展，在全球人文地理学融入统一地理学、"Future Earth"研究计划和"宜居地球"研究计划中发挥引领和示范作用。

适应国家产业体系重构趋势，围绕新产业、新业态、新经济空间、新生产模式，创建重大生产力布局原理，完善经济地理学分支学科体系。深化新型城镇化过程与空间格局、城市群、新农村地域研究，形成一批揭示第四次城镇化高潮以来，特别是发展中国家城镇化规律的理论与应用成果。

关注全球和国家尺度自然资源和人口系统可持续性食物安全格局的影响，探索交通等基础设施同经济活动组织和空间格局的动态交互过程、高速交通运输技术下(高铁、互联网、物联网等)的空间相互作用规律特征、流空间发育规律及其对基础设施特别是新型基础设施体系布局的影响，培育国土安全和国土品质研究领域的新增长点。

加强与发达国家在社会文化转型领域研究前沿的接轨，健全中国社会文化地理研究体系，探索全球战略格局重构的地缘政治基础。面向空间治理现代化需求，形成阐释空间治理模式、区域政策和协调发展机制的系统理论，形成大数据环境下的人类活动认知、区域分析与辅助决策系统，显著提升人文地理学服务决策管理的理论水平和分析模拟能力。

3.2　重点发展方向

人地关系地域系统研究。围绕"人地系统耦合过程"和"可持续地理格局"两大主题，研究多要素、多界面、多尺度过程和格局的成因机理与模拟技术，完善人地关系地域系统理论和方法体系。

空间治理与国土空间规划研究。以全球治理新动向和中国空间治理现代化为引导，建构空间治理理论创新、空间规划基础能力建设和地理知识决策管理应用等三位一体的研究体系，增强人文地理学的综合和基础功能。

大数据环境下的区域分析与辅助决策系统。注重大数据带来的人文地理学研究范式和方法创新，应用大数据分析生产和生活全领域、全过程及空间组织变化，建立基于大数据的人文地理过程与格局模拟器，模拟、调控优化人机互动可视化平台和决策辅助系统。

经济地理学重点研究方向。适应新产业和新业态空间组织变化，以全球化和地方化、创新空间和企业生长、实体经济与虚拟经济空间结构演变为重点，推动产业布局理论创新和经济地理学复兴。

城市地理学和乡村地理学重点研究方向。新型城镇化背景下的城市地理学面向以人为核心的新型城镇化和城乡融合发展的战略目标，探索适用于发展中国家城市发展的理论体系和方法创新。

乡村振兴背景下的乡村地理学。基于城乡发展转型、体制机制转换的背景，以可持续城乡发展、一体化城乡体系和乡村聚落空间重构为主线，发展现代乡村地理学理论方法，服务乡村振兴国家战略。

社会文化地理学重点研究方向。在人类命运共同体概念下的社会文化地理学，研究方向包括：探究社会文化在复杂因果网络中的作用机制、探索中外不同人群的价值观、探究和发掘优秀传统文化的文化空间扩散和文化空间升尺度。鼓励探索创新的各类环境特征，尤其是多空间尺度要素叠加后的环境特征。

政治地理学重点研究方向。凸显地理学的分析视角，探索世界格局调整期的地缘体、地缘关系演变的地理表达。探索地缘政治与地缘经济的结合机制。为应对太空竞争与合作、国际海域资源的和平利用中的新问题，鼓励研究国际权益的地理格局形成机制，探究各类资源权力、边界制定与管治、跨界流动的方向与强度。

第 2 节　农业及其他主要活动

1　农业生产

在农业产生之前，获得食物的最主要途径是采集和狩猎。农业被定义为通过种植庄稼和饲养牲畜获得所需要的产品，它取代了采集和狩猎，成为人们在经济上最基础的生产方式。农业在空间分布上很广，其在地球上自然环境允许的地区（充足的水分、适宜的气温和肥沃的土壤）均有分布。农作物种植覆盖了地球陆地总面积的 10%左右。在许多发展中国家和地区，至少有三分之二的劳动力直接从事农业生产。

习惯上，根据农产品交易程度、农业机械化和技术发展水平，把农业分为传统农业和现代农业。二者不是排他的，更确切地说，二者是农业经济综合体发展的不同阶段。前者是仅用于家庭维持的生产，其使用简单的工具和本地植物。后者是专业的，高度资本化的工业化农业，能满足市场需求进行农产品交易的发达经济体。在这二者之间是传统农业的中间地带，农业生产部分用于家庭消费，部分面向市场销售。另外，在发达国家中出现了服务于家庭消费的农艺园和直接在农场进行农产品采购等农业发展模式。通过分析农业发展的不同模式，可以清楚地理解农业生产及其空间模式的多样性。

1.1　自给农业

自给农业主要满足生产者的生存需要，其生产交换量小，并且是非商业性的。自给农业主要包括粗放型自给农业和集约型自给农业。

(1)粗放型自给农业

游牧业。由于受到天然牧草生产周期和牧草生产量的影响，在一个牧场牧草量不足的时候，需要换一个牧场，或者在不同季节辗转于不同牧场。这种土地利用类型在亚洲半沙漠和沙漠地区、某些山区以及非洲撒哈拉沙漠的边缘和内部等最为常见。游牧业一般在地广人稀地区，饲养的动物供牧民食用，而不是供市场销售。绵羊、山羊、骆驼、牛、马和牦牛最常见，它们的共同特征是耐寒性、流动性和以稀少的草料为生的能力很强。这些牲畜能够提供多种产品：牛奶、奶酪、酸奶、肉食、羊毛、毛皮和燃料。在我国新疆和西藏等地区，部分牧民放牧仍然秉承着传统的转场形式。但是，牧民饲养的牲畜主要是为供给市场，而不仅仅是自己食用，牧民过着现代化的生活(图 3.1 和图 3.2)。

图 3.1　汗腾格里峰脚下的牧民

图 3.2　新疆伊犁河谷里的牧民

游牧与降水稀少、牧草生产量低有关。牧场的承载力是有限的，在一个牧场长期放牧，既不可取也不可能。转场是一种特殊的牲畜季节性移动形式，其能够充分利用不同地区、不同气候形成的牧场。转场主要在冬夏季牧场之间、山区和山谷牧场之间、干季和湿季牧场之间。游牧业作为一种经济制度，逐渐衰落。现代化的经济、社会和文化变化正在导致游牧群体改变着他们的生活方式，甚至导致游牧文化的完全消失。轮垦农业(刀耕火种)：在热带雨林地区，农民从事一种传统的耕作方式、选择一个地方，放火烧掉地上的乔木和草本植物，植物的灰烬是肥沃的养料，农民在这里进行粗放的农业活动。在进行了几年耕种之后，土壤养分迅速减少(被地表水或地下水冲走，或者有机质被分解)，土壤肥力迅速下降，农民被迫寻找新的土地进行耕作。从某种意义上来说，他们轮换田地而不是农作物，以保持生产力。据统计，世界上只有不到3%的人从事热带轮垦农业。由于需要大量土地来养活少数人，每个家庭需要的土地总面积相当大，因此这些地方人口密度很低。

(2)集约型自给农业

全球近50%的农民从事集约型自给农业，虽然这些农民生产的农产品以家庭消费为主，但是有相当数量的农产品已经进入市场并进行商品贸易了。现代化的农业技术，如作物良种培育、化肥和农药，现代化的农业机械，如收割机和播种机等，以及越来越多的工厂生产食品，冲击了自给农业地区的农村经济，导致数量越来越多的人口从事非农产业(图3.3)。

图3.3 设施农业

在亚洲、非洲和南美洲国家，数以亿计的印度人、巴基斯坦人、孟加拉人和印度尼西亚人，多以小块地生产为主，主要生产水稻、小麦、玉米、小米或豆类(豌豆和其他豆类)。亚洲的季风区，水热条件非常适合水稻和小麦的生产，水稻和小麦生产需要大量的人力投资，进行精耕细作。因此，亚洲成为集约型农业生产的主要分布区(图3.4和图3.5)。

在20° N以北的亚洲较干旱地区，小麦与小米以及不太常见的旱稻一起密集种植。表现出单位土地的劳动力投入大、地块面积小且破碎化程度高、大量使用化肥、产量高的特点。图3.6和图3.7所示为山西省典型的集约型自给农业。

图 3.4　现代化水稻种植

图 3.5　现代化小麦种植

图 3.6　山西阳城谷子

图 3.7　山西沁县“沁州黄”小米

(3)扩大作物生产途径

促进粮食增产的途径是显而易见的，一是扩大耕地面积，二是增加现有农田的作物产量。农业生产受到气温降水、地形地貌、土壤水文等影响，以及农作物自身生产的综合条件限制，世界上大约 70%的土地不适合农业种植。在剩余的 30%土地中，大部分非常适合农业种植的土地已经被开发耕种。同时，由于土壤侵蚀、盐碱化、荒漠化和农田转为城市建设用地，每年有 1000 hm^2 的土地流失。中国政府非常严格地保护耕地，但是在 2012—2022 年，耕地面积还是减小了 11.37 万亩①。只有非洲和亚马孙热带雨林地区、南美洲盆地保留了相当大面积的潜在可耕地。然而，这些地区的土壤很脆弱，地势低，水分和养分保持能力差，容易被侵蚀或破坏。世界粮食产量不能以简单的耕地扩张作为保障。

通过集约化和绿色革命，提高现有耕地的生产力是农业产量增长的关键。例如，2004—2005 年世界人均粮食产量比 1974—1975 年高出近 5%，产量增长绝大部分原因是生产力增加，而不是耕地面积扩大。如袁隆平院士致力于杂交水稻技术研究、应用与推广和“三系法”籼型杂交水稻、“两系法”杂交水稻、超级杂交稻技术体系等，为粮食持续稳定增产做出了巨大贡献。

---

① 1 亩≈666.67 m^2，下同。

1.2　商品农业

“贸易”让人们的生活更美好。自给农业缺乏交换，为适应市场需求，获得更大的利益，自给农业必须进行调整，走向商品农业，农民生产主要服务于市场需求。

(1)农业区位论

19 世纪初，杜能观察到，肥沃的农田有不同的用途，形成了具有规律性的农田景观。在“孤立国”思想指导下，杜能设定运费是唯一自变量，经过多年的生产试验，在“最大经济收益”的驱动下，农产品景观形成了以城市为中心的圈层结构(图 3.8)。距离城市最近圈层以集约农业为特色，生产易腐烂的商品，这些商品的运输成本很高，需求量很大，在市场上能够获得高价，它们的生产适合使用附近的高价值土地。远离城市的圈层被用于不易腐烂的商品，该商品运输成本较低。如果条件发生变化，比如交通工具由马车换成轮船，或者在城市旁边还存在着一个小城镇，杜能圈也将发生变化(图 3.9 和图 3.10)。更为复杂的是杜能的 6 个假设条件随着社会发展逐渐成为主要影响条件，比如运输技术普遍提高带来的运输费用的降低，市场需求、商品价格、其他市场产品的竞争以及人们对某种产品的偏好，均可以颠覆原来的空间结构。逆杜能圈就是非常有名的现实写照(图 3.11)。

(2)集约型商品农业

第二次世界大战后，发达国家的农业越来越多地采用集中生产方式，不断提高单位农田的产量。主要特征表现为：产业化、规模化、机械化、化学化、良种化。集约型商品农业特指单位土地高收益和高市场价值的作物生产(图 3.12)，这些包括水果、蔬菜和奶制品，以及一些“工厂化农场”生产的牲畜。

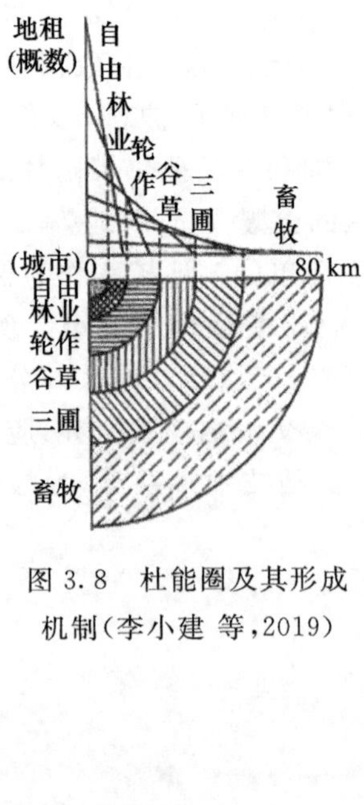

图 3.8　杜能圈及其形成机制(李小建 等，2019)

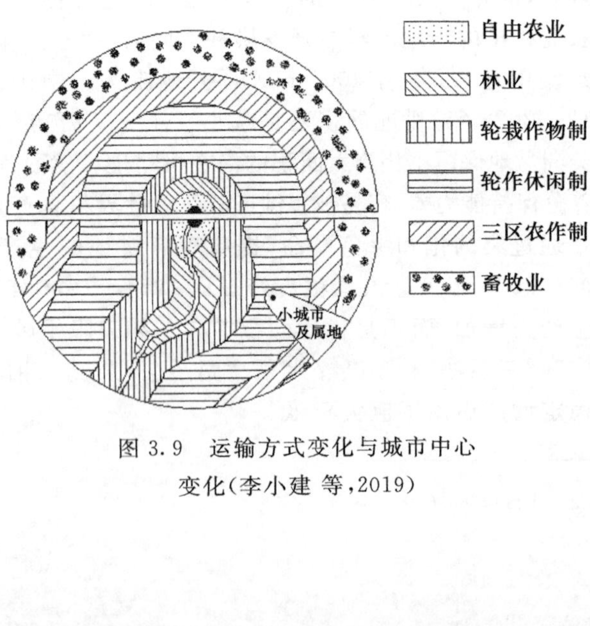

图 3.9　运输方式变化与城市中心变化(李小建 等，2019)

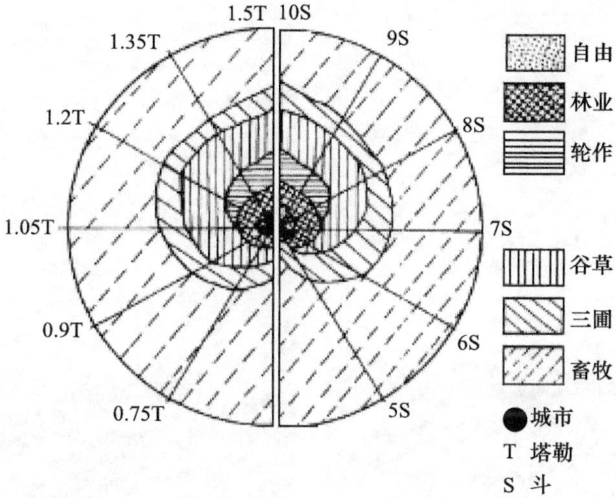

图 3.10　谷物价格变化与土地肥力变化(李小建 等,2019)

(1 塔勒相当于人民币 200 元,1 斗相当于 6.25 kg)

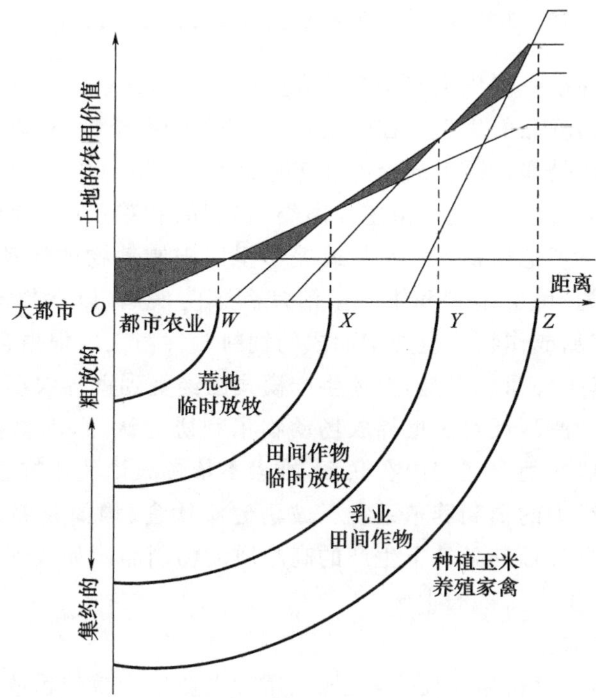

图 3.11　开封逆杜能圈

(a) 晋中番茄种植基地　(b) 临猗鲜枣种植基地

(c) 大同黄花菜基地　(d) 定襄香瓜基地

图 3.12　集约型商品农业基地(据山西农业农村厅网站改编)

畜牧业—粮食种植一体化生产是商品农业的重要形式(图 3.13)。在西欧,四分之三的农田用于供动物食品的生产。在丹麦,90%的谷物喂给牲畜,以转化为肉、黄油、奶酪和牛奶。世界畜粮带靠近巨大的沿海和工业区市场,集约化、工业化饲养牲畜,特别是肉牛和奶牛、猪和家禽。通过种植主导肉类、奶制品和鸡蛋的生产,并尽可能降低成本。牲畜工厂的经营者把动物关在围栏或笼子里以限制动物的活动量,达到减少动物自身能量消耗的目的;用抗生素和维生素治疗和预防疾病,以保持动物健康和快速生长;提供由动物副产品或作物残渣加工而成的饲料。牲畜工厂根据合同,将产品交付给加工商、包装商或其子公司。但是,上述生产模式已经受到世界农场动物福利协会及相关人士的强烈批评和激烈反对。世界农场动物福利协会认为,动物福利、环境保护、人类健康和可持续发展之间存在着内在联系,推崇不依赖大量使用抗生素进行生产,能使动物自由表达自然行为的福利养殖系统。鼓励健康饮食、均衡营养,避免过量消费肉、蛋、奶,提倡消费在良好福利条件下生产的高品质动物制品。如放养的鸡会生产健康的鸡蛋、快乐的母牛会生产更多的牛奶。

(3)粗放型商品农业

距离市场越远,土地价格越便宜,土地利用和农业生产就越粗放。农业收益主要依靠规模效益,形成规模巨大的粗放型商品农场,如大型小麦农场和畜牧场。大规模小麦种植需要大量的资金投入(种植和收获机械),但单位土地的投入低。

(a) 养牛场　(b) 养鸡场　(c) 养羊场　(d) 养鸭场

图 3.13　工业家禽和畜牧业(据山西农业农村厅网站改编)

在北美洲,近一半的小麦农场面积超过 400 hm²。美国堪萨斯州小麦农场的平均面积超过 300 hm²,北达科他州则超过 525 hm²。春小麦农场主要分布在美国北达科他州、蒙大拿州东部和南部、加拿大草原三省;冬小麦种植带集中在美国堪萨斯州及其附近的邻国部分地区(图 3.14)。

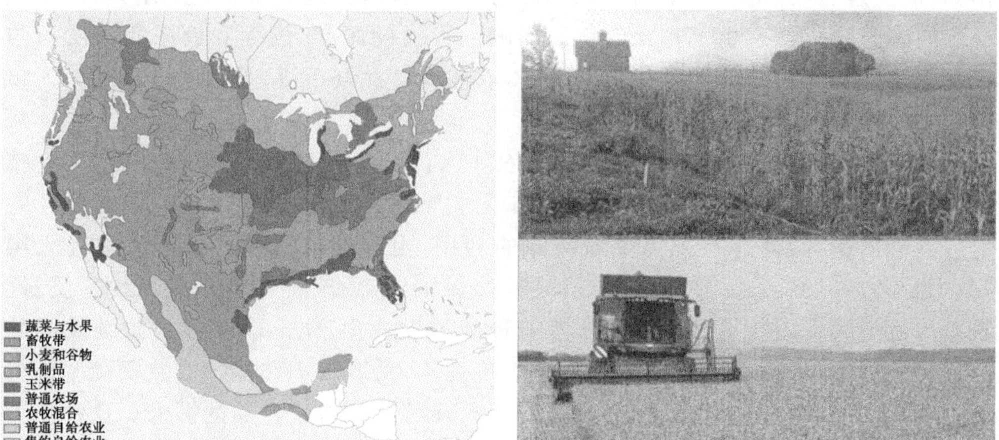

图 3.14　北美洲的农业及其分布(杨青山 等,2004)

畜牧场主要位于美国西部及墨西哥和加拿大的邻近地区，阿根廷、巴西、乌拉圭和委内瑞拉，澳大利亚内陆、新西兰，以及南非的卡鲁和邻近地区。

(4)特殊农业

如果受到地形或气候条件的阻碍，靠近市场也并不能保证高价值作物的集约化生产。远离市场也并不一定在低价土地上进行粗放式耕作。特殊的情况(通常是气候)会使一些远离市场的地方集约发展农业，如地中海气候区和种植园。

原本地中海地区的农业用地部分用于种植谷物，部分用于放牧。地中海农业作为一种专门的农业经济体系，以葡萄、橄榄、橙子、无花果、蔬菜和类似产品为主。这些作物都需要温暖的气候(全年无冬，夏季阳光充足)。地中海气候具有冬雨夏干、雨热不同期的特点，必须建立完整的灌溉系统才能保障该地区的农业生产。因此，地中海农业投入高，这是其集约利用土地、种植高价值作物的原因。地中海地区的农产品大部分出口到工业化国家或地中海气候区以外的地区。

种植园的含义是引进国外要素(投资、管理和营销)，融入本土文化和经济，通常会雇佣外来移民劳动力。种植园本身就是一个庄园，生产 1～2 种特殊作物。这些农作物原产于热带地区，如非洲咖啡、美洲可可等。美国、英国、法国、荷兰等西方国家的企业家对热带地区的农产品很有兴趣，其部分原因是热带农产品能够满足温带地区人们的需求，生产该类农产品能够实现出口。因此，为了方便运输，大多数种植园作物都在沿海或附近地区种植。

(5)可持续农业

大规模、高度工业化的商品农业提高了整体农业生产力，并使成功的农民和综合企业受益，但它也造成了重大的社会和环境问题。在商品农业生产与销售等过程中，大量的化肥、抗生素、杀虫剂和除草剂投入，对人类、野生动物、地表水和地下水，以及接收农业径流的沿海系统都产生了重大的负面影响。人类的肥胖、癌症和糖尿病高发均与商品农业相关。随着农业的机械化快速发展，农业人口急剧下降，导致了农村地区人口大量减少，农村走向了萧条。

1991 年，联合国粮农组织定义可持续农业为：管理和保护自然资源措施，调整技术和机制变化的方向，以便确保获得并持续满足目前和今后世世代代人们的需要。它的基本内涵可概括为：通过重视可更新资源的利用，更多地依靠生物措施来增进土壤肥力，减少石油产品的投入，在发展生产的同时，保护资源、改善环境并提高食物质量，实现农业的可持续发展。可持续农业作为一种新的农业生产方式，是在可持续发展的思维和方法指导下，依照生态学原理和生态经济规律，采取管理和保护自然资源基础的方式，融合传统农业与现代科学技术，满足当代人及其后代对农产品的需求。这种新型农业生产方式的最明显特征是融合了经济规律和生态平衡规律，实现持续、公平、多重和高效四重价值，即在生态效益稳固、环境不退化的基础上，获得农业生产的经济效益。

2　其他主要活动

2.1　渔业

(1)渔业概况

在发达国家和发展中国家,鱼类都是人们饮食的重要组成部分。在摄入的动物蛋白中,鱼贝类占比有 15%以上,据估算,有 30 亿人至少 20%的蛋白质摄取来自鱼类。世界上每年所捕捞的鱼类大部分被人类食用,约 15%被加工成鱼粉用于喂养牲畜或作为肥料。根据联合国粮农组织《2022 年世界渔业和水产养殖状况》公布的统计数据,2020 年全球渔业和水产养殖总产量为 2.14×10^8 t,达到历史最高水平,其中水产养殖产量为 1.226×10^8 t,在全球渔业和水产养殖总产量中占比 57.29%。

世界鱼类种群面临巨大的压力,部分渔场的捕鱼量已超过最大可持续产量。最大可持续产量是指在一定的生态环境条件下,对某个物种进行合理利用时,使该物种的种群能够持续地自我更新和再生产,同时最大限度地获得可利用资源的收获量。如捕鱼的最大可持续产量是指捕获量或收获量等于替代种群的净增长量。

鱼类的供应主要包括三个来源:池塘、湖泊和河流的内陆捕获,鱼类养殖(或水产养殖),海洋捕捞。所有在沿海水域捕捞的野生鱼类(包括鲱鱼、鳕鱼、鲭鱼、黑线鳕等熟悉的种类),主要集中在北部水域,温暖和寒冷的洋流在这里汇合,捕捞量最大的两个地区是东北太平洋和西北大西洋。

(2)中国渔业资源

中国拥有 3×10^6 km^2 的海洋,其中水深 200 m 以内的大陆架至少有 40 万平方海里①。中国海域是典型的陆源海,渔业资源种类繁多,有鱼类超过 1500 种,其中经济价值较大的鱼类超过 150 种。鱼类中重要的捕捞对象有带鱼、参鱼、鲱鱼、鳗鱼、大黄鱼、小黄鱼、比目鱼、鲷鱼、鲳鱼、蛇鲻、马面鲀、沙丁鱼、鲨鱼、金枪鱼等。有经济价值的重要软体动物有乌贼、鱿鱼、鲍鱼、扇贝、牡蛎、文蛤、蚶、贻贝、缢蛏、章鱼等。甲壳类有对虾、鹰爪虾、毛虾、龙虾、青虾、梭子蟹等。棘皮动物有刺参、梅花参等,腔肠动物有海蜇等。沿岸分布的常见藻类有 200 种以上,其中主要的经济藻类有海带、紫菜、裙带菜、麒麟菜、江篱、石花菜等。

由于中国近海不是世界主要暖流和寒流通过的海域,也缺乏强劲的上升流区,因此其与世界主要渔场相比,海洋生物种类虽多,但生物量不是很丰富。新中国成立以来,中国近海最高年捕捞量超过 5×10^5 t 的只有带鱼(6.62×10^5 t,1992 年),其次是马面鲀(4.27×10^5 t,1987 年)、毛虾(2.09×10^5 t,1985 年)、大黄鱼(1.97×10^5 t,1974 年)、

① 1 海里≈1.852 km,下同。

太平洋鲱(1.82×10^5 t,1972 年)、小黄鱼(1.63×10^5 t,1957 年)等。这些大宗产品捕捞产业波动较大,有的只能维持几年,只有东海区的带鱼产业尚保持相对稳定状态。

2022 年,中国水产品总产量 6.86591×10^7 t,其中养殖产量 5.56546×10^7 t,捕捞产量 1.30045×10^7 t,养殖产品与捕捞产品的产量比例为 81.1∶18.9。海水产品产量 3.45953×10^7 t,淡水产品产量 3.40638×10^7 t,海水产品与淡水产品的产量比例为 50.4∶49.6。远洋渔业产量 2.3298×10^6 t,占水产品总产量的 3.39%。

2022 年,中国渔业经济总产值 30873.14 亿元,其中渔业产值 15267.49 亿元,渔业工业和建筑业产值 6621.17 亿元,渔业流通和服务业产值 8984.48 亿元,三个产业产值的比例为 49.5∶21.4∶29.1。渔业产值中,海洋捕捞产值 2488.92 亿元,海水养殖产值 4638.84 亿元,淡水捕捞产值 276.70 亿元,淡水养殖产值 7863.03 亿元,海水产品与淡水产品的产值比例为 46.7∶53.3,养殖产品与捕捞产品的产值比例为 81.9∶18.1。

(3)中国主要渔场

中国海洋渔场的面积为 150 万平方海里。渔场主要分布在南海,为 97.35 万平方海里,占总面积的 64.9%;其次为东海,渔场面积为 29.40 万平方海里,占渔场总面积的 19.6%;渤海渔场面积最小,仅 4.45 万平方海里,占渔场总面积的 3.0%。

毗邻中国大陆的海域,大部分水深在 200 m 以内,80%的面积属大陆架浅海,形成了资源丰富的渔场。主要作业的渔场有黄海、渤海、吕泗、大沙、舟山、鱼山、温台、闽东、闽南、南海沿岸、东沙、北部湾渔场等,其中黄海、渤海渔场,舟山渔场,南海沿岸渔场,北部湾渔场最大,称为中国四大渔场,浅海渔场面积约为 1.5×10^6 km^2(图 3.15)。

中国近海渔场主要有:黄渤海渔场、吕泗渔场、大沙渔场、舟山渔场、南海沿岸渔场、东沙渔场、北部湾渔场、中沙渔场、西沙渔场、南沙渔场等。其中,黄渤海渔场、舟山渔场、南海沿岸渔场、北部湾渔场由于产量高,被称为中国的四大渔场

黄海、渤海渔场位于最北部,黄海、辽河、海河、滦河和鸭绿江等河流,扶带大量泥沙和营养盐流入该渔场海域,饵料充足,水产资源丰富。这一海域主要经济鱼类超过 40 种,年产万吨以上的有 10 种,超过 1×10^5 t 的有小黄鱼、鲜鱼和毛虾三种。黄海、渤海渔场的渔汛一年两次,春汛为 3—6 月,秋汛为 9—11 月。黄海、渤海渔场又可分为渤海湾、辽东湾两个渔场。

舟山渔场位于东海,这里海面开阔,港湾曲折,岛屿众多,沿岸水系和黑潮暖水交汇,适于鱼类栖息、索饵和产卵,终年聚集着 100 多种鱼、虾、贝类,一年四季都有渔汛,历来有"中国鱼仓"之称,是世界有名的大渔场之一。

南海渔场位于南海大陆架区,包括福建的平潭岛外海、汕头外海、万山群岛、阳江外海等海域,是许多小渔场,如粤东渔场和粤西渔场的总称。它们和以涠洲岛为中心的北部湾渔场都位于热带和亚热带海域,终年水温在 18 ℃以上,水质肥沃,适于海洋生物繁殖,有 100 多种鱼类,终年可以进行捕捞作业。

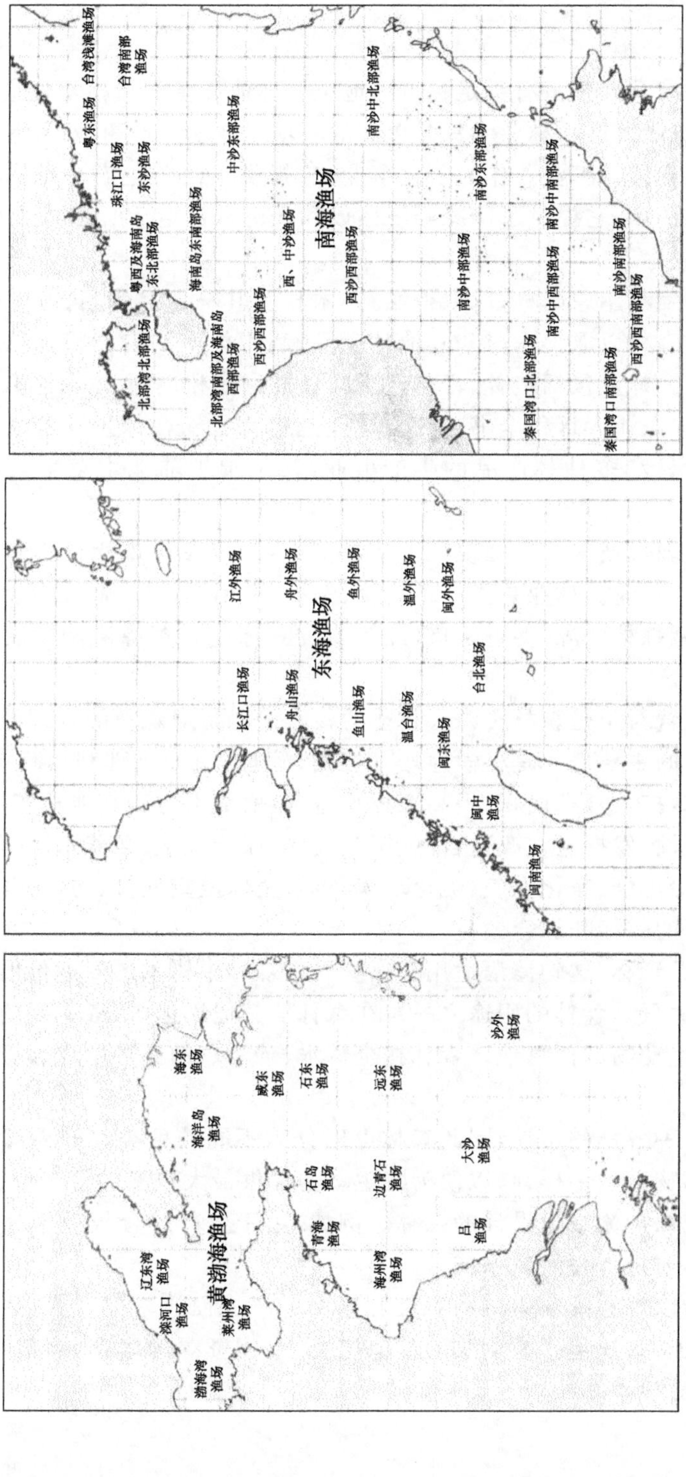

图 3.15 中国主要渔场(张耀光,2015)

2.2 林业

林业在国民经济发展中占有举足轻重的地位。林业经营的目标是促进人口、经济、社会、环境和资源协调发展。林业不只是单纯的一项产业和生产事业，还是具有生态和经济双重意义的社会公益事业。作为公益事业，它提供了改善生态环境的各项服务功能；同时，作为基础产业，它提供了国家经济建设和人民日常生活所必需的各种林产品。

(1)林业与林业生产

古代林业以开发利用原始林，以取得燃料、木材及其林产品为目的。《辞海》定义：林业是培育和保护森林以取得木材和其他林产品，利用林木的自然特性以发挥防护作用的社会生产部门。林业包括造林、育林、护林、森林采伐和更新、木材和其他林产品的采集加工等。《中国农业大百科全书》定义：林业是培育、经营、保护和开发利用森林的事业。它是提供木材和多种林产品的生产事业，又是维护陆地生态平衡的环境保护事业。

现代林业是用现代技术装备和现代工艺方法生产，以及用现代科学管理方法管理的，并可持续发展的林业。林业是指从事培育、保护、利用森林资源，充分发挥森林多种效益，且能持续经营森林资源，促进人口、经济、社会、环境和资源协调发展的基础性产业和社会公益事业。

林业的主要经营对象是森林资源。林业的核心内涵是对森林的合理经营利用和科学管理。林业生产的主要任务是科学地培育经营、管理保护、合理利用现有森林资源，有计划地植树造林，扩大森林面积，提高森林覆盖率，增加木材和其他林产品的生产，并根据林木的自然特性，发挥它在改造自然、调节气候、保持水土、涵养水源、防风固沙、保障农牧业生产、防治污染、净化空气、美化环境、缓解全球温室效应、防止荒漠化、保护生物多样性等多方面的效能和综合效益。

“只见树木不见森林”这句谚语适用于那些只看森林中树木的商业价值的人。森林不仅仅是树木，木材只是森林的用途之一。在森林的其他用途中，最主要的是土壤和流域保护，森林是野生动物的栖息地。森林在全球水、碳和氧的循环中也起着至关重要的作用。

由于森林有各种各样的用途，因此森林可以分为不同的种类。如果森林管理的目标是保持本地植物物种的多样性，以便为野生动物提供最大数量的生态位，那么其将不同于为公共娱乐或保护流域而设计的森林。例如，用于生产胶合板或木片的伐木技术不同于用于生产高质量木材的伐木技术。

林业生产是指以森林资源为劳动对象的各种生产过程的总称，包括林业中的森林培育、采伐运输和加工，还包括非木质的其他植物、动物资源的培育、采集和加工、社会服务型产业(如森林旅游)等。

根据森林资源最终所发挥的作用不同，将林业生产分为有形林业生产和无形林业生产。有形林业生产指的是能提供各种实物林产品的生产，而无形林业生产则是指提供保护性资源的生产(即生态效益和社会效益的生产)。

根据统计需要，林区习惯上把林业生产分成五大类产业，即营林生产、木材采运生产、林产工业(包括木材加工生产和林产化学加工生产)、多种经营生产和森林旅游生产。林区多种经营生产属于非木质资源生产加工这一部分的泛称。

林业为社会生产提供着具有重要经济效能的有形物质产品，包括为生产木材和其他林产品而提供资源生产的营林产品，如种苗，立木蓄积，特用的枝、叶、皮、茶、桑、果、木本粮油、香料等经济林产品，各种野生动物、山药材、山野菜、食用菌等林特产品，藤、棕、条、杆等林副产品和花卉、盆景等开发产品；生产的木(竹)材及其加工产品等森林工业产品，如原木(竹)、锯材(板、方材)、人造板、木竹家具、小木制品等木材加工和综合利用产品，纸浆、纸板、火柴杆、铅笔杆、包装箱、工具箱等轻工产品，以及松香、松脂、松节油、栲胶、紫胶、活性炭等林产化学加工产品；其他林业多种经营产品，如种植、养殖、采掘等产品，林机、林电、林建等产品以及森林旅游等第三产业产品等。

(2)世界森林资源的空间分布

2020 年，全球森林面积估计为 4.06×10^{9} hm^2，占土地总面积的 31%。森林在全球分布不均。热带区域占世界森林面积的 46%，其次是寒带(27%)、温带(16%)和亚热带(11%)。欧洲占世界森林面积的 25%，其次是南美洲(21%)、北美洲和中美洲(18%)、非洲(16%)、亚洲(15%)和大洋洲(5%)。

北半球针叶林带。北半球的针叶林是最大和最连续的森林，它的松树、云杉、冷杉和其他类型的针叶树可用于建筑和生产造纸、人造丝和其他纤维素产品。它的南部是温带阔叶林，有丰富的落叶树种，如橡树、山核桃树、枫树和桦树。由于几个世纪的农业和城市定居和发展，这些树木以及位于硬木带和软木带之间的混交林的面积已经大大减小，尽管它们在商业上对硬木的应用(家具、饰面、铁路枕木等)仍然很重要。

热带低地阔叶林带。其主要用于生产薪材和木炭，发展中国家严重依赖这些材料。世界上约 90%的薪材来自非洲、亚洲、大洋洲和南美洲的森林。越来越多的来自热带森林的优质树木被砍伐并作为木材出口。目前，缅甸和印度尼西亚等东南亚国家占世界硬木原木出口的大部分。

热带雨林。热带雨林是世界上最大的森林资源之一，其横跨亚洲、非洲和南美洲的部分地区。每年有数百万英亩①的热带雨林被完全砍伐，几乎一半的原始土地已经被砍伐或退化。在中美洲和加勒比地区，70%的热带雨林已经消失。亚马孙河流域面积超过 4×10^{6} km^2，横跨巴西部分地区和其他 8 个国家的邻近地区，占世界上现存热带雨

① 1英亩＝4046.86 m^2。

林面积的一半左右。目前，非洲的大部分热带雨林主要分布在非洲中部，因为西非的热带雨林，从塞拉利昂向东到喀麦隆，大部分已经被破坏了。其余的热带雨林分布在亚洲或太平洋地区。印度、马来西亚和菲律宾已经失去了大部分森林，缅甸、柬埔寨、泰国、越南和印度尼西亚的森林砍伐率最近也急剧上升。总体来说，据估计，亚洲近一半的自然森林已经消失。

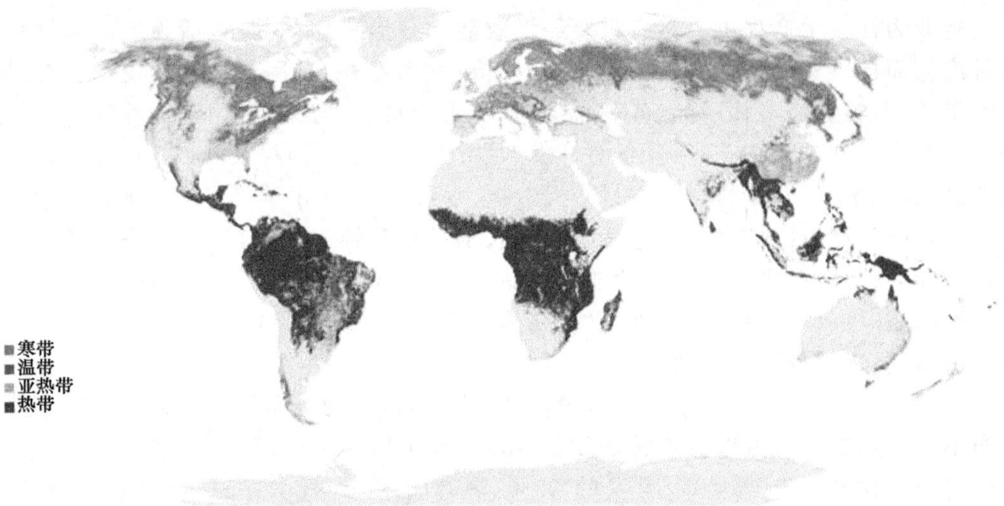

图 3.16　世界森林分布

(3)中国森林资源

2023 年，我国森林面积为 34.65 亿亩，森林覆盖率 24.02%。中国森林物种丰富，植被类型多样，按气候带分布从北到南依次是寒温带针叶林、温带针阔混交林、暖温带落叶阔叶林、亚热带常绿阔叶林、热带常绿阔叶林、热带季雨林及热带雨林。受海陆热力性质差异影响，我国中东部地区季风气候特征明显，西北内陆地区大陆性气候特征明显。我国东部地区降水多而西部地区降水少，夏季降水多而冬季降水少，降水时空分布上的差异性影响着森林植被生长。东南地区为中国现有的森林资源主要分布区。我国的人工林面积为全球第一，而森林蓄积和森林面积分别排名第六和第五。

我国森林面积及覆盖率增加迅速，率先在发展中国家中从森林赤字走向森林盈余。我国林业发展之路历经波折，从人与自然的关系看，越接近现代，人类对森林资源干扰、开发、破坏的规模和强度越大。远古时代(公元前 2070 年至公元前 180 年)全国森林覆盖率高达 64%，秦汉时期(公元前 221 年—公元 220 年)的森林覆盖率降低至 46%～41%，元明时期(1279—1644 年)的森林覆盖率进一步降低至 27%～21%，清朝后期(1840—1912 年)的森林覆盖率降低至 17%～15%，民国时期继续降低；到中华人民共和国成立初期，我国森林覆盖率已降低至历史最低点，仅为 12.5%。中华人民共和国成立后，为支援国家的工业化转型和生产建设，一度大量采伐森林。但此后，在党和国家的正确带领下，全国上下同心协力，经过几十年艰苦奋斗，截至 20 世纪 80 年代中期，我国森林面积、森林覆盖率和森林蓄积量 3 项指标均呈现增长趋势。20 世纪 90 年代中期以后，我国森林面积、森林覆盖率、森林蓄积量、人均森林面积、人均森林蓄积量、碳汇能力 6 项指标首次同时出现增长，森林蓄积量超过 20 世纪 50 年代的水平，改变了长期以来森林赤字的局面，开始出现森林盈余的新趋势。

第 3 节 制造业与服务业

制造业被认为是经济发展的衡量标准和标志。制造业是社会经济变革的催化剂和主动力，工厂制度和产品标准化，刺激了交通工具的发明和改进，促进了城市化和城市群快速壮大。制造业先是在欧洲和北美洲发展，而后是东亚，现在遍及全球。工业区位和空间行为对地区制造业的发展和壮大有重大作用。图 3.17 和图 3.18 为我国的制造业案例。

图 3.17 太原钢铁厂生产车间

图 3.18 佛山制造园区

1 工业区位理论

1.1 韦伯最小成本产业区位模型

(1)可变成本最低

在市场机制的作用下，生产商通过将生产活动布局在总投入成本最低(或者收益最高)的地点来获得利润最大化。在选择最佳区位过程中，生产成本必须综合考虑，最重要的是可变成本。生产商必须仔细研究每一个地点，通过选择比较，选择成本最低的地点(图 3.19 和图 3.20)。德国经济学家阿尔弗雷德·韦伯提出最低成本理论，根据三个基本费用的最优化来选择制造业的最佳选址：相对运输成本、劳动力成本和集聚成本。

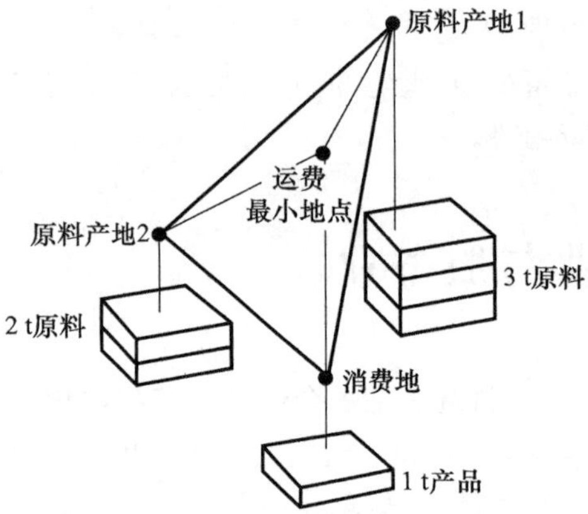

图 3.19 范力农构架

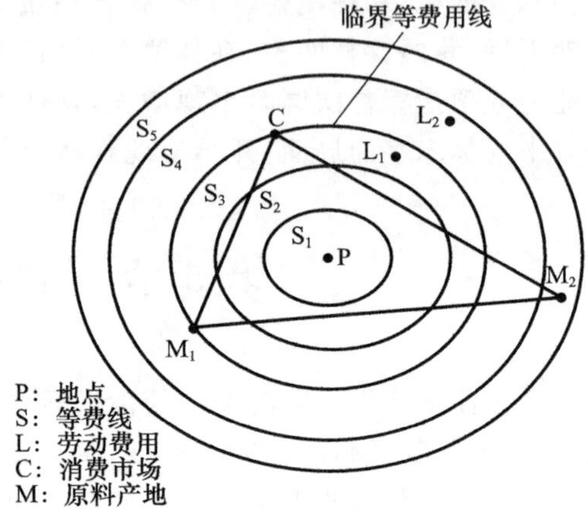

图 3.20 劳动力成本指向

集聚是指生产活动和产业工人相互利益的集聚。这种集聚可以通过共享设施和服务，如道路系统、电力系统、热力系统、信息系统等，共享产业上下游之间的供应而降低风险，以及通过产业工人之间相互学习技能而降低投资成本(图 3.21)。当然，空间资源的有限性导致了为争夺当地资源而造成的租金或工资水平提高等，不经济现象也可能发生。不过从现实的情况看，这种不经济基本上不存在，如在上海浦东张江高新技术园区，所谓的“退二进三”“腾笼换鸟”，多数企业搬离园区是政府的行政命令，而不是出现不经济现象。目前，我国出现大量的产业集群既是当地政府政策的效应，也是工业本身就具有集聚的本质属性之必然选择(图 3.22)。

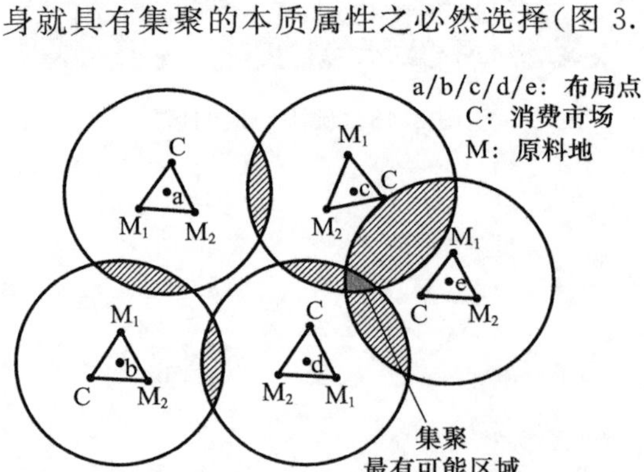

图 3.21 集聚指向

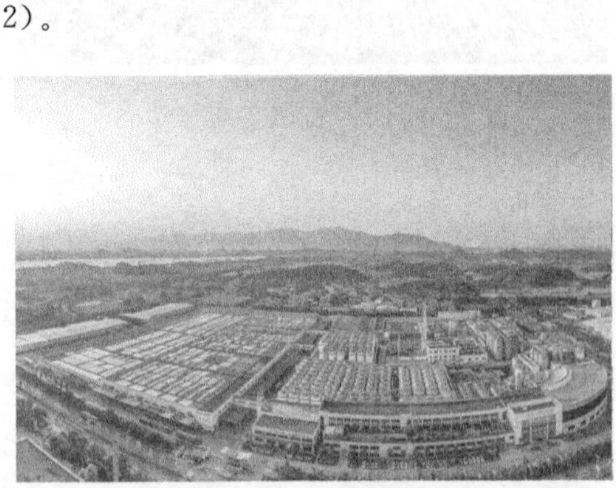

图 3.22 佛山产业集群

韦伯的结论是，交通成本是决定地点的主要因素，将原材料运输到工厂和将成品运输到市场的成本最低的地点，是我们需要寻找的。然而，如果劳动力或集聚成本的差异足够大，一个完全基于运输成本确定的地点实际上可能不是最优的。一个成本最低的地点，是经过三次区位选择、两次位移的结果。

(2)不同导向的可变成本最低的区位模型

假设运输成本决定了“平衡点”，最佳地点的选择将取决于距离、原材料投入的各自重量以及成品的重量。选择过程可以以原材料为导向，也可以以市场为导向。

当替代材料来源有限时、当材料易腐烂时、当材料在自然状态下含有大量杂质或非市场成分时，原材料导向就会存在，运输成品就会比运输原材料节约成本，因此，工厂应布局在原料地(图 3.23 和图 3.24)。

图 3.23　攀枝花钢铁厂场景

图 3.24　武鸣香山糖厂位置

当制造过程中会使用常见的材料来增加成品重量时、当生产出的成品比单独的原材料更重或更昂贵时、当成品易腐烂且必须在个别市场点加工时，市场导向则会成为成本最低的解决方案(图 3.25 和图 3.26)。

图 3.25　西安搬迁后的汉斯啤酒厂位置

图 3.26　山西农村庙会上的美食

一项投入增加的同时,减少另一项投入(如在增加运输成本的同时减少土地租金),可能会出现许多不同的最佳制造地点。此外,还可能存在一些相连的地点,企业的总收益恰好等于其生产的总成本。这些相连的地点标志着利润率的空间范围,并确定了可能实现盈利的区域和盈利空间利润率(图 3.27)。

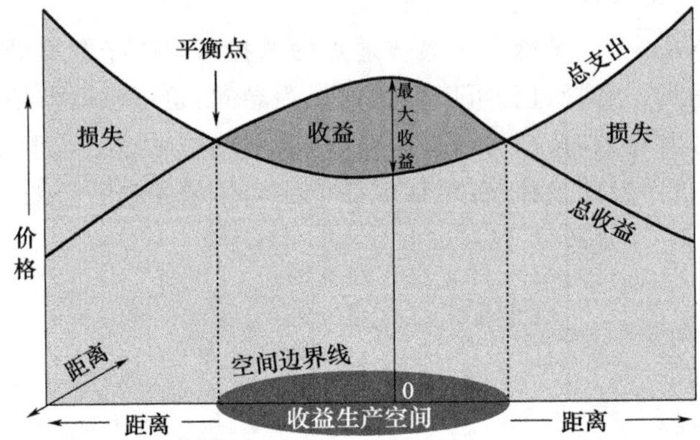

图 3.27　收益空间示意图(李小建,2018)

1.2　区位论的影响要素

传统工业区位理论已不能完全解释产业本土化或专业化的世界区域格局,也无法解释不受客观“因素”控制的区位行为,这些“因素”受新生产技术和公司结构的影响,或者受规划目标的指导。

传统区位理论试图解释在自由市场下,企业在运输成本相对较高,人工费用在空间上差异大,集聚效应明显,同时运输路线和方式固定的情景下,企业进行规模生产的最佳位置的布局问题。在 20 世纪末期,上述情况开始发生重大变化。在发达地区,制造业转向后福特式的灵活生产,是针对较小的、特定群体的市场,进行个性化商品的小规模生产。与此同时,信息技术在生产和销售过程中的应用,降低了运输成本,提高了工人的劳动效率,增加了企业布局的灵活性,企业追求的往往不是费用最低,而是综合效益最高。

(1)运输属性

运输方式、成本和效率一直是生产空间模式的核心内容,影响了各种各样经济活动的位置。运输方式、成本和效率结构的每一个变化都会对经济活动的选址产生直接影响(图 3.28 和图 3.29)。

胡福运输区位论指出,不同的物品特性、运输距离、运输费用率、运输方式,均能够产生不同的运输费用,这导致对运输费用敏感的企业会选择不同的运输方式和不同的区位。胡福运输区位论也指出，在两种运输方式共存之处，往往是很多企业选择的理想区位。

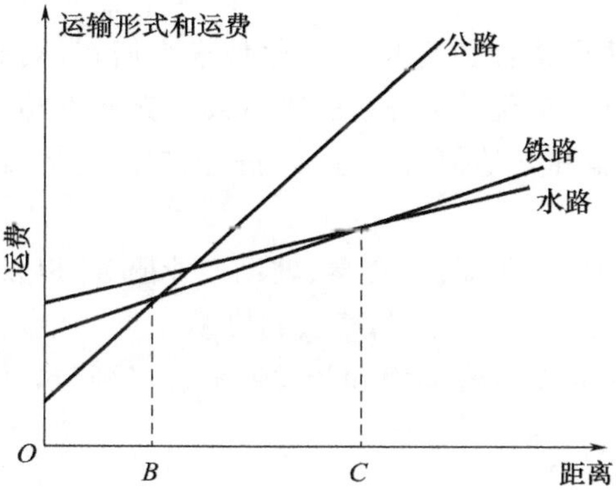

图 3.28　运输方式与成本(李小建，2018)

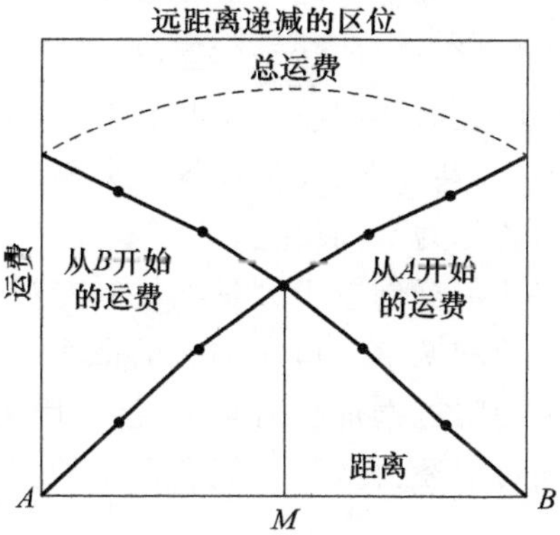

图 3.29　远距离递减区位(李小建，2018)

水运几乎比任何其他运输方式都便宜，在海岸、通航河流上进行的大量生产与商业活动就是最好的例子，但是该运输方式对时间不敏感(图 3.30)。铁路、高速铁路与高速公路为工厂和市场之间开辟了绿色通道，大大增加了潜在的"令人满意"的制造地点的数量(图 3.31)。飞机运输量小、运输时间短，但是单位产品的运输费用高。

图 3.30　大运河的运煤船只

图 3.31　高速公路上的绿色通道

当运输成本在生产和销售中成为可以忽略不计的因素时，产品可以自由流动，制造业的选址就不必再考虑运费问题。例如，计算机等电子产品。还有一些产品与它们所服务的市场密不可分，其分布非常广泛，称为市场型产业。例如，报纸出版业、面包店和乳品业，这些基本上都是生产一种极易腐烂的商品，或者是用于即时消费的商品。

总体来说，运输成本一直在下降，运输效率一直在提高。航空服务、大型远洋超级货轮的发展，以及集装箱化和水陆联运的引入，都降低了货运服务的成本，并提高了运输速度。随着成本的降低，制造地点越来越受非运输因素的影响。

(2)聚集经济

现代化工业在地理空间上的聚集是地方或区域经济的常态，也是现代化工业的天然属性。工业聚集以及城市化所形成的吸引力是公认的区位因素，但其不容易量化。空间聚集导致生产活动的互惠，即工业活动的聚集往往为单个企业带来它们在单独情况下无法获取的利益。这些利益(外部经济或聚集经济)主要表现为共享交通设施、社会服务、公共事业、通信设施等方面。这些设施和其他促进工业(经济)发展所需的设施(服务)统称为基础设施。

产业集群创造出大量熟练和专门的劳动力、专业知识、资本、辅助商业服务，以及由其他行业和城市人口所构成的市场(图 3.32 和图 3.33)。新建公司在从事同一活动的其他公司附近选址具有重大优势，因为该行业的专门劳动力和相关服务已经到位，并且新公司可能还会从与他们有联系的其他公司获利。

图 3.32　中关村智能产业

图 3.33　洛阳高新区

资本、劳动力、管理人员、客户基础、科技技能以及基础设施等因素的集中，往往会将更多的行业从其他地区吸引到聚集区。当聚集效益大于因改变运输和劳动力成本最低区位所造成的损失时，聚集就会不断增长。如工业园区为其租户提供了道路、水、污水处理、电力、交通设施、消防等基础设施，营造了良好的生产和生活环境，如公园、超市、健身房、学校、咖啡厅、医院，以及警察局等安全保障，租户就不用自己承担这些服务的额外费用。在某些情况下，工厂建筑还可以出租，这进一步降低了公司的发展成本。与制造业工业园区相对应的是为高科技公司和第三部门企业设立的办公园区、研究园区、科学园区等。聚集通过乘数效应，每增加一个新企业入驻，将导致基础设施和联系的进一步发展。聚集经济和聚集趋势往往受到政策的支持，如夕阳产业、成熟行业、潜导产业和新兴产业，政府希望其集中在某些区域，从而贯彻和实施政府战略意志，因此会出台鼓励或者限制政策，如在市中心的“退二进三”“复兴计划”等，在城市远郊区、开发区建立“高新技术园区”“现代化工业园区”等。

(3)适时生产和灵活生产

传统的福特生产方式需要在现场储存大量订购的材料和物资,并在生产实际需要之前交付。根据这种做法,企业通过精准需求订货和减少运输费用等方式节省了成本,但是,仍需要储存大量的原料、中间产品以及尚未进入市场的产品。产品储存成本仍比较高,增加了企业总成本。

准时化(JIT)制造通过及时购买原料和及时生产销售,以减少生产过程中的库存。JIT 根据订单需求,频繁地订购少量货物,精确准时地到达并立即部署到工厂车间,而非昂贵的物资积累和储存。这种生产模式增强了纵向关联、横向关联企业以及其他相关企业的空间聚集趋势,弱化了传统的单厂区位理论的适用性。

JIT 是大规模福特生产方式向更灵活的生产系统过渡的一种表现。这种灵活性旨在使生产商能够在不同的产出水平之间快速而轻松地转换,更重要的是,生产商能够根据市场需求从一种工厂流程或产品转移到另一种工厂流程或产品。这种灵活性是由易于重新编程的计算机化机床的新技术,以及计算机辅助设计和计算机辅助制造系统实现的。这些技术允许在基于计算机的信息系统监测下,对当前市场需求进行小批量、及时生产和分销。

灵活生产在很大程度上需要从外部供应商而不是从内部生产获得大量的零部件和服务。在制造业中,外包(将生产工作分包给外部公司)已经成为即时采购预制组件以进行拼装成品制造的一个重要因素。灵活性带来的好处与零部件供应商的接近程度为产业聚集趋势增加了另一个维度。

(4)比较优势与新国际分工

比较优势表明国家和地区可以通过专业化生产和相互贸易提高和改善其经济和生活水平。如果每个国家和地区集中生产它相对于其他地区所具有最大优势或劣势最小的产品,并进口其他所需产品,就可以获得额外的社会财富,这是区域专业化的理论基础。

外包是指将生产或服务任务分包给外部公司,而不是在内部执行。外包促进了资本节约型的技术进步,提高了企业的劳动生产力,促进生产可能性前沿向外移动,是生产边界的推动器;外包促进生产结构从劳动密集型向资本密集型转变,是产品结构升级的转换器。20 世纪,台湾宏基就是一个典型的成功外包案例。宏基企业对生产流程进行改革,将在台湾生产系统转变为在台湾生产主板、外包装和监视器等关键零部件,其他部件则外包给市场地厂商生产,然后在市场地组装销售,从而提供给世界各地的消费者。外包后,库存时间从 100 d 降到 50 d,资金周转率提高了一倍,新产品提前上市一个月,能够迅速满足消费者的个性需求。

离岸外包是指雇佣外国工人,或者与外国第三方服务提供商签订合同,接管特定的制造业务。离岸外包日益成为一种标准的成本控制策略,反映出了运输成本的急剧下降、远距离通信的便利以及发展中国家制造能力的不断增强。离岸外包可带来低成本的竞争优势，比如在 20 世纪，发达国家的公司在中国制造业的外包可将其成本节省25%～40%，这对依靠低成本竞争的公司来说是难以抗拒的诱惑。

目前，美国的外包策略已经转换为“在岸外包”“近岸外包”和“友岸外包”三种形式。这意味着美国从以效率为主转向了安全与效率兼顾，竞争中把安全放在了第一位。无论是在岸生产，还是近岸生产、友岸生产，实质都是美国政府试图通过有形的内政与外交之手，强行改变完全由市场驱动的全球产业布局，从而保障美国国家经济安全。这个策略既服务于美国削弱和打击竞争对手的需要，也是为了通过复兴本土的制造业来缓解美国国内矛盾。

(5)政治和政策的影响

区位理论认为，在纯粹的竞争经济中，材料、运输、劳动力和工厂的成本应该在区位决策中占主导地位。显然，在任何市场经济中，都不存在这种理想化状态。政治因素对选址决策起到直接、决定性影响，其他政策如土地使用和分区控制、环境质量标准、政府区域发展诱因、地方税收减免条款或开发债券授权、对准政府公司的非经济压力，均构成了对工业的吸引或排斥。

如果把政治因素纳入区位决策，传统工业区位理论的假设就不再占主导地位，区位决策就是中央计划经济中的决策，工厂选址决策是由政府机构而不是单个企业做出的。政府决策并非仅仅考虑要素成本，或者仅仅考虑地区或者部门单一经济效益，而是在国家尺度上，甚至全球尺度上，考虑国家产业发展战略的需求，产业整体部署和综合效益。苏联进行工业生产选址布局，首要考虑的是通过充分开发资源，促进区域发展，而不考虑开发的成本或竞争力。

2　制造业在全球的分布

2.1　世界制造业分布

世界制造业主要分布在美国东北部和中西部以及加拿大东部、西欧和中欧、东欧和东亚。这些地区的工业产值约占世界制造业产量和价值的五分之三。但是，全球制造业空间分布格局也在不断变化之中，大致经历了五个变化阶段。

第一阶段，18 世纪末至 19 世纪上半叶，英国作为当时的世界工厂将产业输出至欧洲大陆国家及北美洲，美国成为这次国际产业转移的最大受益国。英国、德国、美国等西方国家凭借第一次科技革命和第二次科技革命带来的先进制造业技术，稳居全球制造业格局的绝对核心地位，同时也是全球经济最发达的国家之一。20 世纪 50—60 年代，美国产业结构升级，集中发展汽车、化工等资本密集型产业，将纺织、钢铁等传统产业转向战败后的联邦德国、日本，有人称这是第二次世界产业转移，其实德国和日本在第二次世界大战之前就已经是制造业大国了，完成了制造业的布局，本次转移具有特定的时代痕迹，而不是市场行为。

第二阶段，20 世纪 60 年代末至 20 世纪 90 年代，美欧日爆发第三次科技革命，产业结构迅速升级，新加坡、韩国、中国台湾地区和中国香港地区利用美欧劳动密集型产业外溢的机会，迅速发展为全球制造业又一核心，并成为亚洲仅次于日本的最发达地区之一。

第三阶段，20 世纪 90 年代至 21 世纪初期，中国释放的生产要素比较优势叠加发达国家产业升级的“去工业化”过程，以中国东南沿海为主的地区成为全球制造业的新核心。

第四阶段，21 世纪初期至 2018 年，第四次工业革命浪潮叠加发达国家“再工业化”进程，中国和美欧国家在高端制造业领域的国际竞争加剧，中国传统制造业的优势伴随产业升级减退，劳动密集型产业和资本密集型产业开始在东南亚聚集，形成新的水平分工和垂直分工趋势。

第五阶段，2018 年至今，中美贸易摩擦、新冠肺炎疫情、俄乌局势等重大非经济因素的影响力快速上升，全球制造业供应链缩短趋势显著，自由市场主导下的全球分工减弱，制造业格局呈现显著的区域性、多极化发展趋势。

2020 年，突如其来的新冠肺炎疫情不仅给制造业带来极大挑战，也让人们重新认识了产业链供应链安全的重要性。全球在产业链供应链领域的争夺趋于激烈，欧美制造业大国纷纷出台政策谋求竞争优势，并推动本土化与减少对华依赖，一些新兴经济体正在努力吸引从中国转移出来的制造活动。中国制造业在全球产业体系中的地位举足轻重，规模优势依然突出，但与周边发展中经济体相比，成本优势减弱，产业分流和转移处于“正在进行时”，同时面临以美国为首的发达国家供应链“回流”和利用所谓“友岸外包”打造“排华供应链”的严峻挑战。

值得注意的是，从核心技术角度看，迄今为止，全球制造业的核心价值链环节和关键核心技术始终被发达国家控制，制造业技术领域的“核心—边缘”格局始终存在，由此诱发的高端制造业差距在发达国家与发展中国家间长期存在。

2.2 中国制造业发展

1978 年，中国受益于全球价值链分工的快速发展，制造业发展迅速。中国利用生产成本、政策和市场等优势，积极承接国际产业转移，快速融入全球价值链分工体系，并取得举世瞩目的成就——制造业规模迅速扩张，产业结构不断优化升级，最终成为制造业“世界工厂”。

中国制造业增加值从 2012 年的 16.98 万亿元增加到 2021 年的 31.40 万亿元，制造业增加值占全球比重从2012年的22.5%提高到2021年的近30%，持续保持世界第一制造业大国地位，成为名副其实的制造业大国和“世界工厂”，在全球经济中发挥的作用日益突出。

中国工业产品供给的数量、质量和档次都有了全面提升，世界500种主要工业产品中有四成以上产品产量位居世界第一，智能手机、智能电视、节能冰箱、全自动洗衣机、变频空调、汽车等中高端产品已走进寻常百姓家，显著改善了人民的生活品质。

中国汽车保有量从2010年的0.78亿辆增长到2021年的4.35亿辆，特别是新能源汽车，产量已连续7 a位居世界第一。2023年，我国汽车产销量首次突破3000万辆，产销分别实现3016.1万辆和3009.4万辆，同比增长11.6%和12.0%。我国汽车产销量连续15 a保持全球第一。2023年，汽车零售额4.86万亿元，占社会消费品零售总额的10.3%；汽车制造业规模以上工业增加值同比增长13%。2023年，新能源汽车产销分别完成958.7万辆和949.5万辆，同比增长35.8%和37.9%。2023年，我国汽车整车出口491万辆，同比增长57.9%，有望首次跃居全球第一。其中，新能源汽车出口120.3万辆，同比增长77.6%；动力电池出口127.4 GW·h，同比增长87.1%。

以国家新型工业化产业示范基地、先进制造业集群等为代表的一批高水平发展载体加速形成。目前，国家新型工业化产业示范基地已有445家，工业增加值占全国工业增加值比重已超过三成，这些基地和集群在增强我国制造业供给能力和产业链韧性方面发挥了关键作用。

2.3 高新技术

创新是将研究和开发的成果应用于创造和制造具有先进科学和工程特性的新产品，也是高新技术产业的标准。在高新技术行业，专业“白领”工人占劳动力总数的很大一部分，包括科学家、工程师和熟练的技术人员，他们的核心任务是创新。在高新技术企业中，白领的数量可能会大大超过一线生产工人的数量。

(1)高新技术及其地理效应

高新技术建立在现代科学体系研究基础之上，处于现代科学发展前沿领域内，对发展生产力、促进社会文明、增强国防竞争力、提高经济运行质量起先导作用，对传统技术及产业改造产生重大影响。电子通信、计算机软件、制药和生物技术、航空航天通常被称为高新技术，高新技术越来越多地成为所有工业结构和生产过程的重要部分，如流水线上的机器人技术、计算机辅助设计和制造、冶炼和精炼过程的电子控制以及化学和制药工业新产品的不断开发。在高科技的领域，制造行业通常是知识密集型的，使用复杂昂贵的设备。

高科技或高新技术加工和生产对发达经济体越来越重要。对于高科技企业来说，区位优势和竞争优势形成了新的模式。新模式往往与聚集有才能、有创造力的工人有关。对经济地理模式主要的影响表现为：第一，高新技术是新兴先进工业经济体就业增长和制造业产出的主要因素。相对高的工资反映了所需的培训水平和高新工人生产能力。第二，高新技术产业在区域上向创新中心集中，经常形成自我维持、高度专业化的聚集。第三，高新技术产业的增长往往伴随着低技能生产和组装任务的外包，从而刺激了 NICs(新兴工业化国家)的增长。

(2)高科技创新与聚集经济

全球高科技主要集中在：中国上海、北京、广州和深圳，美国加利福尼亚州、太平洋西北(包括加拿大英属哥伦比亚省)、新英格兰、美国新泽西州、得克萨斯州和科罗拉多州等。在这些地区和其他高科技集中的地区，创新取得了突出的成就。美国旧金山附近的圣克拉拉县的硅谷是最好的例子，硅谷地区拥有像斯坦福大学和政府研究实验室这样的机构以及高质量的生活，可以在正式或非正式的社会环境中分享想法的技术工人在这里聚集。

在高新技术高度集中的地区形成了专业化产业集群。如美国明尼阿波利斯和费城的生物医学技术、圣安东尼奥附近的生物技术、弗吉尼亚州东部和得克萨斯州奥斯汀的“硅谷”生产计算机和半导体、新泽西普林斯顿走廊的生物技术和电信。

在其他地方，如苏格兰的硅谷、英格兰的日出地带和硅沼、瑞典斯德哥尔摩的无线谷、北京的中关村、西安的高科技产业区、印度的高科技城浦那和班加罗尔，这些工业区的特点是由低矮、现代、分散的办公室—工厂—实验室建筑组成，而不是大规模的工厂、磨坊等。

(3)高新技术产业的区位分析

高新技术产业是研究、开发、推广以及应用高新技术的产业群体或集合的总称。2002 年，中国“高新技术产业”主要包括：核燃料加工、信息化学品制造、医药制造业、医疗仪器设备及器械制造业、航天航空器制造业、通信设备、计算机及其他电子设备制造业、通用及专用仪器仪表制造业和公共软件业等。

高新技术产业在空间上主要有以下特征：①靠近大学、科研机构、实验室，该区域不仅拥有大量高素质人才资源，富含大量的创新知识源，而且由于产学研之间有频繁的信息和知识交流与互动而具有很强的知识溢出效应；②位于具有良好的“生活质量”声誉的地区和主要大都市——气候、风景、娱乐、良好的大学、艺术和文化机会，以及足够大的就业基地，以供应有需要的工人，并为受过专业培训的合作伙伴提供就业机会；③基础设施良好，提供高质量的通信和交通设施，将研究、开发和制造的各个阶段结合起来；将公司与供应商、市场、财务和政府机构联系起来；④在当地可获得的风险资本和创业勇气，高技术的高投入、高竞争，创新产出的滞后性以及更新换代的迅速性等都使得高新技术产业面临较高的风险，因此，高新技术产业通常都会具有较高的风险性，当地能够提供融资的良好环境，以及具有创业勇气的文化传承；⑤根植性。在创新行业中，创新公司的成立和倒闭均像雨后春笋般迅速与频繁，因为许多公司都是由当地成熟公司的技术员工创立的“分拆”公司，高科技集中的领域往往会催生新的进入者。大量的熟练工人、高新技术发展的雄厚基础，均提高了创新企业发展的机会。因此，聚集经济既是空间聚集的产物，也是空间聚集的原因。

高科技生产并非所有阶段都必须集中，高新技术专业、知识密集型领域往往远离零部件制造和组装业务。高度自动化或低技能的装配任务是“松散的”，它们需要高度流动的资本和技术投资，例如，可以在中国台湾、新加坡、马来西亚或墨西哥等地进行投资。苹果、索尼、微软等主要高科技企业将电子设备的组装业务外包给独立的企业。大多数情况下，同一家工厂以不同的品牌名称生产相似或相同的产品。

高科技产品通常具有复杂的、高度国际化的商品链。iPhone 是由美国工程师设计的，但它在德国、韩国、中国台湾和日本生产零部件，并在中国的组装工厂组装起来。

通过这种外包和技术转让，高新技术活动可以传播到其他国家。这种通过地理转移和扩散实现的全球化是高科技活动对世界经济地理格局的重要影响。例如，2005年，中国在电脑、移动电话和数码相机等方面的技术已排在世界前列。随着教育水平的提高，中国、印度、新加坡和韩国等国家正在培养大量训练有素的科学家和工程师，他们的工作能力远远不止于组装工作。因此，计算机软件公司已经开始利用印度在工程和计算机科学方面的优势，使班加罗尔和海德拉巴成为世界软件开发的主要参与者。

2.4 跨国公司

(1)跨国公司及其区位

随着大型跨国公司成为日益全球化的世界空间经济的重要驱动力，商业和工业越来越没有国籍和经济边界。世界上最大的跨国公司的年收入总额相当于某个国家的国内生产总值。例如，沃尔玛在 2022 年的营业收入为 6113 亿美元，如果把它比作一个国家的话，它比世界排名第 24 位的瑞典(5912 亿美元)年收入还要多。绝大多数大型跨国公司的总部都设在美国、欧洲或东亚。除沃尔玛外，大多数大的跨国公司都从事制造业或石油开采和提炼业。

跨国公司的直接影响仅在相对较少的国家和地区。外国直接投资(FDI)，即跨国公司购买或建造工厂和其他固定资产，已经成为全球化的一个重要引擎。超过一半的外国直接投资从一个发达国家流向另一个发达国家，越来越多的外国直接投资流向发展中国家，有可能刺激发展中国家的经济增长。外国直接投资的主要来源是拥有最大跨国公司的国家或地区，包括美国、欧洲、中国香港和日本。在欧洲，英国、德国和法国是外国直接投资的引领者。外国直接投资的主要目的地是中国香港、中国大陆、新加坡、墨西哥、巴西和印度。距离对外国直接投资流向产生影响。例如，1978 年以来，中国实际利用外资从 1983 年的 9.2 亿美元快速增长至 2020 年的 1443.7 亿美元，已成为全球最大的外资流入国之一，也为中国融入全球生产网络提供了重要通道。

流向 50 个最不发达国家(几乎所有非洲国家)的外国直接投资比例仍然不到 5%。尽管最不发达国家希望通过外国投资来刺激经济增长，但批评人士认为这将会适得其反。由于跨国公司要求补贴和税收减免，因此经济控制权会被跨国公司夺走，并可能破坏政治主权。跨国公司可能依赖外国供应商而不是当地公司，这会使缺乏竞争资本的当地公司破产，然后跨国公司将利润返回母国，而不是在东道国再投资。

公司总部的实际区位。公司总部应趋向于选择主要的大都市，因为大都市具有以下 3 种优势：①具有公司之间当面接触的可能性；②提供了金融、法律、广告等方面服务的便捷性；③具有与其他大都市高度接近性。不同尺度下的实例研究支持着以上的观点。在全球尺度下，大多数跨国公司的总部位于少数大都市，这些大都市称为“全球性城市”或“世界城市”，是全球经济的地理控制点。东亚、西欧、北美洲为全世界公司总部最集中的三大区域。其中，北京(52)、东京(38)、纽约(18)、伦敦(18)、巴黎(18)是公司总部最多的 5 个城市。

研究与开发(R&D)机构的区位。R&D 活动具有不同阶段，各阶段对区位的需求不尽相同。总体上，对区位条件要求为：①接近科研机构(如大学、科研院所等)和贸易组织，以获取科技支持和市场需求信息；②接近数量充足、高素质的人才(科学家、工程师、技工)供应地，以满足研究、开发和试制生产等对人才的需求；③接近新产品的使用者，以便及时获得有关样本及新产品的性能、消费者偏好的反馈意见，并引导消费。其中，第一阶段更倾向于高等学校和科研机构的区位。R&D 机构在空间上也应倾向于公司总部所在地。对大型跨国公司来说，其母国更具有 R&D 机构区位条件，故这些公司的 R&D 机构多集中于母国，尤其对于来自发达国家的跨国公司。

公司生产单位的区位特征。公司生产单位的分布较为分散。不同生产活动具有不同的区位条件要求；同一生产部门的公司，由于生产技术和组织方式不同，也会出现不同的区位格局。迪肯从一般工业公司总体生产组织的角度，抽选出 4 种生产单位区位格局特征：全球集中生产型、市场地生产型、专业化生产型、跨国一体化生产型。

(2)外国直接投资

外国直接投资资本流动的一半以上流向发达国家：跨国公司积极地在发达的外国市场所在地与有竞争力的现有公司之间进行合并或收购，跨国合并和收购是外国直接投资背后的主要刺激因素。由于大多数跨国公司只在计算机、电子、石油和采矿、机动车辆、化工和制药等少数几个行业经营，因此它们的合并在世界范围内的影响是显著的。一些跨国公司主导着基本商品和专业商品的营销和分销。在原材料方面，少数跨国公司在小麦、玉米、咖啡、棉花、铁矿石和木材等方面占世界贸易的 85%或更多。

由于跨国公司在经营中具有多个市场、工厂和原材料来源，因此它们积极利用比较优势原则，并抓住了外包和离岸的机会。在制造业中，它们使工厂选址决策过程国际化。跨国公司在原材料、劳动力或其他生产投入成本最低的国家或地区进行生产。与此同时，它们可以在经济环境最有利的地方保持经营控制权并纳税。

3 第三产业

3.1 第三产业与服务业

第三产业主要是为第一产业和第二产业、个人和社会提供商业化服务和专业化劳动。第三产业提供的是实际有形商品生产之外的服务。随着经济的持续增长，第二产业被第三产业取代，成为经济发展的主要支撑，这是产业发展的规律。20 世纪末到 21 世纪初，曾经主导世界制造业的经济发达国家，劳动力成本上升、通信和运输技术空间缩小，跨国公司快速发展，技术向发展中国家转移，加工或装配工作外包，产生了新的国际分工等，对制造业发起巨大的挑战，制造业竞争优势已无法维持，发达经济体于是纷纷进行了“去工业化”的转型发展，通常被称为“后工业”。

美国等发达国家首先进入后工业化，其第一产业占劳动力的比重从 1850 年的 66%下降到 2010 年的 1%，而服务业从 18%上升到 86%。在最近的 20 a 里，美国几乎所有的净就业增长都在服务业。其他发达国家也出现了类似的变化，如日本、加拿大、澳大利亚、以色列和所有主要西欧国家等，65%～80%的工作岗位也属于服务业(图 3.34)。

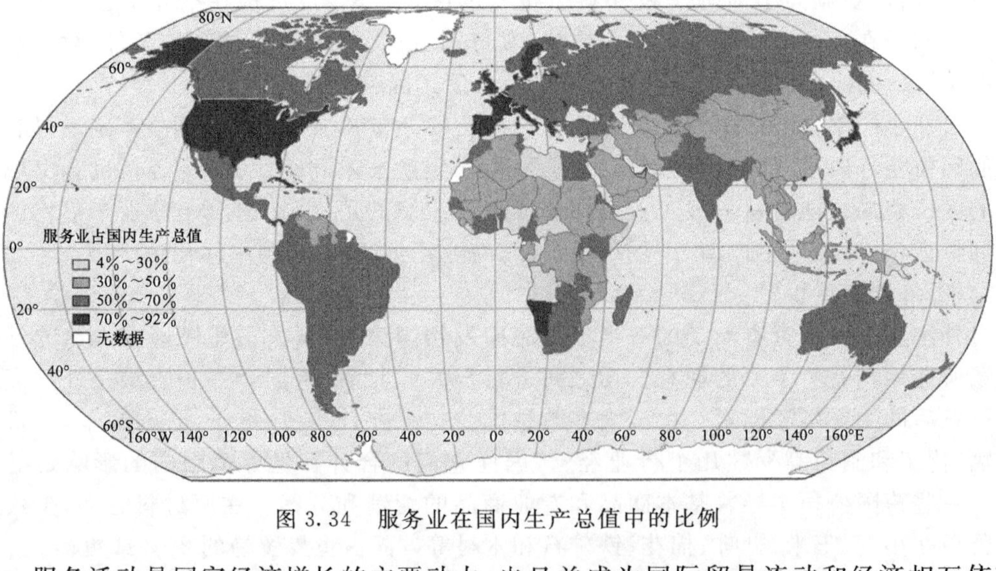

图 3.34 服务业在国内生产总值中的比例

服务活动是国家经济增长的主要动力，也日益成为国际贸易流动和经济相互依存的一个因素。1980—2010 年，服务贸易占世界贸易总额的比例从 15%上升到 20%。

信息和通信技术的迅速发展和费用的降低是服务国际化的中心因素，因为有线和无线通信以及数据传输费用已降至可以忽略不计的水平。正如离岸服务的增长清楚地显示出，许多甚至在1990年被认为是不可贸易的服务现在正在积极地进行远距离交换。

3.2 服务活动类型

服务业的范围非常宽泛，根据购买服务的人，分为消费者服务和商业服务。消费者服务是为个人提供的，包括娱乐、旅游、餐厅、酒店、酒吧、维修服务、教育、医疗保健和各种各样的个人服务。商业服务是为公司提供的，包括金融、保险、房地产、法律服务、会计、建筑和工程咨询服务。批发和零售贸易服务是连接生产者和消费者的服务，运输和通信服务也为生产者和消费者服务，政府和非营利服务提供者也是服务业重要的组成部分。

服务业的增长有很多原因，它反映了日益复杂的社会、经济和行政结构的发展，个人收入增加、家庭结构和个人生活方式变化。例如，在自给经济中，家庭照顾自己的孩子、生产和准备自己的食物、修理自己的房子，而在后工业社会，人们雇佣儿童保育员照顾孩子、送孩子上正规的学校和大学、在餐馆买现成的饭菜、雇佣承包商修理自己的房子，类似的需求得到满足，服务业发展了，就业人口与就业结构发生了重大变化。

随着个人收入的增加，更多的收入用于服务，而不是初级产品或耐用品。如果一个人得到了加薪，其可能会去游轮度假，或者更频繁地去餐馆吃饭，但不太可能购买第二台洗衣机。医疗保健行业的增长受到收入增长和社会老龄化的双重推动，而老龄化在一个社会完成人口转型时不可避免地会发生。经济的日益复杂意味着需要更高水平的教育和培训，以及需要更多的政府雇员来收税、控制边界、减轻贫困、确保公共安全、规划社区发展、监测商业、保护环境和维护工作场所的安全。

第三产业部分的增长是统计上的，而不是功能上的。外包越来越多地用于降低成本和提高效率，以前内部提供的服务外包是当前商业实践的特征。工厂、商店和办公室的清洁和维护（以前是公司内部业务的一部分），现在都分包给专门的服务提供商。这些工作仍然被完成，甚至可能是由相同的人员完成，但工人的地位已经从第二产业工人（例如，作为制造工厂的雇员）变为第三产业员工（例如，作为服务公司的雇员）。

3.3 服务业区位论

服务业区位选择的影响因素比制造业简单，包括人口分布模式以及生产和消费的空间结构。

（1）市场需求

廖氏认为市场对商品或者服务的需求，与商品或者服务的送达价格（出厂价格＋运费)成反比,送达价格越高,需求量就越低,反之亦然;因此,在供给地的需求最大,到一定距离时,送达价格超出需求者预期,则需求为零(图 3.35)。如果有多个供给者,帕兰德认为送达价格相等地点的连接线,就是市场的分界线(图 3.36)。

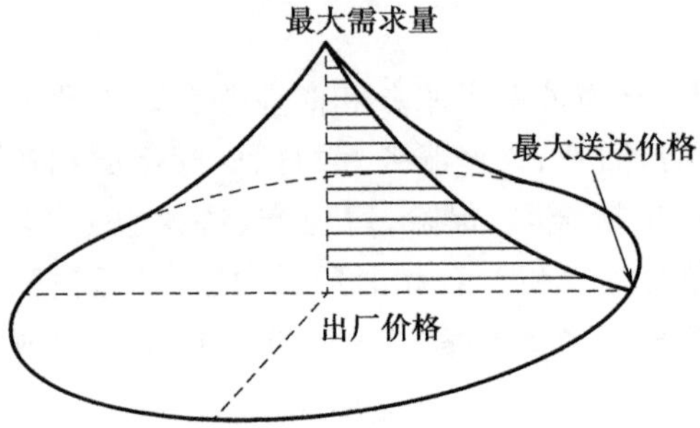

图 3.35 廖氏的需求圆锥体

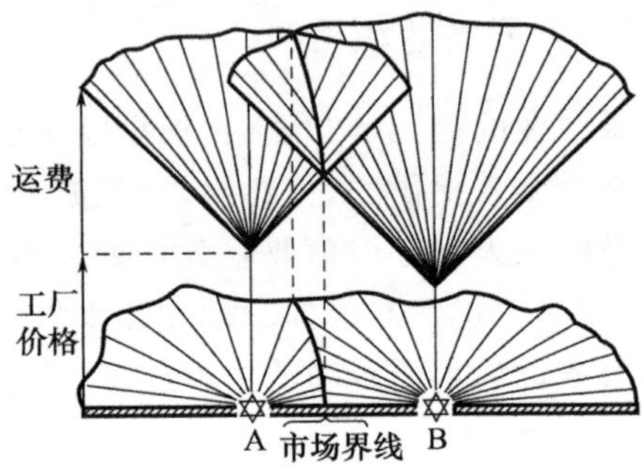

图 3.36 帕兰德的市场地域分割(李小建,2022)

(2)霍特林区位相互依赖模型

经济学家哈罗德·霍特林利用简单的假设创建了零售服务业的区位相互依赖模型。两家相互竞争的公司选址决策,每家公司都向沿着线性市场均匀分布的客户销售相同的商品。举个常见的例子,两个冰淇淋摊贩,在人口分布均匀的海滩上,每个摊贩都以相同的价格出售同一品牌的冰淇淋,去海滩的人会购买相同数量的冰淇淋,会光顾离他们最近的冰淇淋摊。在自由市场条件下,两个卖方会分别聚集在线性标记的 1/4 和 3/4 的位置(图 3.37)。

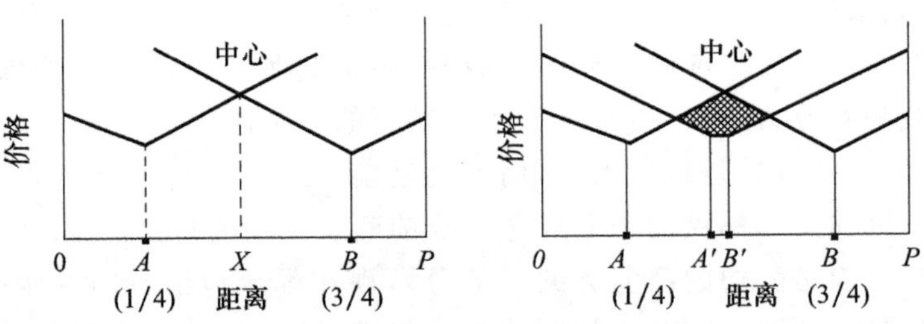

图 3.37 霍特林无弹性需求的市场区位依赖模型(朱华友,2004)

然而,为了最大限度地扩大市场份额,一个卖家可能会决定立即搬迁到竞争对手旁边,从而获得四分之三的市场份额。第二个卖家也势必会这样布局,最终两个卖家稳定并排在中心点是二者的最佳选择,因为任何一个卖家都不能从移动位置中获得任何进一步的利益。但现在,顾客为了满足对冰淇淋的需求,要比最初走得更远。也就是说,总成本或送达价格增加了。如果有第三个供应商进入市场,每个供应商的最佳位置就会改变为更分散的模式。

市场区位相互依赖模型提供了一些简单的经验教训。第一，服务的位置选择取决于客户和竞争对手的位置。第二，在一定条件下，它们可以产生集群模式，而在另一条件下，它们又可以产生分散模式。第三，霍特林模型表明，一个为卖家优化收入的选址方案可能对客户来说不是最优的。

3.4 旅游业

旅游业是第三产业中最重要的组成部分，是世界上创造就业和创造生产总值最多的产业。国际旅游业为发展中国家创造了新的收入和就业机会，因为无论是气候、自然风光，还是独特的文化和景观，发展中国家都是游客很好的旅游目的地。

2019 年，我国旅游经济继续保持高于 GDP(国内生产总值)增速的较快增长。国内旅游市场和出境旅游市场稳步增长，入境旅游市场基础更加稳固。全年国内旅游人数 60.06 亿人次，比上年同期增长 8.4%；入出境旅游总人数 3.0 亿人次，比上年同比增长 3.1%；全年实现旅游总收入 6.63 万亿元，占 GDP 总量的 11.05%，旅游业对 GDP 的综合贡献为 10.94 万亿元。旅游直接就业 2825 万人，旅游直接和间接就业 7987 万人，占全国就业总人口的 10.31%。国内旅游导致了人们在交通、路边服务、住宿、餐饮、娱乐、主题公园和国家公园上的支出。

随着生活水平的提高，人们将重点从生产转向消费，旅游业的增长是这种更广泛转变的一部分。和制造业一样，旅游业也经历了一个后福特主义时期的转型，不再采用“一刀切”的大规模生产模式。生态旅游，以对当地社会和环境问题敏感的方式前往野外和风景优美的地方，提供了另一种旅游方法。生态旅游供应商试图提高游客的环境和文化意识，同时支持自然保护和可持续的当地经济发展目标。

旅游目的地的地理格局极不均衡。目的地的地理特征很重要，但旅游基础设施的水平和与潜在目的地的距离也很重要。地理学家们提出了许多关于这个行业的关键性问题：旅游业中的许多工作都是低技能、低工资的岗位，比如酒店服务员。旅游业所带来的利润通常会达到发达国家，这些国家是拥有和经营度假村的跨国公司的总部的所在地。

旅游通常是周期性很强的，无论是在旺季还是淡季，都给目的地带来了压力。旅游目的地可能会时兴时衰，这会破坏当地经济的稳定性。旅游改变了一个地方，在某些情况下破坏了原来的旅游景点。文化旅游不可避免地改变了其赖以生存的文化和文化景观。因此，生态旅游成为一种新形式，其能够最大限度地减小对环境的影响，并使用当地的服务提供商。

3.5 商业服务

商业服务是为其他商业执行的专门活动，生产商在需要的时候可以通过外包专门任务来节约成本,无须使用自己的劳动力。以技能为基础的商业服务机构可以为所有的商业机构提供服务。

商业服务公司通常会选择距离其客户及其服务的第一、第二或第三产业较近的地方。与其他行业一样,在商业服务公司选择办公地点时,成本和距离之间的权衡是一个核心问题。商业服务公司的客户是大公司,其中许多大公司的总部设在房地产和劳动力成本最高的大城市。

商业服务是高度依赖于交流的"知识"活动。以知识为基础的活动称为第四产业。信息和通信技术的创新促进了一些任务的空间分散。卫星和光纤电缆、无线通信和互联网使办公室工作在空间上分离为"前台"和"后台"任务。前台工作涉及新想法的创造和交流,而后台工作通常是重复性强的,需要的专业技能较少。前台任务包括与客户面对面互动,所以良好的企业形象是必不可少的,因此,前台工作的办公地点需要选择在高品质写字楼或知名的标志性写字楼等(图 3.38 和图 3.39)。

图 3.38　北京国贸金融中心

图 3.39　上海陆家嘴金融中心

不同类型的商业服务公司有不同的地点需求和风格。为联邦政府机构提供咨询服务的政治说客和公司需要聚集在华盛顿特区,他们通常会选择著名的首都环城公路沿线。投资公司和律师事务所更喜欢市中心。工程咨询公司更喜欢郊区的办公园区或研究园区。广告、建筑和其他设计行业往往试图塑造一种更轻松、更有创意的形象,其通常会选择 19 世纪或 20 世纪早期的工厂或仓库建筑,并改造为办公空间。发展中国家尤其从诸如光纤电缆和互联网络这类缩小空间的数字通信技术中获益匪浅。服务业贸易能力的提升扩大了发展中国家在诸如大量数据处理等相对劳动密集型服务业领域的国际比较优势,进而推动了服务业的发展。与此同时,发展中国家还受益于越来越便捷地获取从发达经济体转让的高效能、最先进的设备和技术。正因如此,西方保险、金融、会计和航空公司越来越多的后台工作均在海外开展。

通过有线和无线方式传输数据、文件、医疗记录、图表等，使消费者和商业服务能够迅速且有效地获取。由于跨国公司 24 h 不间断地运用计算机进行数据处理，其能够利用或者消除总部所在国家与子公司所在东道国之间的时区差异。这种跨境的公司内部服务交易通常不会被记录在贸易统计数据中，而是日益增长的国际服务流量的一部分。

尽管发展中国家在全球服务贸易中所占的份额不断增加，但世界服务贸易的进出口仍然由极少数发达国家主导，不同国家间的差异很大。仅新加坡在世界服务贸易中所占的份额就超过了整个撒哈拉以南非洲地区。

国际金融中心与离岸金融中心，发达国家的主要银行纷纷在国外设立分支机构，世界领先的银行已成为主要金融资本的重要储存基地。相对较少的世界城市成为了国际商业和金融中心，它们的运作和影响是持续且无国界的。国际金融中心的等级中，纽约和伦敦位居榜首，这表明最高等级的金融活动倾向于集中在少数几个世界级和国家级的中心。全球银行、证券公司和证券交易所的主要城市分布于世界各地，实现了几乎每天 24 h 不间断的交易。全球主要的证券交易所通过电信和电子资金转账系统相互连接，主要交易所的交易员或许能够每天 24 h 运作。根据 2011 年 12 月的市值，纽约、伦敦和东京是规模最大的交易所，其次是上海、香港、多伦多、圣保罗、悉尼、法兰克福和深圳（图 3.40 和图 3.41）。

图 3.40 上海证券交易大厅

图 3.41 深圳金融中心

大量的离岸银行避风港已经涌现，借此利用监管控制和税法的漏洞来开展离岸银行业务。大多数离岸金融中心位于小岛屿国家和微型国家，这些金融天堂税率较低，金融监管较为宽松。它们分布于全球各地，靠近主要的金融中心，能够提供 24 h 的交易服务。国际社会施加的压力迫使大多数避税天堂同意提高透明度，减少保密措施。

会计师事务所、广告公司、管理咨询公司以及主要源自北美洲或欧洲的类似机构，越来越多地构建起了他们的国际商业，其主要分支机构设立在世界各地的主要商业中心。这些先进且专业化的服务组成部分有助于增强美国和欧洲联盟在世界服务贸易结构中的主导地位。

第 4 节　人口地理

1　人口增长

1.1　人口数量及其增长

1999 年全球人口总数为 60 亿，2012 年人口增加到 70 亿，在短短 13 a 的时间里，世界增加了 10 亿人，平均每年增加 7700 万人，每天增加约 210 万人。2022 年，全球人口已达 80 亿，增加 10 亿人的时间缩短为 10 a(图 3.42)。

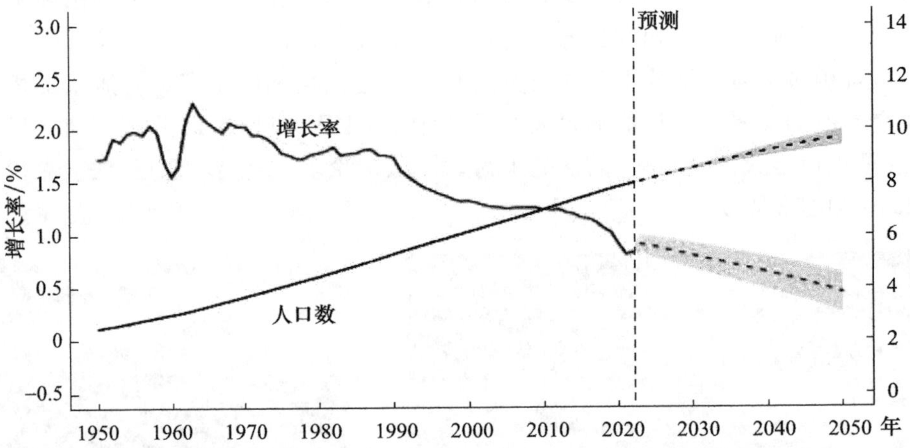

图 3.42　1950—2050 年全球人口增长趋势及其增长率

由于生产力水平低下、食物不足和医疗条件差，人类在诞生后的 300 万 a(1830 年前后)后，世界人口总数才增长到 10 亿。

世界人口在第二次世界大战后(1939—1945 年)开始爆炸式增长，进入 21 世纪，人口增长更为迅速。联合国人口学家预测，到 2050 年，全球人口将达到 97 亿；2080 年，全球人口可能达到峰值 104 亿；2100 年，全球人口预计为 100 亿左右。

2000—2100 年，世界上几乎所有的人口增长均主要是由发展中国家和地区的高生育率所导致的，其中，多数人口增长在非洲。但是，可以预计的是，包括非洲在内的大部分发展中国家和地区，在 2050 年以后，其社会经济必然有较大发展，女性地位普遍提高，人口增长率会出现下降。因此，对 2100 年全球人口的预测应从 100 亿降至 94 亿～95 亿，一些人口学家主张将其进一步降低至 80 亿～90 亿。在部分发达国家和地区，由于人口稳定或低于 2000 年初的水平，到 21 世纪中叶，其人口数将维持不变或降低。到 2050 年，鼓励生育政策和大量移民等因素，预计将使美国人口增长约三分之一。同样，大量移民进入欧洲可能会改变预测的人口下降的趋势。预计，中国和欧洲的总人口数将略有下降，其在世界人口中所占比重将减少。

人口以数百万计的变化会带来什么影响？其主要影响在社会、政治和生态领域。大约 12000 a 以前，当大陆冰川开始消退时，人口数量要比现在少得多，人们扩散到地球上无人居住的地区，对食物来源进行实践并引发了农业革命。当时，全球有 500 万～1000 万人，地球的自然资源基础对人口的支持能力远远超过了早期狩猎和采集群体对其施加的压力。

1900—2000 年，世界人口增长了近 4 倍——从 16 亿增长到 61 亿，有限的自然资源难以承载越来越多的人口。这导致全球反复出现营养不良和饥饿问题，引起全球气候变化、空气和水污染、森林和农田消失、许多矿物和化石燃料价格上涨，以及其他世界资源紧张等全球性问题。

1.2　出生率

出生率是每年每 1000 人中的婴儿出生数量，又称为粗出生率，之所以称为“粗”，是因为它不考虑人口年龄或者性别构成，而是直接将新生儿与总人口数进行对比。如总人口为 200 万，每年出生 40000 名新生儿的国家的粗出生率是 20‰。一个国家的出生率受到其人口年龄和性别结构、居民习俗和家庭规模期望以及人口政策的强烈影响。由于这些条件差异很大，2012 年记录的全球出生率范围涵盖了从一些撒哈拉以南非洲国家的 40‰及以上，到日本、新加坡、韩国、中国台湾和一些欧洲国家的 10‰及以下。

低于 18‰被认为是低出生率，这是工业化、发达国家的特征。所有西方国家，包括俄罗斯、美国、加拿大、澳大利亚、新西兰，以及亚洲工业化程度高的国家，粗出生率都较低。过渡出生率(18‰～30‰)是发展中国家和新兴工业化国家的特征。事实上，不同的经济发展阶段似乎与各国出生率的差异密切相关，尽管这其中也存在着不符合这一规律的个例。作为一个整体，世界上的发达国家在 2022 年的粗出生率不到 10‰，而发展中国家粗出生率也在不断下降。

1.3　生育率

生育率是女性在育龄期平均生育的孩子数，比粗出生率更准确。生育率为 3 意味着人口中的平均育龄女性在她的一生中预计会生育 3 个后代。育龄妇女的家庭观、教育观、就业观和生育观均影响着生育率。研究表明，提高女性的教育水平是减少生育的最可靠方法之一。研究表明，女性上学 1 a 可以将生育率降低 5%～10%。当然，教育水平之外的其他文化因素，如传统文化等也在发挥作用。

高生育率,一是与国家、地区和家庭的生育观念相关。“多子多福”“养儿防老”是中国数千年传承下来的思想观念,导致了 20 世纪 80 年代之前中国的高生育率。二是与发展中国家某些地区贫困家庭对儿童价值的需求密切相关。孩子越多,获得的公共资源转化为家庭财产就越多,家庭物质条件就越好,家庭依靠更多孩子来占有资源的动机就越大。

在全球范围内,2022 年的平均生育率为 2.5,比 2012 年的平均生育率 2.4 多出 0.1,但远远低于 30 a 前的 3.6。2022 年,发达国家的平均生育率为 1.53。由于大部分发展中国家生育行为的快速变化,从 1960 年起,发展中国家的平均生育率从 6.0 或更多下降了一半,到 2012 年降至 2.6,到 2022 年,生育率超过 6.0 的国家仅仅有 4 个:尼泊尔(6.75)、乍得(6.21)、索马里(6.20)和刚果(6.11)。

发展中国家生育率的下降比预期的都要迅速和广泛。自 1960 年以来,许多国家的生育率急剧下降,以至于早期预测的 21 世纪末全球 100 亿或更多的世界人口,现在普遍被否认。事实上,2010 年,在全球范围内,联合国估计世界上近 50%的人口生活在生育率低于或等于 2.1 的国家。孟加拉国、巴西、莫桑比克和其他国家的总生育率下降,表明生育率反映的是文化价值,而不是人们普遍认为的生物价值。

1.4 死亡率

死亡率也称为粗死亡率,即每年每 1000 人中死亡的人数。死亡率和出生率一样,因国家发展程度的不同而不同,如在非洲、亚洲和南美洲的发展中国家中死亡率高(20‰),低死亡率(低于 10‰)主要在欧洲、美国和加拿大等发达国家。第二次世界大战后,随着用于治疗疾病和控制疾病携带者的抗生素、疫苗在全球普及,以及资助改善城乡卫生设施和安全的供水,发展中国家死亡率急剧下降,与发达国家的差距逐渐缩小。到 1994 年,发展中国家的死亡率已经下降到低于发达国家,并且一直保持在较低水平。

与粗出生率一样,只有当我们研究结构相同的人群时,粗死亡率才有意义。假设在其他条件一致的情况下,丹麦和瑞典等老年人比例高的国家的死亡率预计将高于冰岛等年轻人比例高的国家。为了解决这一问题,可以计算特定年龄组的死亡率。例如,婴儿死亡率是每 1000 名活产婴儿中 1 岁或以下婴儿的死亡人数。婴儿死亡率很重要,因为正是在该年龄段,死亡率下降幅度最大,这主要取决于更好的卫生服务。婴儿死亡率的下降在过去几十年中占总体死亡率下降的很大一部分,因为生命第一年的死亡率通常高于任何其他年份。

2 人口结构

2.1 人口金字塔

人口金字塔是将年龄与性别分组结合起来,形象直观地用几何图形的形式表示出来的方法，具有可视化和动态特征。人口金字塔的横轴表示性别，分为男性与女性；纵轴表示年龄，底部是年轻人组成的基础年龄组，顶部是老年人组成的年龄组。一般而言，其底部广泛、顶部逐渐变窄。现代社会，由于经济、教育、风俗等对人口组成有较大影响，因此人口金字塔呈现出不同形状，每个形状反映了不同的人口历史(图 3.43)。

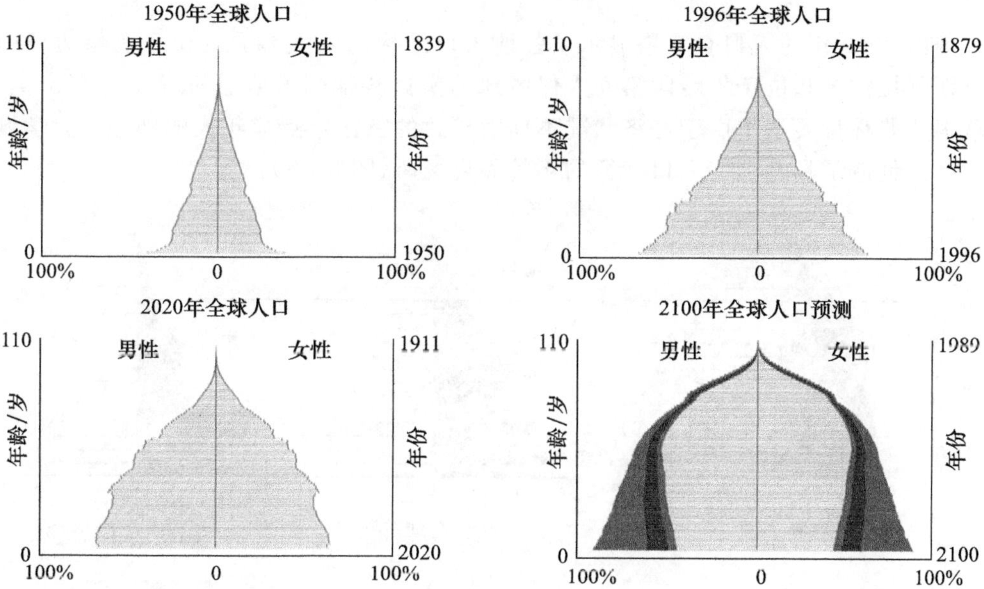

图 3.43　全球不同时代的人口金字塔(刘媛 等,2022)

2.2　人口增长类型

人口的年龄结构是一段长时期内自然变动和迁移变动综合作用的结果，根据它可以大致判断出未来人口的发展趋势。为此，国际上常依据前述几项指标，将各种年龄结构划分为三种类型，其中属于静态的为年轻型、成年型和老年型，属于动态的为增长型、稳定型和减少型(表 3.1)。它们之间是相互依次对应的，年轻型人口数量将逐渐增长，成年型则相对稳定，老年型将趋于减少。

表 3.1　人口年龄结构类型划分标准

类型	0～14 岁/%	≥60 岁/%	≥65 岁/%	老少比/%	年龄中位数/岁
年轻型(增长型)	＞40	≤5	≤4	≤15	≤20
成年型(稳定型)	30～40	5～10	4～7	15～30	20～30
老年型(减少型)	≤30	＞10	＞7	＞30	＞30

一个国家中不同年龄组人口的占比强烈影响着国民经济中对不同商品和服务的需求程度。年轻人比例高的国家,对教育设施和某些类型的医疗保健服务有很高的需求,部分人口还太年轻而无法就业。老年人比例较高的国家,则更需要针对该年龄组的医疗产品和服务。国家人口状况的变化对一个国家的社会和经济系统提出了不同的要求。

美国2010年的人口金字塔显示了各地人口结构的巨大差异。位于美墨边境的得克萨斯州拉雷多和位于松岭印第安人保留地的南达科他州香农县都显示出高出生率。密歇根州弗林特展示了由于经济状况不佳而导致的工作年龄成年人的外迁。大学城和退休社区创造了具有独特人口特征的年龄隔离场所(图3.44)。

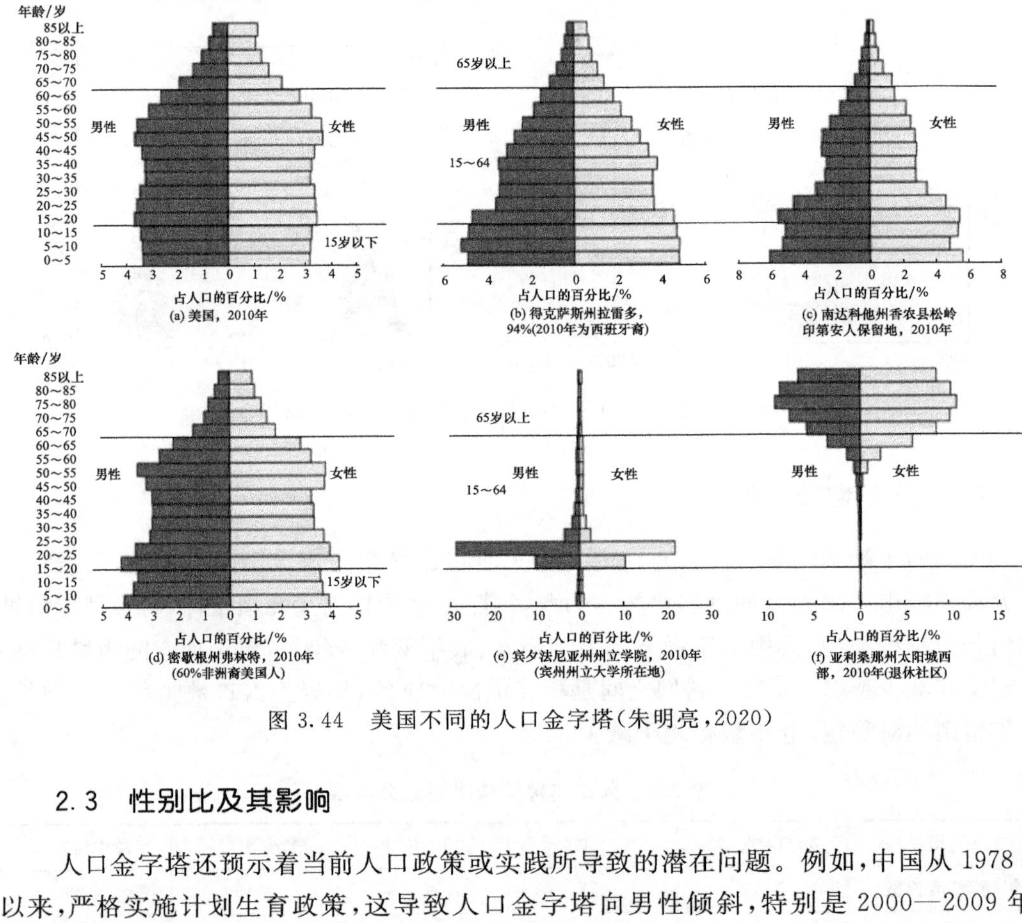

图3.44 美国不同的人口金字塔(朱明亮,2020)

2.3 性别比及其影响

人口金字塔还预示着当前人口政策或实践所导致的潜在问题。例如,中国从1978年以来,严格实施计划生育政策,这导致人口金字塔向男性倾斜,特别是2000—2009年,中国男性比女性多出约3%,这无疑对家庭、社会和经济带来了长期影响,同时,也证明了中国人口生育政策的调控势在必行(图3.45)。

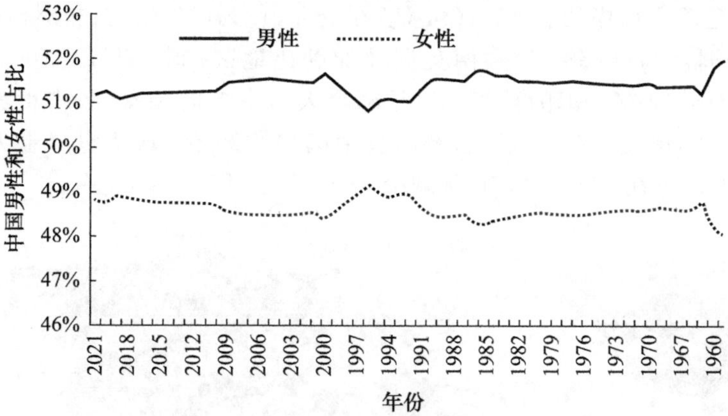

图 3.45　1950—2021 年中国性别占比(张震 等,2024)

性别比对婚配平衡的影响。对任何社会而言,性别结构都是影响人口的婚配和再生产的一个基本因素,男女正常婚配的人口学前提是婚龄期人口性别“均衡”。如果婚配年龄人群的男女性别比不平衡,男性人口大大超过女性或女性人口大大超过男性,都将直接带来婚姻挤压问题。所谓婚姻挤压,也称婚姻拥挤,指由于婚姻市场上可供选择的男性与可供选择的女性之间比例失调,并导致部分男性或部分女性不能按偏好和习惯择偶的现象。如第二次世界大战结束后的苏联和日本,都曾出现过以婚龄女性“过剩”为特征的婚姻挤压。目前,无论是发展中国家还是发达国家,多数国家的性别结构在婚龄期间(20～39 岁)都是基本均衡的。

性别比对社会稳定与安全的影响。无论婚姻拥挤所导致的是男性过剩还是女性过剩,对社会的稳定和安全都将产生负面的影响甚至产生威胁。过剩的婚龄女性无法正常步入婚姻以及生育,其总体生命质量将会降低,若社会上积累了相当多数量的过剩婚龄女性,则整个社会的和谐和幸福指数必将受到影响。相较于婚龄女性人口过剩,婚龄男性人口过剩则有可能成为社会稳定的巨大隐患,从而影响社会的正常秩序与和谐安定。

3　人口地域分布

3.1　全球人口地域分布

人口的地域分布是人口发展过程在地理空间中的表现形式。广义的人口地域分布不仅包括人口数量在空间上的分布状况,还包括其他所有人口现象,如人口的再生产、人口的素质、人口的自然结构、人口的社会经济结构、人口的城乡结构、人口的迁移活动等方面的空间表现形式及其历史变动。狭义的人口空间分布指人口数量的空间分布及其地域差异。

2022年,全球人口中约有55%(44亿)在亚洲,17%(13亿)在非洲,14%(11.2亿)在欧洲和北美洲,8%(6.58亿)在南美洲及加勒比地区,剩余1%(4300万)在大洋洲(图3.46)。中国(14亿)和印度(14亿)是两个人口最多的国家,各占世界总人口的近19.5%。2023年,印度(14.29亿)已经超过中国(14.26亿)成为世界上人口最多的国家,而中国的人口将在2019—2050年减少4800多万,即2.7%左右。

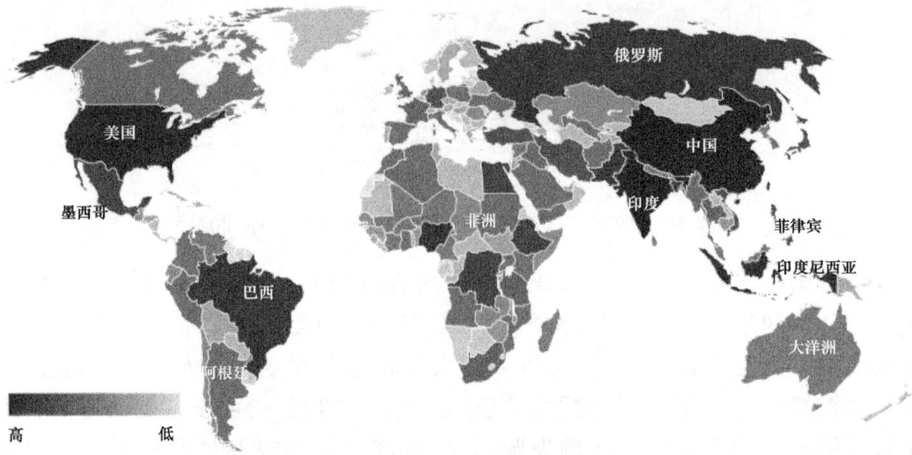

图3.46　2022年世界人口空间分布(张智源 等,2024)

预计从现在到2050年,非洲的人口增长将占全球人口增长数的一半以上。非洲是所有主要地区中人口增长率最高的,预计到2050年,撒哈拉以南非洲的人口将翻一番。据统计,即使非洲的生育率在不远的将来出现大幅下降,该地区的人口数仍将继续高速增长。虽然未来非洲生育率变化趋势存在一定的不确定性,但是有一点是可以肯定的:非洲大陆当前有大量青年,他们将在未来几年进入成年期并生育子女,因此,非洲在未来几十年将在世界人口规模和分布方面发挥核心作用。

3.2　人口地域分布的基本态势

(1)趋向暖湿地区

温带、亚热带以及热带的部分地区集中了世界人口的绝大部分,寒带和干燥区人口却非常稀少,过热过湿的热带地区人口也相对稀少,这一分布格局始终没有多大的变化。据粗略估计,北半球居住着世界总人口的近90%,而北半球的中纬度地带(20°~60° N)集中了世界总人口的80%左右。人口稠密的东亚、南亚、西欧和南欧以及美国大西洋沿岸地区都在中纬度地带内,赤道至20° N之间的低纬度地区(即热带地区)只占世界人口的10%左右,60° N至极圈的高纬度地区(即寒带地区)占世界人口的不足1%,这明显地反映了气候地带性对人口分布的影响。世界各大气候带中,人口密度最高的是温带。其中,亚洲以温带季风气候区的人口密度最高,欧洲、北美洲和大洋洲均以温带湿润气候类型区的人口密度为最高,非洲和南美洲以地中海气候带的人口密度为最高。

(2)趋向低平地区

随着社会经济,特别是科学技术的发展,人类适应自然的能力增强,人口分布有向低平地区的趋向性,即人口数量随海拔升高而逐渐减少。虽然目前永久性居民点已达到海拔 5200 m 的高程(中国西藏和南美洲安第斯山区),但大量的人口还是高度集中于比较低平的地区。据估计,海拔 200 m 以下的地区占世界陆地总面积的 27.8%,拥有世界人口的 56%;海拔 200～500 m 的地区占 29.5%,人口占 24%;海拔 500～1000 m 的地区占 21.5%,人口占 12%;而海拔 1000 m 以上的地区占 21.2%,人口仅占 8%。可见,约 4/5 的世界人口分布在海拔 500 m 以下的平原、低山和丘陵。但也存在一些例外情况,如非洲和南美洲的高海拔地区居住着不少人口,非洲人口密度最大的地带在海拔 2000～3000 m,南美洲人口密度最大的地带在海拔 3000～4000 m,均远超过 1000 m 以下的地区。总之,世界人口的分布一般随海拔升高而比重降低,人口密度减小,但不同海拔高度的人口密度和减小的趋势在各大洲有所不同。

(3)趋向沿海

人口分布还有对海岸的趋向性。一般而言,距海越近,人口分布越稠密;距海越远,人口分布越稀疏。距海岸 200 km 以内的地区约占整个陆地面积的 16%,其人口数量却占世界总人口的 50%以上,而大陆内部的广大地区人口比较稀少。这主要是由于距海岸近的地区多为平原和低地,特别是海岸线曲折具有优良港湾的地区已经成为工业、对外贸易、服务业及人口大量聚集的地区。

3.3 中国人口分布特点

中国长期以来一直是世界第一人口大国,2022 年末人口为 14.12 亿(不包括港澳台地区),占世界总人口的 19.5%。中国人口分布受自然条件和多种社会经济因素影响,具有一系列鲜明特点。

(1)西疏东密

中国人口分布大体以黑河—腾冲一线为界,其东南部人口密集,西北部人口稀少。1982 年人口普查数据显示,此线东南一侧人口占 94.4%,西北一侧人口只占 5.6%。2000 年第五次全国人口普查结果显示,东南部人口占全部人口的 94.1%,人口密度为 285 人/km^2,是全国平均水平的 2 倍多。与之相对的,是西北部人口分布稀疏,其人口只占全部人口的 5.9%,人口密度仅为 14 人/km^2,约为全国人口密度的 1/10。从东南沿海到西北内陆地区,人口密度呈逐渐降低的趋势。我国人口分布东南密集、西北稀疏的格局表现出相对稳定的规律性。

受区域各种自然和社会经济因素影响，我国东南部人口分布密中有疏，而西北部人口稀中有密，表现了人口分布现象的复杂性。东南部存在多处人口密度高值区，主要有沿海地带、华北平原、四川盆地、东北京哈铁路沿线以及长江沿岸等地区；同时，东南部也存在人口密度低值区，最低仅有 6 人/km^2，主要分布在东北、云南以及内蒙古、陕西和四川的部分地区。东南部疏地（人口密度小于 100 人/km^2 的地区）的人口占东南部总人口的 6%，面积占东南部全部面积的 30%。与之相对的，是西北部人口密度普遍较低。

存在大面积人口极度稀少的地区，其中以内蒙古高原和塔克拉玛干沙漠为主的无人区占全国总面积的 1/10。此外，帕米尔高原、阿拉善高原、呼伦贝尔高原以及青藏高原的大部分地区，人口密度亦仅在 1 人/km^2 左右。西北部人口相对集中在绿洲、河谷等人居环境适宜地区，主要是河西走廊、天山南北两麓、青藏高原的“一江两河”地区和青海黄湟谷地，人口分布疏中有密，人口密度远超过全国平均水平，最高可达 2000 人/km^2。西北部密地（人口密度大于 50 人/km^2 的地区）的人口占西北部总人口的比重达 60%，面积只占西北全部面积的 6%。

中国人口密度大于 500 人/km^2 地区的人口占总人口的比重达 46.14%，接近一半，面积只占国土面积的 6.56%，这进一步说明中国人口分布的高度聚集。与此相反，人口密度小于 10 人/km^2 地区的人口占总人口的比重仅有 0.90%，而面积却占国土面积的 44.85%，存在大面积无人区。在东南部地区，人口密度 10 人/km^2 以下地区总计不超过 1.16%；在西北部地区，极少有人口密度超过 500 人/km^2 的地区，200 人/km^2 以上的地区不到 1%，这进一步说明了中国西北部地区人口分布的稀疏程度。

(2)趋向于沿海

我国人口明显集中于沿海地区，越往内地人口越稀少。2000 年，距海岸 200 km 范围内的平均人口密度为 407 人/km^2，距海岸 200～500 km 范围内为 201 人/km^2，人口密度下降了一半还多；距海岸 500～1000 km 范围内为 142 人/km^2，下降了近 1/3；距海岸 1000 km 以上仅为 21 人/km^2。我国人口分布自沿海向内地由密变疏的特点表现最为明显，这一情况与世界人口分布规律大体一致。

(3)趋向于低平

2000 年，海拔 100 m 以下地区集中了我国人口的 42.6%，海拔 100～500 m 地区集中了我国人口的 30.6%，海拔 500～1000 m 地区集中了我国人口的 12.2%，海拔 1000～2000 m 地区集中了我国人口的 11.1%，海拔 2000 m 以上人口仅占 3.5%。我国幅员辽阔，地形复杂，山地与平原高程相差很大，绝大多数人口集中分布在较为低平的地区，华北平原、长江三角洲、珠江三角洲、四川盆地等都是我国乃至世界人口最稠密的地区。人口稀疏区则主要分布在高原、高山、沙漠等自然条件差、经济发展相对落后的地区。其中，青藏高原和西北沙漠地区是我国人口集聚程度最低的地区，存在大面积的无人区。

(4)沿海、沿江、沿线

我国目前已经形成了“一带、三江(河)、两线”的人口分布框架。“一带”即南起珠江三角洲城市群、海峡西岸城市带，经长江三角洲城市群、山东半岛和环渤海经济区，直达辽中南城市群的沿海人口集聚带。“三江(河)”即长江沿线人口集聚带、黄河沿线人口集聚带、珠江沿线人口集聚带。“两线”指哈大—京沈—京九铁路沿线人口集聚带、陇海—兰新铁路沿线人口集聚带。经过多年的发展，逐渐形成了若干区域性人口集聚中心，主要有京津冀地区、中原地区、长三角地区、珠三角地区、长江中游地区以及四川盆地，这些地区已经成为中国人口最密集地区。

4　人口转变

4.1　高出生率、高死亡率，人口增长缓慢

人口转变模型的第一阶段的特点是高出生率和高死亡率。出生率和死亡率相近，人口增长缓慢。人口统计学家认为它发生在公元 1—1500 年，人口从 2.5 亿增加到 5 亿，1500 a 的时间翻了一番。当然，这种增长并不稳定，区域扩张时期通常会被灾难所抵消。战争、流行病、农业歉收和自然灾害对人口造成了沉重的影响。例如，14 世纪席卷欧洲的腺鼠疫(黑死病)，据估计，杀死了该大陆三分之一到二分之一的人口。欧洲人带到西半球的流行病，在新大陆本地第一次接触后的 1～2 个世纪内，使其人口减少了 95%。第一阶段高出生率、高死亡率和缓慢的人口增长持续到大约公元 1750 年。

4.2　高出生率、低死亡率，人口快速增长

该人口增长模式与欧洲工业革命和工业现代化密切相关，随着出生率超过死亡率，人口在第二阶段迅速增长。由于医学的发展、卫生条件的改善、农业生产效率的提高，以及粮食总量的增加和食品相对公平的分配，人口预期寿命显著增加。工业化推动着城市化的快速发展，城市提供了优质的文化教育资源、良好的医疗卫生条件，以及个人财富的增加，人们有能力和财力生育并照顾好更多的婴儿，使其降低死亡率并增加预期寿命。

4.3　低出生率、低死亡率，人口增长放缓

出生率下降，人口增长放缓。人口转变的第三阶段发生在出生率随着人们开始控制家庭规模而下降的时候。在城市化、工业化的文化中，抚养孩子是昂贵的。事实上，这种文化可能将儿童视为经济负担而非资产。此外，儿童死亡率的下降让父母有信心少生孩子，因为他们知道大多数孩子很可能存活下来。当出生率下降而死亡率仍然很低时，人口增长速度就会放缓。

4.4　低出生率、低死亡率，自然增长率接近零

第四阶段的人口转变模型以非常低的、几乎相等的出生率和死亡率为特征。随着自然增长率降至零，这一阶段人口增长率也趋近于零。随着预期寿命的延长和出生人数的减少，人口的显著老龄化伴随着该阶段。

4.5　低出生率、高死亡率，人口下降

在一些已经完成人口转变的国家，死亡率等于或超过出生率，人口实际上正在下降。许多欧洲国家的负增长率和其他地区出生率的下降表明，第五阶段的人口下降是区域性的，最终将会是全球性的，该阶段是转变模型的延伸(图 3.47)。

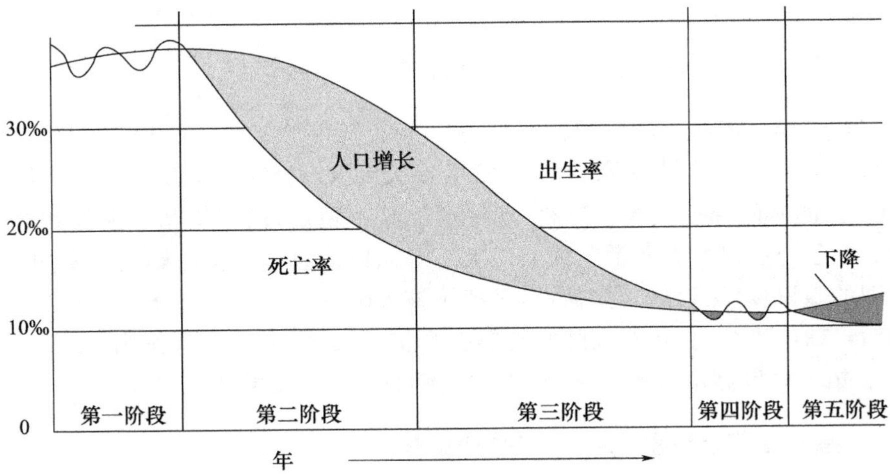

图 3.47　人口转变的阶段(杨光辉，2006)

迄今为止，人口转变的第四阶段延伸到第五阶段主要局限于富裕的工业化国家(尤其是欧洲和日本)，但也有望越来越多地影响世界其他大部分地区。自 1980 年以来，几乎所有国家的生育率都急剧下降。2022 年，中国出生人口 956 万，出生率为 6.77‰，死亡人口 1041 万，死亡率为 7.37‰，自然增长率为－0.60‰。

5　人口前景

5.1　人口数量

生育率将是未来几十年全球人口趋势的最重要决定因素，今后几年生育率的下降

对从现在到 2050 年世界人口的增长只会产生有限的影响。然而,其可能对 21 世纪最后几十年的人口增长产生重要影响,因为生育率下降对人口规模的影响会一代接一代地累积。据预测,到 2050 年,全世界将有 1.36 亿婴儿出生,在接下来的 50 a 里,预计全球出生人数将减少 2400 万,到 2100 年将有 1.11 亿婴儿出生(图 3.48)。

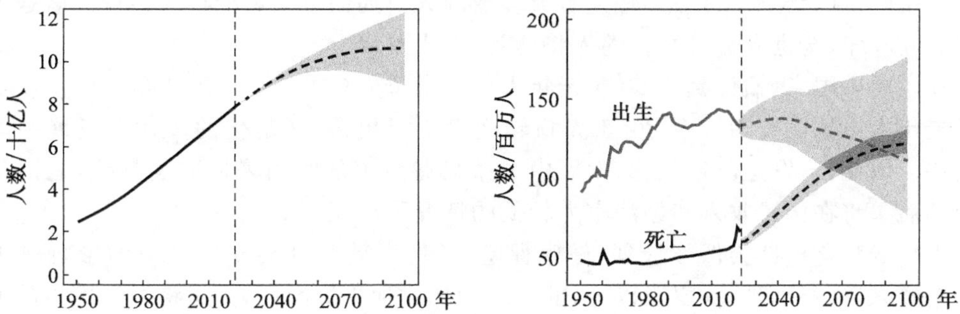

图 3.48　2100 年人口数量预测(工志理,2019)

目前,多数发展中国家的人口增长率正在显著下降。全球生育率从 1950 年初平均每名妇女 5 个孩子降低到 2022 年平均每名妇女 2.5 个孩子。发达国家未来人口增长的大部分将归因于过去高生育率的势头,而老龄化将是近期生育率变化的必然结果。将生育率降低到平均每名妇女生育 2.1 个孩子的更替水平也不意味着人口增长的立即结束,即使生育率下降,出生人数仍将继续增长,这是由于许多社会的年龄构成所导致的。

过去的高生育率导致年轻人口比例很高,每年进入生育年龄的人数越来越多,当今世界主要地区的情况就是如此。发展中国家的人口比发达国家的人口年轻得多,非洲超过 40%的人口年龄在 15 岁以下。无论生育水平如何,年轻人数量较多时,人口往往会迅速增长。

不可避免的是,即使这种情况正在发生,最严格的限制人口增长的国家政策也无法完全阻止它。尽管出生率下降,但目前人口基数较大的国家还是将经历大幅人口增长。事实上,开始的生育率越高,其下降到低水平的幅度就越大,即使在生育率低于死亡率之后,这种动力的作用也很大。例如,伊朗最近实施了强有力的人口政策,将生育率降至 1.9‰,远低于死亡率。然而,由于增长势头,预计到 2050 年,伊朗人口将从 7800 万增长到 1 亿。人口增长势头将越来越多地成为世界人口增长的主要原因。

5.2　老龄化

(1)生育率与老龄化

年轻人口会变老,甚至在发展中国家也开始出现这一现实问题,工业化经济体已经面临的人口迅速老龄化问题现在也在发展中国家发生着。在人类历史上,年轻人的数量是超过老年人的，然而，2015—2020 年，65 岁及以上人口数将超过 5 岁以下人口数。欧洲是世界上“最古老”的地区，非洲则是“最年轻”的地区。日本 65 岁及以上人口的比例高居世界首位，为 21.6%，意大利和德国紧随其后。

人口老龄化的进程被认为是不可逆的，这是目前全球人口从高生育率和高死亡率向低水平转变的结果。过去年轻人占大多数的人口局面不太可能再次出现。联合国预测，到 2050 年，全世界五分之一的人将达到 60 岁及以上。

在发展中国家，预计到 2050 年老年人口将占总人口的 20%，而 2000 年 60 岁及以上的老年人口比例仅为 8%。由于人口转变发生得更快，老龄化的步伐在发展中国家也更快。因此，与发达国家相比，发展中国家只有更少的时间来适应老龄化，老龄化所造成的后果将在国民收入和经济实力较低的情况下出现。

人口老龄化对社会保障计划、健康保险、政府财政和社会支持义务的影响是重大的。老龄人口(特别是 80 岁及以上)的急剧增加将加重资源压力，这将导致更多的卫生和长期护理支出。对世界上最贫穷的发展中国家来说，人口老龄化的后果似乎最为棘手，这些国家普遍缺乏足够的健康、收入、住房和社会服务支持系统来支持其老年公民。

(2)中国人口老龄化

中国人口老龄化程度在全球处于中上水平。2020 年全球 65 岁及以上人口占比 9.3%，中国则高于全球的平均水平。少子化和长寿趋势将使老龄化持续加重。从少子化情况看，中国出生人口持续创历史新低。出生人口持续下滑，2021 年降至 1062 万，持续创历史新低(除 1959—1961 年三年自然灾害外)。出生人口数量受育龄妇女、总和生育率影响。从育龄妇女看，中国 20～35 岁主力育龄妇女规模在 1997 年达 1.86 亿的峰值，预计 2030 年将较 2020 年减少约 25%。从总和生育率看，中国总和生育率从 1970 年之前的 5‰～6‰以上快速降至 1990 年的 2‰左右，再降至 2010 年的 1.5‰左右，2014 年和 2016 年有所反弹，但之后持续降至 2020 年的 1.15‰。在城市化推进、教育程度提升、单身不婚等背景下，总和生育率呈下行趋势。从长寿趋势看，1950—2020 年，中国平均预期寿命从约 40 岁提升至约 78 岁，平均每 10 a 提升 2～3 岁，未来还有较大提升空间。中国平均预期寿命已明显高于全球平均水平的 72.8 岁和中高收入经济体的 75.9 岁，但低于高收入经济体的 81.2 岁。

(3)中国人口老龄化五大趋势

一是中国老年人口规模大。1964—2020 年，中国老年人口占全球老人比重从 14.8%升至 25.6%，相当于全球每 4 个老年人中就有一个中国人。预计到 2035 年、2050 年，中国老年人口将分别达 3.27 亿、3.93 亿，占全球老人比重将分别为 21.8%、26.2%。预计中国老年人口将持续增长至 2057 年 4.25 亿的峰值，然后逐渐减少。在总和生育率 1.0‰、1.2‰、1.6‰的假设下，2057 年中国老年人口比重将分别为 37.6%、35.9%、32.9%。

二是中国老龄化速度快。2000 年中国进入老年人口占比超过 7%的老龄化社会，2021 年进入老年人口占比超 14%的深度老龄化社会，预计 2032 年前后进入老年人口占比超 20%的超级老龄化社会。从发达经济体的情况看，从老龄化到深度老龄化，法国用了 126 a(1864—1990 年)、英国 46 a(1929—1975 年)、德国 40 a(1932—1972 年)、日本 24 a(1971—1995 年)；从深度老龄化到超级老龄化，法国用了 28 a(1990—2018 年)、德国用了 36 a(1972—2008 年)、日本用了 11 a(1995—2006 年)。在总和生育率 1.0‰、1.2‰、1.6‰三个方案下，预计 2050 年中国老年人口占比将分别为 32.1%、31.1%、29.1%，到 2100 年将分别为 52.8%、46.7%、36.9%。

三是老年抚养比攀升、少儿抚养比下滑，养老负担加重。老年抚养比是指老年人口数与劳动年龄人口数之比。2020 年，中国老年抚养比为 19.7%，即平均 5 名年轻人要抚养 1 位老人。假设鼓励生育效果明显，财政支出达到其他发达国家平均水平，总和生育率最可能达到 1.2‰，则预计 2050 年老年抚养比达 53.2%，即每 2 名年轻人需要承担抚养 1 位老人的责任。除沉重的养老负担外，中国小孩高昂的养育成本也让年轻人"两头承压"，社会生育意愿不强导致少儿抚养比下滑，年轻人口规模萎缩，社会养老负担进一步加重。

四是高龄化、空巢老人问题日益突出。老年人口分为 80 岁以下的低龄老人和 80 岁及以上的高龄老人，后者健康水平较低。2010—2020 年，中国 80 岁及以上人口从 2099 万增至 3660 万，占总人口比重从 1.6%增至 2.6%。预计到 2035 年、2050 年，中国 80 岁及以上人口将分别增至 8256 万、15962 万，占总人口比重分别达约 6%、约 12%。根据《第四次中国城乡老年人生活状况抽样调查成果》，2020 年中国失能老人达 4200 万，空巢和独居老人已达 1.18 亿，祖辈和子代两地分居导致生活照护、情感支持等家庭养老保障减少，严重弱化家庭养老的功能。

五是未富先老问题突出。中国在 2001 年进入老龄化时，人均 GDP 仅处于 4000 美元的水平，中国在追赶阶段已进入老龄化，2021 年中国人均 GDP 为 1.25 万美元，接近高收入国家下限水平，但中国老年人口占比 13.5%，高于中高收入经济体 10.8%的平均水平。反观发达经济体，大部分都是在物质财富积累到一定程度后，才开始进入人口老龄化阶段，瑞典、日本、英国、德国、法国等发达经济体在进入老龄化时，人均 GDP 在 1 万～3 万美元，有足够的财力来解决老年人的养老问题。

5.3　人口空间移动

人口在地理空间上的位置变化，通常称为人口空间移动，一般分为人口流动和人口迁移两大类。

(1)人口流动

人口流动一般指人们为了某种特定的目的(如务工、经商、娱乐、学习、旅游、投靠亲友等)暂时离开原居住地迁往目的地的行为。就人口流动的分类来说,根据人口流动的距离长短可以分为省内人口流动、省际人口流动和国际人口流动;根据人口流动的时间长短可以分为长期人口流动和短期人口流动;根据人口流动的目的可以分为公务型流动人口、文化型流动人口、社会型流动人口、经济型流动人口、盲流型流动人口和中转型流动人口。随着世界城镇化进程的加速、城市规模的扩张和空间结构的变迁,城区和城市间的日常通勤行为也是一种重要的人口流动现象。

(2)人口迁移

大多数人口学家和地理学家认为,迁移是一个人的住处从一个地区换到另外的地区。该定义以居住地的改变为核心,强调人口迁移的空间属性。我国有学者以时间属性和目的属性对人口迁移的空间属性加以双重限定,定义人口迁移是离开原住地半年以上,常住地发生跨越一定行政边界的改变的人口移动。人口迁移必须具备三大要素:迁出地、迁入地和时间限度。

人口迁移现象在社会经济规律的作用下,表现出复杂的多样性特点可以从不同角度、用不同指标对其进行分类。基于空间属性、时间和目的属性的不同可将人口迁移划分为不同的类型,如永久迁移、季节迁移、自发迁移、有组织迁移、个人迁移、集体迁移、自愿迁移、被迫迁移,这些迁移都是交叉并存但并不彼此等同的。

(3)人口迁移效果

人口迁移流动属于社会经济的复杂现象,其迁移流动过程对于迁入区和迁出区的社会、经济和文化的发展都有着十分重大的影响。

第一,改变区域人口分布和人口构成。人口迁移对各国人口自身发展的影响主要表现在人口总数、人口年龄和性别构成、人口再生产三个方面。从人口总数看,由于人口迁移,迁入区人口总数增加,劳动力得到补充;迁出区的情况恰恰相反。其影响程度取决于迁移规模以及迁入区和迁出区原有的人口规模。人口迁移影响迁入地区和迁出地区的人口年龄和性别构成,特别是那些人口总数不多的地区,易造成年龄构成和性别构成的不平衡。人口迁移不仅会影响迁入国和迁出国的人口现状,而且将对未来人口再生产、人口素质产生影响。通常,迁移人口以婚育年龄人口居多,这将导致迁入区人口出生率和自然增长率升高;相反,迁出区的人口出生率和自然增长率都将有所下降。另外,人口迁移将改变两地的人口结构和人口素质。

第二,促进区域经济的发展。移民对于迁入国经济发展有利的一面在于,移民既弥补了迁入国劳动力的不足,同时还带来了先进的科学知识和生产技术。对于迁出国而言,移民对其国家经济发展也有有利的一面。迁出过剩的人口既减轻了政府的沉重负担,又为国家增加了外汇收入。但是,如果科技人才外流,则会给迁出国带来较大损失。对于发展中国家而言,城乡间人口迁移所产生的复杂的社会经济效果表现在流入地的收入与消费状况、行为方式的变化,社会冲突与整合等社会经济动态变化,以及劳动力外流对流出地的资金、信息、技术回馈或流失，乃至对流出地的社会经济正向或负向的影响。人口和劳动力的区域流动还可对地区差距产生深远影响等。

第三，促进经济、文化的交流，也带来新的问题。人是知识和文明的载体。在不同的生存环境中，人类发展了适合当地条件和特点的经验、技术和文化。因此，具有一定科学文化知识和专业技能的人口迁移有利于生产经验、劳动技能和文化艺术的交流，有利于科学知识传播，有利于提高迁入地区的生产力水平，促进全社会科学技术、文化的发展和现代文明的建设。人口迁移在实现均衡的过程中不断地打破旧有的平衡，从而引发了多层面的摩擦。这一社会整合过程从长远看有利于增强社会的活力，从短期看则有可能带来社会问题，如文化冲突、犯罪、骚乱等。移民通过多种文化的相互交流融合，形成富有生机的移民文化，而在另一些情况下则可能导致社会冲突。同时，移民带来的就业、教育、交通等问题也在某些国家和城市异常突出，影响了社会的稳定。

第四，对生态环境产生直接的影响。在生态脆弱地区，人口的迁入可能会加剧生态环境的恶化。当然也有少量因人口迁入后对生态环境加以科学治理而使其得到改善的情况。我国人口对土地资源的压力一直十分沉重，长期以来，我国城市化与工业化过程都被人为地割裂，城市习惯性地向农村、向土地转移人口压力。而转移人口压力的主要途径是由人口密集地区向人口稀疏地区的扩散，号召人们从大城市向小城市、农村转移。近现代向东北、西北地区的移民，以及新中国成立后对内地河湖区、滩涂的大规模围垦、开发等对资源的利用均不合理，已经产生了严重的恶果，其中之一就是严重破坏了植被和生态系统。

5.4 移民与难民

(1)移民

联合国将移民界定为：无论因何原因，自愿或非自愿，且无论通过何种手段，进行正常或不正常的人口迁移，并在外国居住一年以上时间的人。不过，通常所说的移民还包括某些类型的短期移民，如季节性农工，他们短期外出从事种植或收获农产品的工作。

2020年，世界范围内国际移民人数（即居住在非出生国的人数）达到了2.81亿。其中，女性国际移民占48%。近四分之三的国际移民年龄在20～64岁，而年龄在20岁及以下的国际移民有4100万。国际移民大部分居住在亚洲和欧洲（各占31%），其次是北美洲(21%)、非洲(9%)、南美洲和加勒比地区(5%)以及大洋洲(3%)。

目前，国际人口迁移具有以下特点：①世界性国际人口迁移高潮接近尾声，外籍劳工逐渐成为人口在国际迁移的主要形式，由战争和自然灾害等引发的国际难民数量增多、持续时间长，发展中国家智力外流比较严重；②人口迁移流向发生改变，第二次世界大战后国际人口迁移大多由穷国流向富国，亚非拉发展中国家向欧美发达国家迁移人口是战后国际人口迁移的普遍现象；③在经济全球化和区域一体化的影响下，国际人口迁移受到多种因素的制约。

(2)难民

截至2019年底,全球被迫流离失所的人数高达7950万。其中,近2600万为难民(2040万难民属于联合国难民署的管辖范围,560万巴勒斯坦难民属于近东救济工程处的管辖范围),他们当中有一半不满18岁。此外,还有4570万境内流离失所者、420万寻求庇护者以及360万在境外流离失所的委内瑞拉人。还有上千万无国籍者,他们没有公民身份,无法行使教育、医疗服务、就业和行动自由等基本权利(图3.49)。

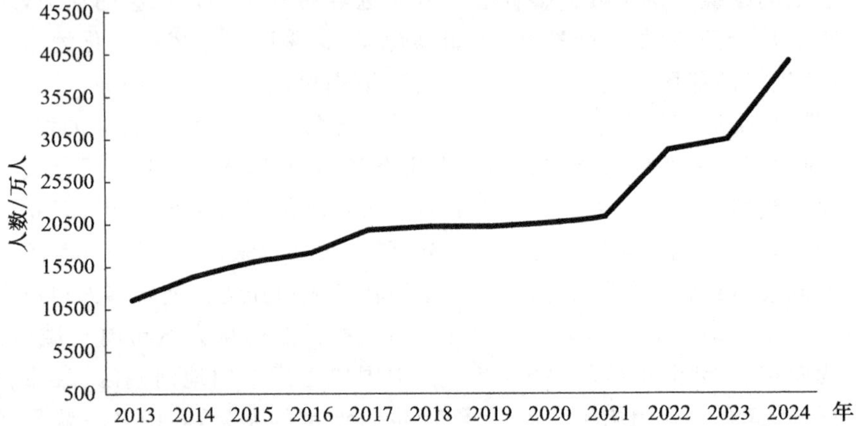

图3.49　2013—2023年全球难民人数及其变化(张杰,2023)

对于难民而言,结束困境的希望越来越渺茫(图3.50)。1990年,每年平均150万难民能重返家园。过去10 a,这个数字减少至38.5万。2022年,在联合国难民署的帮助下,33.93万难民重新返回原籍地区和原籍国家,仅仅11.43万难民得到重新安置(已经是2021年5.75万的2倍),这意味着如今流离失所者的人数远比过去要多。

图3.50　满目疮痍的加沙地带

第 5 节　文化地理

1　文化

1.1　文化系统与文化地理学

由于研究的视角不同，文化的定义并不统一。文化是特定区域人群在生产生活中形成的一整套思想和价值观念，是生产生活方式的行为模式、理解和适应的总和。文化是人群通过后天学习而获得的行为特征，这些通过后天学习获得的行为特征构成一群人的共同的行为模式，如共同的语言、行为、习惯、技术和价值观，并由此将人们社会性地联系在一起。文化的本质核心：既是将文化体系看成活动的产物，又是将它们看成进一步活动的条件因素。

文化与地形、气候以及自然环境的其他方面一样，具有区域差异。地球表面的差异性，导致全球文化多姿多彩而又相互依存，是文化地理学发展的基础。文化的可见和不可见组成部分是空间多样性中的元素。地区的文化差异导致人文景观的差异，一方水土养一方人（图 3.51 和图 3.52）。

图 3.51　云南红河哈尼梯田

图 3.52　中国东北玉米（孟凡超，2015）

文化地理学研究人类生活的多样性和差异性，研究人们如何阐释和利用地理空间，即研究与地理环境有关的人文活动，研究这些空间和地点是怎样保留了其产生的文化。文化地理学的研究对象是文化特质和文化结构。

1.2　文化系统

文化系统由技术、社会学和意识形态三部分组成。技术子系统由物质对象及其使用技术组成。这些物质包括吃、穿、住、防、运和娱乐的工具以及其他工具。社会学子系统是经济、政治、军事、亲属关系和其他人际关系模式的总和。意识形态子系统由思想和知识及其表达方式组成。在中国,也称文化系统,由物质文化、制度文化和精神文化三部分组成。

(1)物质文化

在人类社会以狩猎和采集为主的时期,生产技术水平很低,几乎没有专门的工具,只能开发有限范围的潜在资源,这对环境的影响很小。在封建社会,世界文化多样性反映了技术的扩散,这些技术伴随着更可靠的食物供应,使资源的更密集和更广泛利用成为可能。不同环境下的不同群体通过专门的工具和行为来开发他们认可的资源(图 3.53)。

从 18 世纪的工业革命开始,科学技术快速发展,先进的生产工具层出不穷。现代社会的文化逐渐走向融合,技术走向共享,即时通信和高效交通把世界浓缩为"地球村"。但是,发达国家和发展中国家之间存在的技术差异部分反映了经济发展的阶段性和复杂性,以及资源利用的水平和类型(图 3.54)。

图 3.53　传统耕牛耕地(郝二旭,2010)

图 3.54　现代化拖拉机耕地(吴振华,2013)

在技术先进的国家,人们从事制造业或服务业,人均收入高,教育、营养水平、预期寿命和医疗服务水平高。技术欠发达的国家,从事农业的人口比例较高,人均收入、预期寿命、识字率、技术水平,互联网接入率均较低(图 3.55)。

(2)制度文化

具有连续性与演变性的政治、正式和非正式教育以及其他社会机构等,在现实生活中起到规范和引领着人们行为、运作方式的作用,构成了文化的社会学子系统(制度文化)。

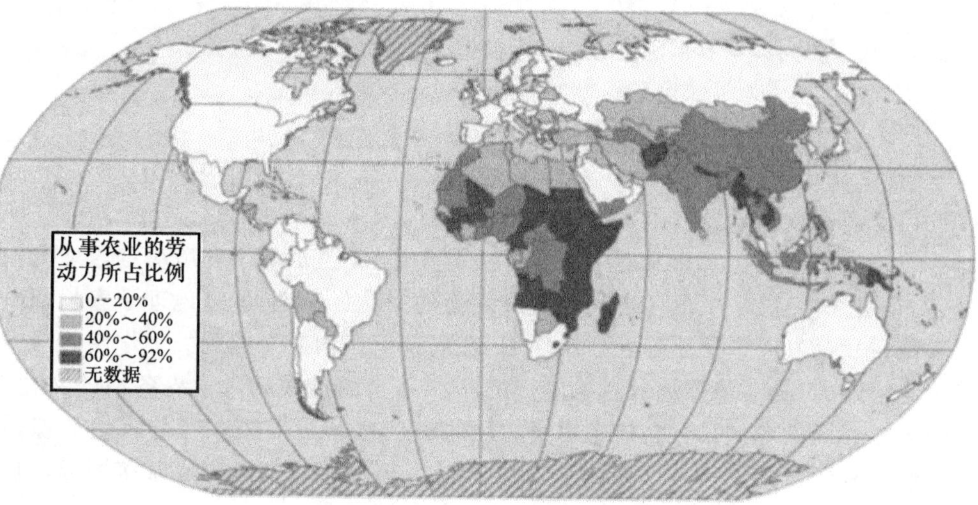

图 3.55 2009 年从事农业的劳动力百分比(晏小敏 等,2016)

社会制度与一个文化群体的技术体系密切相关。在原始社会中,狩猎采集者有一套制度,文化社会往往由基于亲属关系的小团体组成,在该团体中几乎没有社会分化或功能专业化。工业社会则有完全不同的社会制度。

进入奴隶社会、封建社会后,社会发生重大转型,包括人口增长、城市化、工作专业化和社会结构分化。在政治上,人们赖以治理的规则和制度随着定居农业社会的形成而改变,从亲属群体转向国家,资源变成了个人私有财产,而不是所有人的共同财产。18 世纪工业革命之后,大机器生产引发了生产力的大发展,导致了更为深远的社会制度的变化。发达国家所经历和控制的人类社会组织,无论在广度和深度上,均更为严密和精准,并且深刻地影响着世界各地的所有文化。

(3)精神文化

精神文化包括想法、信念和知识,以及我们在言语和其他交流形式中表达事物的方式。具体表现为神话、传说、文学、哲学、民间智慧和常识知识等。这些抽象的信念系统或心理事实代代相传,构成社会化过程的基础。一个群体的信仰来自正统的教育和教科书。然而,行动胜于雄辩,更多时候人们的信仰必须依靠群体的行动或目标。

文化中没有什么是完全独立的。一个社会所持有的观念的变化可能会影响社会学和技术系统,例如,技术的变化会迫使社会系统发生变化。第一次世界大战(1914—1918 年)后,俄罗斯的意识形态结构从君主制、农业、资本主义制度突然转变为工业化的共产主义社会,这涉及了该国文化体系各个方面的突然变化。

2 人与环境的相互作用

2.1 环境的影响

世界上大多数最不发达国家位于热带地区，而大多数发达国家位于中高纬度地区，这似乎表明自然环境在文化发展中发挥了关键作用，于是形成了环境决定论理论：自然环境（尤其是气候）决定了最先进和经济最发达的文化。然而，经过地理学家长期研究，发现环境在社会发展中固然起到一定作用，在局部范围内甚至起到关键作用，但是环境决定论是错误的，是对复杂地理事物规律的认识不全面造成的。世界各地的文化差异并非由自然环境决定的，比如：技术水平、社会制度、经济发展模式等与自然环境，特别是与气候没有明显的关系。比如，美国北方与南方在早期发展差异有很多原因，包括殖民主义历史和罪恶的奴隶贸易。

环境确实对人类、对自然的开发具有限制。然而，这些限制不能被视为绝对的、持久的，而是与技术、成本、国家意愿以及更大尺度相关的，如世界发展水平。在人类使用土地资源方面，土地开发程度与使用模式和人们对土地情感、期待以及土地开发的可行性相关，并不仅仅与土地固有自然和社会属性相关。

可能性理论认为，人是文化发展的动力，而不是环境。一种文化的需求、传统和技术水平会影响该文化如何评估一个地区的可能性，并影响它对这些地区的选择。每个社会都根据其文化使用自然资源。一个群体的技术能力或目标的变化会导致其对土地有用性的看法发生变化。

2.2 人类的影响

人类也能够改变自然环境。地理学，包括文化地理学，研究人们对自然环境的反应及其对环境的影响。通过使用先进技术，人们改变了周围环境，形成文化景观，如城市、农场、道路、农村等。文化景观，即由人类活动改变的地球表面，是特定文化的有形的记录。房屋类型、交通网络、公园和墓地以及定居点的规模和分布是人类对土地利用的指标之一。

一般来说，技术越先进、文化越复杂，对环境的影响就越大，尽管前工业社会可以并且经常对它们所占据的土地施加破坏性压力。在庞大的城市工业社会中，文化景观对人们日常生活的影响已经超过了自然环境（图 3.56）。它介于“自然”和人类之间。这些社会的城市居民（在环境可控的建筑中生活和工作，开车去封闭的购物中心，浏览来自世界各地的网站）可以在生活中很少接触或关心自然环境。

图3.56　塔克拉玛干沙漠中的公路(韩致文 等,2003)

3　文化创新

3.1　文化的创新

创新意味着文化的变化源于社会群体本身创造的想法。创新可能是材料技术的改进,例如弓箭或喷气发动机。处于压力之下的创新已成为人类历史的标志。冰河时代末期,伴随人口增长的压力、食物需求的提高,动植物的驯化成为人类"应战"的结果,并成为农业领域的重大"发明"。创新对文化网络产生辐射影响,创新越基础,其后果就越普遍。

欧洲扩张加速了世界文化的快速变化。工业革命期间,发明了制砖、砂浆和建筑施工技术,掌握了采矿、冶炼和铸造金属技能。地方资源或产品优势促进了长途和国际贸易的发展,从而形成全球更为明确的国际分工和贸易网络,出现了一种更复杂、更具剥削性的国际贸易文化。

在现代社会中,创新变革已成为普遍、预期和不可避免的。一个普遍的观点是,可用的想法越多,能够利用和组合它们的头脑越多,创新的速度就越快,大城市往往会成为创新中心。

3.2　扩散与适应

空间扩散是概念、实践、创新或物质从其起源点传播到新领域的过程。扩散基本上涉及两个过程。第一，迁移扩散，人们带着他们的文化搬到一个新的地区，文化特质不一定需要大规模迁移(日本遣唐使带走的唐朝文化)，但是文化综合体或者文化体系扩散，需要大批人群的同期迁移来实现(比如客家文化、国外的唐人街等)。这种扩散的特点是在空间上不连续，但是其文化原汁原味，迁移速度快。第二，扩展扩散，是指某种文化现象出现后，通过其居民，从该地向四周不断传递，使该文化占据的空间越来越大。这种扩散的特点是空间上具有连续性，扩散速度具有差异性(如电影、流行音乐、广场舞等)。扩散和传播障碍确实存在。一般来说，两个文化领域越接近或越相似，这些障碍越低，采用的可能性就越大。

文化适应指的是一个文化群体通过采纳另一个文化群体的众多特性而进行重大变革的过程。在实际情况中，文化适应或许涉及到因长期的初次接触而导致的两个群体中一个或两个群体的原始文化模式的转变。这种接触以及后续的文化改变可能会出现在被征服或被殖民的地区。很多时候，处于从属或附属地位的人口被迫适应，或者因被征服者的人数优势或技术水平所压制而自愿适应。

日本在第二次世界大战后，其政治组织和哲学受到了占领的美国人的强制施加，同时日本人也主动适应了美国的娱乐生活，这一点十分明显。反过来，美国对日本的食物、建筑、哲学和流行文化的认识丰富了自身的生活，展现出了文化适应的双向特性。

3.3 文化多样性

文化受到创新、扩散、采用和文化适应带来的变化的影响，并且是变化的产物。然而，即使经过数千年的文化接触和交流，这些文化发展和改变的过程并没有导致全球文化同质化。

建筑文化。在城市规划与建筑领域，建筑是凝固的音乐符号，共同组成城市特有的华章。每一个建筑风格都能够令人联想到其代表的原产地文化以及时代文化，如在上海南京路上，以国际饭店为代表的西式大型楼宇、以四大公司为代表的西式商业建筑、沿街近代中式里弄建筑，这些建筑不仅拥有使用功能，而且还被赋予文化。

音乐文化。音乐存在于所有社会，但因为它抽象地表达了特定人群的经历、情感和群体身份，所以它在不同的地方表现出很大的差异。民间音乐风格和乐器差异很大，即使是流行音乐，也表现出地域差异。最具有代表性的是中国地方戏曲与民歌，如江苏民歌《茉莉花》、陕北民歌《赶牲灵》、山西民歌《走西口》《桃花红杏花白》以及新疆民歌《玛依拉》等。

与建筑和音乐类似的，如饮食文化、婚姻文化、殡葬文化等，均是文化多样性的典型代表。

4　性别与文化

4.1　性别差异与社会分工

性别指的是社会所塑造的(并非基于生物学)女性气质与男性气质之间的差别。由于不同社会之间的性别关系以及角色分配存在差异,女性地位成为地理研究兴趣和探索的文化变量。性别差异颇为复杂,分配给男性和女性的角色及特权因社会而异。从根本上讲,这些分配取决于地理上不均衡的经济发展水平。所以,我们很可能假定在处于相同技术进步水平的不同文化中,男性和女性的经济角色和生产分配,与男性和女性的地位之间存在紧密的相似性。实际上,据观察,现代非洲或亚洲的自给农业群体和18 世纪美国边疆的农业家庭在性别角色方面呈现出相似之处。

从技术层面来讲的进步应当会反映在所有发展中社会里男性和女性的地位以及报酬的提升上。然而,我们实际所观察到的模式并非那么简单或直接。此外,似乎至少在技术变革和发展的早期阶段,女性在地位和回报方面通常会有所损失而非获得。直到近期,也仅仅在最发达的国家,社会内部以及社会之间的性别差异才有了一定程度的减小。

性别在农业社会中的表现复杂多样。农业的每一次进步,都会改变社会中与性别相关的责任。生计农业作为狩猎和采集的首个进步,不过,妇女开始负责大部分实际的田间工作,同时保留她们在儿童时期的传统职责,如饲养、食物准备等,她们的经济角色和地位与男性相同。另一方面,耕作农业往往使妇女的角色处于从属地位,降低了她们的平等水平。女人可能进行锄地,但男人负责犁地,女性参与农活的人数大幅减少。随着女性在农业生产中角色的下降,她们所获得的家庭权威越来越少,对自己生活的掌控也越来越弱,并且几乎没有独立于男性家庭成员的财产权。同时,综合考虑所有有偿和无偿劳动,女性每天工作的时长比男性更长。联合国估计,在发展中国家,当把无酬的农业工作和家务劳动与有薪劳动一同纳入考量时,女性的工作时间比男性高出 30%,而且在任何地方,女性在同等工作中的报酬都低于男性。

西方工业发达社会直接源自使女性处于从属地位的农业传统,无论分配的家务任务多么艰巨或重要,她们都不被视作经济活动人口的重要组成部分。随着 19 世纪美国城市和工业的发展,"对真正女性的崇拜"作为对市场和工厂车间竞争压力的回应而兴起。它认为女性在道德上优于男性;她们的角色是私人的,而非公开的。女人的工作是抚养孩子、参加教堂活动,最为重要的是维持一个清醒、有道德、有教养的家庭,一个为男性养家糊口者提供避难所、安全和隐私的地方。在 20 世纪下半叶,从较发达国家开始,这种从属角色模式开始发生转变。妇女获得了更高的教育水平,并变得愈发活跃,以前所未有的方式与男性直接竞争类似的职业和工资。现代工业化社会中的女权主义运动是对之前限制男性享有经济和法律地位障碍的直接回应。

4.2 女性主导与经济全球化

当前有关性别相关的制度以及经济角色分配的世界格局，不仅受到一个国家经济发展水平的影响，还受到其文化对妇女所施加的习俗持续的限制，以及其经济性质的影响——特别是农业工场。

经济全球化对女性参与有偿劳动和性别经济差异产生了各异的影响。在发达国家，去工业化对男性的就业和薪水造成了负面作用，而向服务业的转变则对女性有利。即便如此，执行人员和高级管理人员中的男女性别比例依旧差异显著。在全球范围内，全球化带来的更大贸易开放似乎提高了女性在有偿就业中的占比，在发展中国家，为出口而生产的公司雇用了更多的女性工人，通常从事熟练性的活动。但劳动力参与率的提升并不必然会降低性别歧视。在发展中国家，女性在扩大的非正规分包和血汗工厂计件工作(通常处于不断变化且不稳定的服装和制鞋行业)中占据最大比例，工资低且工作条件恶劣。

撒哈拉以南非洲在文化和经济方面高度多元，总体上极度依赖女性农业劳动力和市场收入。然而，以往在传统农业和乡村系统中所遇到的高度独立、拥有财产的妇女传统角色，正越来越多地被妇女的从属地位、农业技术的现代化以及引入正式的、男性主导的金融和行政农业机构所取代。对于有充足数据可用的国家，已经制定了一套指标来构建“与性别相关的发展指数”和排名，这清晰地展现了不同文化和世界地区妇女地位的地域差异。

发达经济体和发展中国家的工业部门同样存在性别关系的区域和文化差别。例如，在东亚国家的现代化进程中，女性尚未达到她们在大多数西方经济体中所享有的地位。在日本，男性几乎完全掌控着该国庞大的工业和政治机器。

4.3 我国的女性地理学

(1)发展阶段

国内关于女性主义地理学的研究最早开始于 20 世纪末，研究起步较晚，但是研究水平不断提升。国家对于女性权益的维护非常重视：早在 20 世纪 50 年代，申纪兰就在山西平顺县西沟村首次实行男女同工同酬，并得到党中央和我国政府的高度认可。2005 年，我国重新修订《妇女权益保障法》，首次将男女平等作为基本国策写入法律中；2012 年，中国共产党第十八次全国人民代表大会首次将男女平等作为基本国策写入报告；在党的十九大、二十大报告中，习近平总书记均强调要坚持“男女平等”这一基本国策，保障妇女儿童合法权益。张育庆等(2022)按照研究进程把我国女性地理学发展分为三个阶段。

第一阶段(1999—2003 年)为平稳增长阶段。这一阶段国内女性主义地理学刚刚起步,对于其理论研究及中国化应用尚且处于探索阶段。这一时期的研究大多以男女平等为研究视角,主要反思了该时期职业性别隔离的基本状况,并探讨了我国社会性别研究的发展及意义。

第二阶段(2004—2008 年)为缓慢增长阶段。2005 年,我国政府出台了相关的法律政策重视妇女的经济参与和科学研究贡献。在女性的就业人数以及收入水平得到明显改善的同时,女性对于生活品质的提升也有了更高追求,女性旅游的人数呈不断上升趋势,女性旅游市场的开发与营销逐渐成为旅游市场探究的新方向。

第三阶段(2009 年至今)为迅猛增长阶段。本阶段关注了家庭结构对女性劳动参与率的影响,探讨了不同身份、不同地域、不同信息化水平的女性在不同时期的时间配置与活动空间特点及其影响因素。通过对女性出行行为特征、目的、出行方式进行研究,探寻城市形态与交通出行的相互作用关系。基于现代女性工作生活对社区空间的现实需求,为居住空间提出合理建议。关怀女性的个体感受,关注女性地理环境感知、主观幸福感。

在未来的发展中,我国女性主义地理学将关注社会现实,提炼"中国情境",总体上要继续推进性别平等。

(2)主要研究内容

城市空间的性别属性使得性别空间活动存在差异,女性的空间活动范围相较于男性更受限,但女性可以发挥能动性,通过自身的行动重构城市空间。女性可以通过休闲体育活动挑战原有空间的性别秩序,解构二元空间的对立关系,改变男/女性气质的刻板印象,从而在城市建构起女性的社会空间。在乡村,传统的乡土社会是"男主外女主内"的性别分工空间。1978 年,村落公共空间的演变呈现出正式公共空间萎缩、非正式公共空间凸显。非乡村公共空间的发展为妇女介入提供了契机,妇女权利意识增强,角色由被动转向主动。如在福建惠安,女性成为村中政治、经济、文化生活及各种社会活动的主体,建构了惠安女文化景观。在乡村振兴战略背景下,农村女性通过经济参与、政治参与和文化参与乡村事务,实现主体性身份的转变。随着我国城镇化发展,女性从乡村流动到城市后,个人形象、择偶观和婚姻观发生变化,获得技能和资源、象征性的社会资本,但仍未能改变国家、市场、地方身份、性别和阶级建构的不平等。尤其当女性终结空间流动,返回乡村后,女性的传统角色再次浮现,重归到传统秩序中。流动女性家庭的城乡流动从某种程度上改变了家庭劳动的性别分工、性别决策过程和对性别关系改变的公平和满意度感知,家庭性别关系更加平等。

(3)女性与就业空间

女性就业的空间分布,以广东省为例,不同性别的就业整体结构与一定程度的性别隔离并存，女性就业与男性总体平等的同时，仍存在被边缘化的现象。不同性别的就业空间在经济全球化和世界制造业转移的大背景下，呈现出中心—边缘结构。不同行业女性存在行为空间差异，如广州餐饮业和茶艺表演业两个女性非正规就业群体的行为空间结构总体上类似，但由于两者工作性质和经济收入的差异，导致其在空间尺度构成、出行活动的距离分布和出行频率等方面存在明显差异，反过来进一步对两个女性群体的职业发展产生限制和促进的不同作用。在女性的就业空间实践过程中，女性身份也被不断建构与重塑。在潮汕钩花案例中，钩花行业经历了女性空间实践的公共化、家庭空间的经济化、以身体为尺度的钩花表演三个发展阶段，相应地，钩花女工的女性身份经历了经济人、作坊主人、文化传承者的演变过程(图 3.57)。

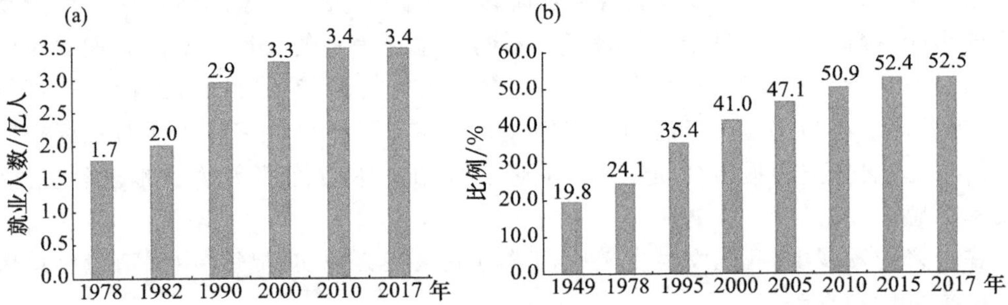

图 3.57　中国女性就业人数(a)和普通高等学校本专科在校女生比例(b)(杜薇，2019)

(4)女性人才与地理

受近现代中国政治改良运动和政治革命的影响，近现代女性人才出现数量增加和影响领域扩大的趋势，主要集中分布在北京、广东等东部地区，中西部地区数量明显少于东部地区。中国拥有世界规模最大的教育群体，当前社会经济发展的转型和人口结构的改变也进一步塑造了教育空间的多样性和特殊性。在过去的 20 a 中，地理学中的女性地位得到了一定程度的上升，但在地理知识生产的过程中仍存在性别差异，女性承担“看门人”的角色比例低。随着女性受教育水平的提高，女性的高学历背景主要被男性视为一项提高孩子抚养质量的指标，相反地，女性却没有将她们潜在的配偶对象的学历与孩子抚养相关联，这说明中国家庭中存在传统性别角色的延续和家务劳动的不平等分工。

(5)女性与家庭空间

日常生活中，“家”是影响个人生活质量最重要的因素，国内地理研究中的“家”研究大多集中在房屋政策、社区变革、社区居民通勤和日常通行和房屋改造话题。随着中国家庭结构以亲子关系为轴心的扩大家庭向以夫妻关系为轴心的核心家庭转变和性别观念的变迁，女性与家庭空间的话题得到关注。家庭被天然地认为是私人领域。妇女在家庭中进行的劳动密集型工作，得不到应有的承认。除了在家庭空间领域承担更多的家务劳动，女性的出行范围也以家庭化活动为中心。尽管女性出行频次高于男性，但出行的距离、时间和速度都要低于男性。这种出行目的结构差异揭示了隐形的性别休闲活动机会与权利的不平等现象，同时建成环境因素可能进一步加剧这种现象，因此需要在空间规划、制定城市政策、完善社区公共服务配置中考虑性别平等，为女性出行提供更公平的生活和出行环境。

(6)女性与文学艺术空间

近年来，随着社会转型的深入，当代中国的女性写作经历了“地理学”转向，空间的敏感和再思成为一些女作家的写作特性，性别的问题在这一过程中被更多地放置到与社会空间的关系中去探讨。

(7)女性与旅游空间

旅游业本身是性别社会的产物，其过程在其构建、呈现和消费中具有性别差异。在国内的民族风情旅游中，广西通过旅游宣传手册、画报、电视和网络信息等各种推介手段，将“刘三姐”形象打造为宣传焦点，对游客的旅游行为具有指示作用。女性在变动的劳动世界中不仅仅被“配置”、被“结构”进某种劳动分工的体制之中，也有改变结构化的力量。女性参与到旅游业中，冲击了家庭领域的性别藩篱，使得家庭领域内的劳动生活方式、家庭性别分工模式、家庭权力发生转变，这帮助她们从家庭领域转向公共领域，她们参与社会交往、闲暇活动和村庄事务管理的话语权增强，冲击了传统性别观念和性别角色，提高女性社会参与机会。

空间、身体和性别一直是女性主义理论中的重要命题。空间具有性别属性，作为空间内最基本的存在方式，身体和空间具有天然的联系。旅游空间中特别关注“身体”。在旅游目的地，性别化的身体是展演性的，即身体的行动、姿态、实践大体都可以解释为展演性的，展演性是重复的、引用的实践，话语正是借助它来对身体发生作用的。女性从业者通过发挥个体能动性，通过身体展演声音、情感、服饰等多维度的女性特质，重构空间权力秩序，赋予公共空间以性别色彩，塑造了性别景观。

第 6 节　聚落地理

1　城市

1.1　城市概念

“城市”由“城”和“市”两个主要功能区组成(图 3.58)。“城”是指四面围以城垣，手持长戈，守卫着具有军事意义的据点。“市”是指交易场所。城市是指以墙垣围起来，主要具有居住、交易功能的聚落。在中国，“镇”在古代指驻军的场所，主要功能就是防御。目前，城市与城镇的含义基本上一致，可以互换。

从功能上看，城市是社会生产力发展水平达到一定阶段的产物。城市是随着三次社会大分工而出现的，是第二、第三产业活动的主要空间载体，是从事非农产业活动的人群居住的场所。从景观上看，城市是以自然要素为基础，以人文要素为主的景观类型，具有较高的建筑密度，呈现明显的立体特征。从聚落上看，城市是人口密集，具有统一、便利的生产、生活基础设施、社会服务系统、产业、资金、技术、文化要素密集的聚落类型。从空间角度看，城市具有双重空间特征。城市本身是一个面状空间类型，是由各种自然、社会、经济要素及城市各组成部门有机结合的地域单元。从城市与区域的关系上看，城市是一种点状空间类型，城市是区域经济、政治和文化的中心地。从地理学角度看，城市是以非农业人口为主的聚落类型，是非农产业的核心空间载体及一定区域的政治、经济、文化活动中心。

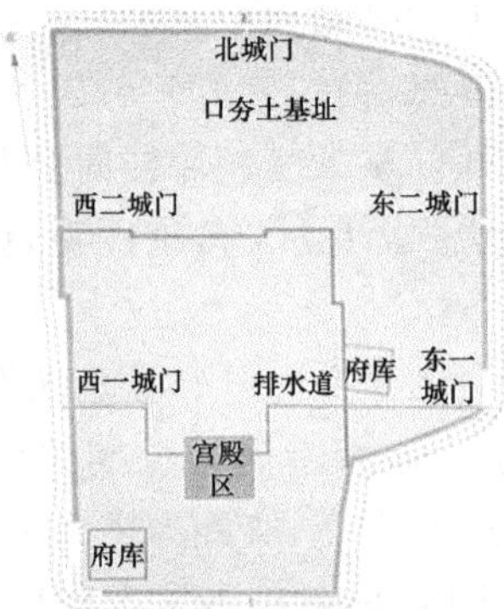

(a) 偃师早期商城

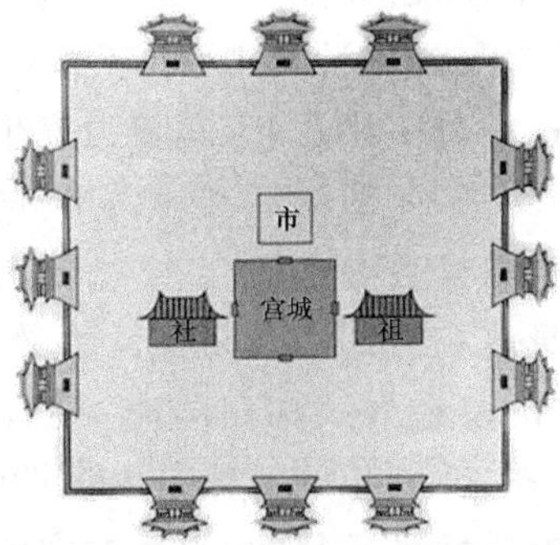

(b) 周王城复原图

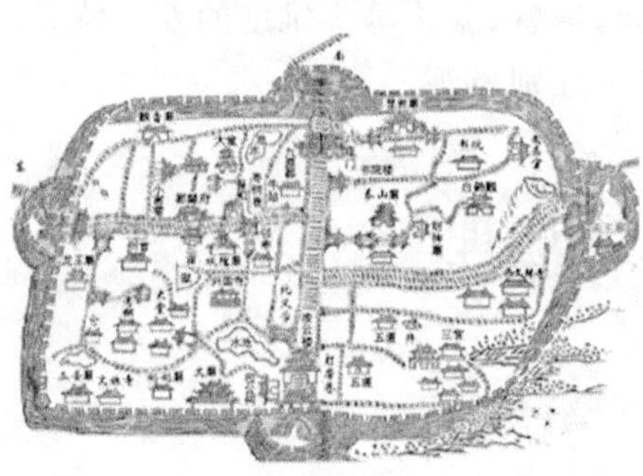

(c) 清朝忻州古城

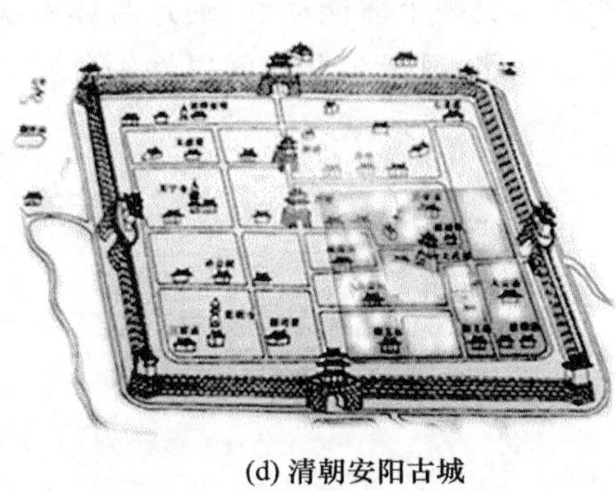

(d) 清朝安阳古城

图 3.58　中国传统城市功能

城市形成的主要原因:第一,农业创新。利用灌溉和建立人工种植园系统而使粮食增产,以供养更多的人口,为城市文明的出现创造了条件。第二,劳动分化。农业劳动生产率提高,一部分人就脱离农业而转向手工业。工匠们为了生产,需要大量的原料;为了生活,需要以其产品交换所需的粮食。农民也需要用其生产的粮食交换其必需品。因此,商业出现了。交换的地区扩大就需要交通运输。城市往往出现在交通方便、商品交换活跃的地点,这正说明劳动分工促使城市的出现,而城市的产生也进一步巩固和扩大劳动分工。第三,政治组织的出现。由于劳动分工和商品交换的发展,就需要一种政治组织来维持生产秩序,保证某些集团的利益和防止其他集团的侵袭。这种政治组织可以从古代城市中存在的大型建筑和宫殿、寺庙遗迹中反映出来。这些建筑物不但反映了这类政治组织的存在,也反映出这类组织强大的组织能力。第四,社会阶层的分化。劳动分工、政治组织的出现带来了社会阶层的分化,也就是社会阶级的出现。城市是这些社会阶级比较集中的地方,特别是统治阶级,他们控制了城市,而城市也能满足他们政治统治与社会生活的要求。

1.2　城市职能

城市职能是指城市在一定区域范围内所承担的政治、经济和文化等方面的作用。城市职能概念着重强调城市与区域的关系。城市与区域存在着密切的社会经济联系。一方面,城市从周围区域得到能源、原材料等生产要素和生活要素;另一方面,城市向周围区域提供商品和服务,带动区域的发展。

城市职能分为基本职能和非基本职能。基本职能是指城市向区域提供商品和服务的作用,是城市形成和发展的基本因素。向城市居民本身提供消费需求的作用属于城市的非基本职能和城市发展的非基本要素。

城市职能分类是指根据城市职能的相似性、差异性,依据一定的分类原则和指标体系,对城市进行分门划类。世界上城市职能分类研究始于 20 世纪 20 年代,分类方法经历了一般性描述、统计描述、统计分析、多变量分析等几个发展阶段。

1.3　城市规模

在城市地理学领域,城市规模的概念是比较模糊的,因为不论是从人口、城市面积或城市经济视角,使用上述指标均不能准确表示出其地理学含义。因此,不同指标表示的城市规模均存在歧义。

(1)城市规模类别

人口规模指的是一定时期内生活在城市的常住人口的总量。由于受城市空间结构和发展水平的限制,城市的人口规模大相径庭,有几万人的小城市,也有千万人的超级城市。城市的人口规模不能超过城市的人口容量,后者是指一个城市的生态系统和社会经济系统能够支持人口得到生存的数量潜力。如果城市的人口规模超过了人口容量,不仅会影响经济的发展,而且会带来大量的社会和环境问题,影响城市的可持续发展。城市的人口规模一般用市辖区的常住人口数来表示。

空间规模指的是城市人口用于居住、生产、交易、运输、休闲及娱乐的土地面积。这里的空间规模也有两层含义,一层含义是指城市的地理面积,反映了城市发展的空间和潜力;另一层含义是指城市建成区的面积,它强调的是城市聚集区的大小,反映的是城市对资源的聚集能力。城市的空间规模一般用市辖区建成区面积来表示。

经济规模指的是一个城市所具有的资金、原材料、劳动力、技术等资源的总体规模。考虑到数据的可得性及可计算性,城市经济规模一般用一定时期内(通常是 1 a)一个城市所生产的用货币衡量的所有最终产品和服务的总值,即城市的 GDP 来衡量。城市 GDP 反映了城市生产能力的大小,是城市经济规模衡量方面的理想指标。

(2)我国城市规模与城市经济增长

1978—2000 年,中国实行的城市发展方针一直是控制大城市的发展规模,注重发展中小城市,鼓励小城镇扩大规模。直到 2001 年,中国才开始逐渐放松对大城市发展规模的限制,走大城市、中小型城市以及小城镇协调发展的城市发展道路,中国城市得到了迅速发展,主要表现在城市人口迅速增长、城市人口占总人口的比例迅速提高、城市数量迅速增加、城市规模迅速扩大等方面。2001—2019 年,中国城镇人口数量由 4.81 亿人增加到了 9.02 亿人,城镇人口增长了 0.88 倍,年平均增长率达 1.38%。城镇人口占总人口的比例由 37.66%提高到 63.89%,提高了 26.23 个百分点。地级及以上城市数由 269 个增加到 293 个,增加了 24 个。城市规模迅速扩大,城市的平均规模由 112.71 万人扩大到 164.09 万人,扩大了 51.38 万人。2021 年末,上海行政区划面积 6340.5 km^2,下辖 16 个区,常住人口 2489.43 万人。

城市经济学的原理告诉我们,集聚经济是城市生产效率的重要来源,而集聚经济又主要分为地方化经济和城市化经济。地方化经济是指同一产业的企业集中分布于特定地区,通过技术溢出效应带来企业生产效率的提高;城市化经济是指不同产业的企业集中分布于特定地区带来的企业和城市生产效率的提高。地方化经济主要来源于共享中间产品、自我强化效应、劳动力储备和技能匹配效应以及知识溢出效应;城市化经济主要来源于要素投入的分享机制、劳动力储备、技能匹配效应、集团公司总部效应与知识溢出效应等。

集聚经济也不是没有限度的,当集聚经济达到一定规模时,也会产生集聚不经济,如城市拥挤效应、劳动力成本上升、企业生产效率下降和居民的生活成本增加等。城市规模过大会降低城市的劳动生产效率、投资效率和技术进步速度,从而影响人们的创新活动,降低城市效率,抑制城市经济增长。

城市具有集聚效益和规模效益，能够减少生产生活和交易成本。因此，城市逐渐成为区域的生产中心、交易贸易中心和人口居住地。但是，随着城市的发展，人口不断膨胀，城市生产和生活空间出现狭小态势，呈现拥挤状态。城市往往根据自组织原理，首先通过自我调整城市空间、优化城市空间结构，以最小的空间容纳城市更多的功能，这时的城市规模为最佳，称为最佳规模，但是在现实生活中，未发现城市最佳规模。

1.4　城市结构

(1)城市地域结构

城市地域结构是指在城市地域内部，各种不同的功能区在空间上有机联系、共同构建的城市整体。

1925 年，美国社会学家伯吉斯以芝加哥为例，提出城市地域结构呈 5 个同心圆带的结构模式。Ⅰ是中心商务区。这是城市商业、文化和社会活动的中心地带及交通运输中心，多是高层建筑。Ⅱ是过渡地区。该区最初为富人居住区，后因环境质量下降，逐渐成为贫民集中、犯罪率高的地区，其房屋和街道破旧。Ⅲ是工人住宅区。该区多为工厂工人集中的住宅区，住户多是由有固定收入的第Ⅱ代居民移入的。Ⅳ是中产阶级住宅区。其以独户住宅、高级公寓为主。Ⅴ是通勤带。该区住户在城内工作，在郊外居住，收入高，这里多为花园式的单户住宅。

扇形结构是由美国土地经济学家霍伊特于 1939 年提出的。他利用美国 64 个中小城市和 4 个大城市的房租差别，划分出 5 级地区，发现高房租区多沿着方便的交通线从中心业务区向外延伸，且多建在风景优美的地区。由于离中心业务区远，因此需要方便又快速的交通，这就破坏了同心圆结构，城市地域呈现出被效能线支撑的扇形结构。

多核结构是由美国地理学家哈里斯和厄尔曼于 1945 年提出的。他们认为大城市不是围绕一个核心发展起来的，而是围绕几个核心形成种种功能区而发展起来的。由于种种功能区都有自己特殊的要求和区位，从而形成了多核心的地域结构。如工业区要有一定的基础设施，并与高级住宅区分隔；商业区要有方便的交通与住宅区联系；一些占地面积大的家具、汽车等的销售点，为避免支付高房租和高地价而转向房租和地价便宜的边缘地区。

多核理论考虑到城市地域发展中诸如区位、聚集、地价、房租等多种因素及地域分化中各种职能的结节作用，比前两种理论更接近现实，但对各核心间的职能联系和不同等级的核心在城市总体发展中的地位等重视不够。工业区、商业区和居民区是城市内部地域结构的重要组成部分，上述理论虽然侧重点不同，但都以分析这三种功能区布局为基本内容(图 3.59)。城市地域结构是一个动态的过程，随着社会经济的发展和城市化的推进，当今城市的地域结构更为复杂。所以要求我们正确认识城市地域各构成要素间的有机联系，探索新的、更能反映现实的地域结构模式。

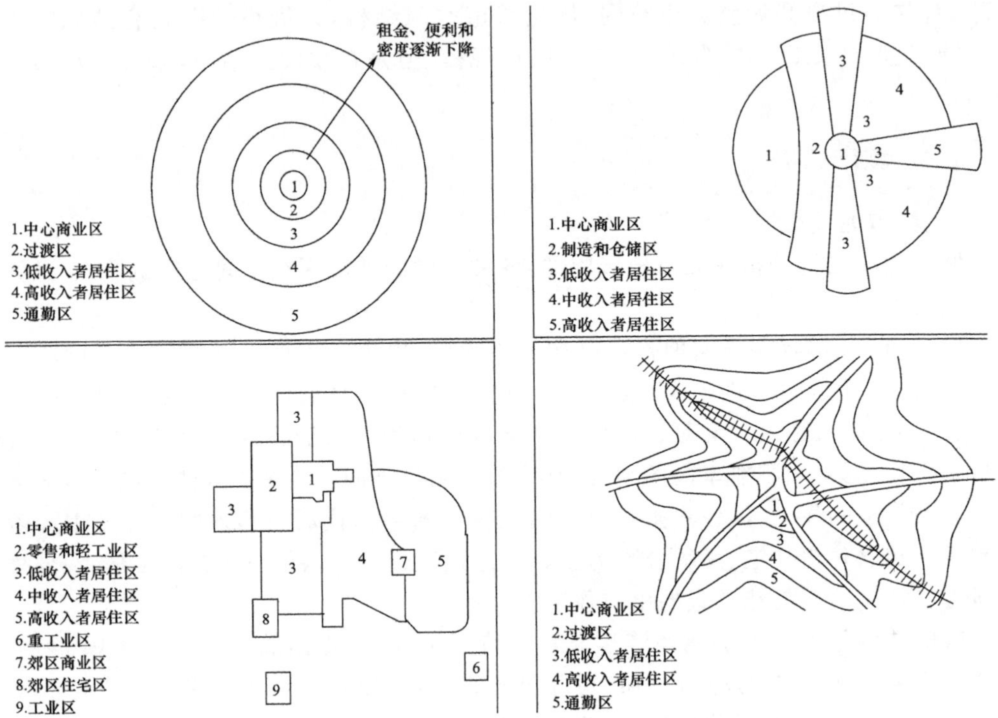

图 3.59　城市地域空间结构(王亚军,2007)

(2)城市体系

从地理学视角来看，城市体系是在一个区域范围内，不同等级、规模、职能、形态的城市，通过要素流的形式相互依赖、相互联系，并具备经济、政治、文化等职能的城市群体。陆大道指出，区域地理事物空间格局的演化过程分为空间扩散与空间集聚两个过程。城市的差异引起城市要素的流动，表现为物质、信息、劳动力、资本、技术等要素在不同城市之间的流动，形成城市体系。

城市体系的空间结构。1986 年，周一星提出了中国城市的地域概念体系：市中心—旧城区—建成区—近市区—市区—城市经济统计区—都市连绵区。都市连绵区以都市区为基本组成单元，指以若干大城市为核心，并与周围地区保持强烈交互作用和密切社会经济联系，沿一条或多条交通走廊分布的巨型城乡一体化地区。如珠三角、长三角和京津唐地区的城市集群，称为都市连绵区。姚士谋等定义了城市群概念，城市群的基本概念可以概括为:在特定的地域范围内具有相当数量的不同性质、类型和等级规模的城市,依托一定的自然环境条件,以一个或两个超大或特大城市作为地区经济的核心,借助于现代化的交通工具和综合运输网的通达性,以及高度发达的信息网络,发生与发展着城市个体之间的内在联系,共同构成一个相对完整的城市“集合体”。城市群是一个由区域空间、自然要素和社会经济等要素组成的有机体,是一个大系统中具有较强活力的子系统,无论在区域层次上,还是在相互联系的空间上,均具有网络性的基本特征,是一个区域经济发展的实体。从地域空间考虑,城市群是一个特定区域内相对独立的有机整体,也是一个处于动态发展中的开放性的有机系统,其生产联系的巨大流动性、社会生活的稳定性与结合性又表明,它是一个不断变化的物质世界和精神世界。

城市体系的规模结构。马克·杰弗逊提出了城市规模的首位分布规律。他在 1939 年分析了 51 个国家城市规模状况后,发现一个普遍存在的现象,即一个国家的“首位城市”比这个国家第二位城市(更不用说其他城市)大得多。这种现象已经构成一种规律。首位度是一国或某一地区最大城市与第二位城市人口的比值,首位度大的城市规模分布称为首位分布。城市规模越大,城市的数量越少,而城市规模越小,城市的数量越多。将城市数量随规模等级变化用图表示出来,便形成城市金字塔。不同规模等级城市数量之间的关系可以用每一规模等级城市数与它上一规模等级城市数相除的值(K 值)来表示。用金字塔图可以分析不同国家、地区城市规模等级体系的特点、存在的问题和变化趋势。某一城市的规模和该城市在国家或区域中城市人口规模排序中的位序关系所存在的规律称为位序—规模律。

1.5　中国城镇化及城镇化效应

(1)城镇化发展

根据我国人口统计年鉴和人口第七次普查资料,我国城镇化水平从 1949 年的 10.64%上升到 2020 年的 63.89%。71 a 上升了 53.25 个百分点,年均增长 0.75 个百分点。1978 年以来,我国城镇化加速,从 1978 年的 17.82%上升为 2020 年的 63.89%,42 a 上升了 45.97 个百分点,年均增长近 1.09 个百分点。2000—2020 年,每年城镇化水平平均增加 1.38 个百分点(图 3.60)。

我国城市总数从 1978 年的 193 个上升为 2020 年的 656 个,其中,地级市由 111 个上升为 297 个,人口大于 200 万的城市由 10 个上升为 44 个,建制镇由 2173 个上升为 21297 个。《全球城市竞争力报告(2019—2020)》显示,中国城市的可持续竞争力多年来一直在稳步提升。2019 年数据显示,中国共有 2 个城市进入世界 20 强,5 个城市进入全球前 50 名,其中,中国台北全球第 23、上海全球第 29、北京全球第 38。

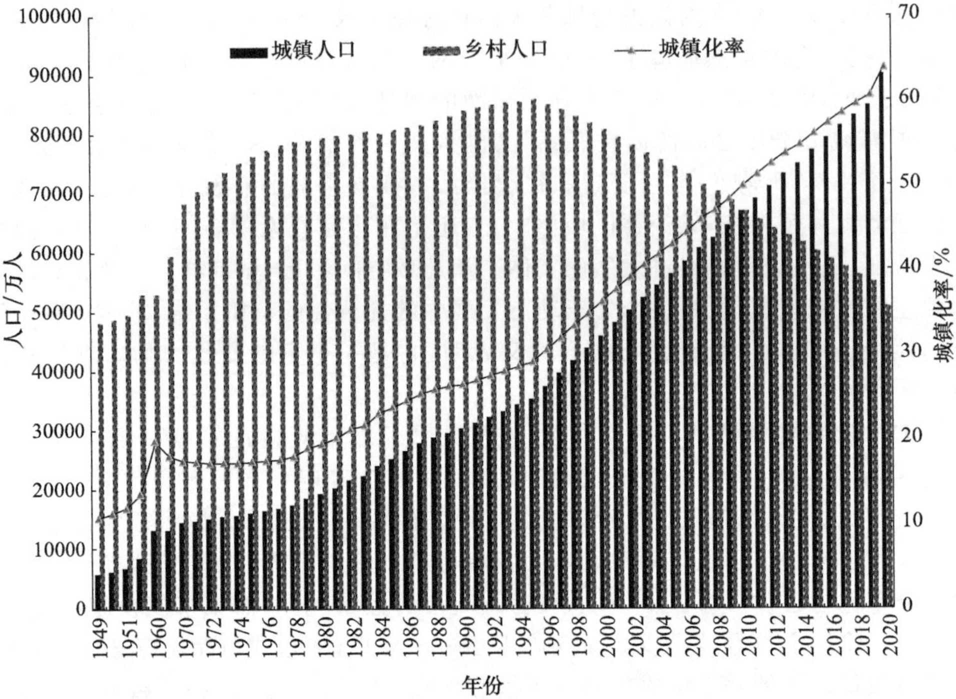

图 3.60　1949—2020 年全国城镇化水平(马卫 等,2015)

(2)城镇化效应

① 城镇化经济效应

产业集聚效应。对企业而言,追求利润最大化是其主要目标。因此,假定一个企业面临两种选择:进入或不进入集聚区,其理性选择的方式就是比较进入和不进入集聚区时该企业所获得的利润。对服务企业来说,因服务产品具有的非贮存性,生产、交换、消费同时性等特点,服务业普遍存在的“最小规模经济点”要求使得其具有集聚的特性,且集聚的动力就是要获得收益剩余,而收益剩余的实现与需求量和价格之间存在着正比关系。因此,能提供足够的服务需求量的地区将是第三产业集聚的首选之地。

投资效应。空间城镇化的发展往往伴随着大面积的基础设施投资,这将产生大量的劳动力需求。在我国的现实背景下,这部分劳动力主要来源于农村剩余劳动力。因此,空间城镇化的投资效应有利于农村剩余劳动力的非农就业,从而提升其收入水平。与此同时,基础设施的投资必然会带动相关行业的发展,而行业收入水平的增长最终也表现为居民收入水平的提升。因此,空间城镇化能够通过投资效应影响居民的消费水平。

外部效应。空间城镇化会使得大量的农村集体用地转变为城市建设区,城市面积的扩张会对居民的消费产生外部效应。这主要是由于空间城镇化所带来的基础设施的完善,如道路交通、通信设施等方面的改善,能够为居民的消费提供更加良好的物质条件以及消费的便利性。

② 城镇化社会效应

城镇化是解决农业、农村、农民问题的重要途径，我国农村人口过多、农业水土资源紧缺，在城乡二元体制下，土地规模经营难以推行，传统生产方式难以改变，这是“三农”问题的根源。我国人均耕地仅0.1 hm^2，农户户均土地经营规模约0.6 hm^2，远远达不到农业规模化经营的门槛。城镇化总体上有利于集约节约利用土地，为发展现代农业腾出宝贵空间。随着农村人口逐步向城镇转移，农民人均资源占有量相应增加，可以促进农业生产规模化和机械化，提高农业现代化水平和农民生活水平。城镇经济实力提升，会进一步增强以工促农、以城带乡能力，加快农村经济社会发展。

新型城镇化替代传统粗放式城镇化，步入包容式发展之路，既给当地户籍居民，也给进城农民创造发展机遇。加快了农民工的市民化，给予进城农民在住房、交通、社会保险、教育资源等基本公共服务的均等化。逐步解决了进城农民与城镇户籍居民的文化融合、心理认同与身份认同等深层次问题。既要强化城里人与城里人之间的本地化身份认同，也要强化城里人与进城农民之间的本地化身份认同，同时还要为进城农民的本地化身份认同创造条件。解决劳动力市场壁垒、教育机会与医疗资源的公平分享、城镇住房等实质不平等问题。

③ 城镇化生态环境效应

城镇化不同层面对不同生态圈环境产生影响。城镇化的不同层面包括：人口城镇化、经济城镇化、空间城镇化和社会城镇化。生态环境的不同圈层包括：水环境、大气环境、土壤环境和生物环境。城镇化带动的工业化和经济的发展以及人口的聚集直接导致污染物排放增加。社会经济发展和城市人口增加又是中国城市土地扩张的主要驱动因子，城市的扩张侵占了良田、林地、水域、湿地等生态用地，导致环境容量的减小，三者共同作用导致污染增加，环境质量恶化。以空间城镇化过程为例，空间城镇化主要表现为土地利用和土地覆盖的变化，即自然地表被代替为城市地表的过程，地表温度、地表径流和生物多样性都随着空间城镇化的进程而恶化。

生态环境因子之间交互影响并产生新的环境效应，产生多维的、复杂的相互影响。如城镇化对城市增温。在城镇化的过程中，各个层面的发展都对城市大气温度产生影响，出现了城市增温和热岛效应等。在城市气温发生变化后，又对不同生态圈的许多生态因子产生影响，改变了城市气候特征、水文特征、土壤理化特征、生物习性，甚至产生极端气候事件等；同时，也对人居环境、经济发展和城市建设等产生明显影响；甚至，还有许多潜在的影响还未被发现。

城镇化过程对城镇化地区的生态环境在不同圈层、不同阶段产生了很多影响，但同时，城镇化过程的任何一个层面又都受到生态环境不同程度的限制和约束，这种限制和约束伴随着城镇化过程的每一个阶段。如果说人口的集中、用地的扩展、结构的优化、文明的扩散等构成城镇化发展过程中的发展圈，那么大气环境、水环境、土壤环境、生物环境等就形成了城镇化发展过程中的限制圈。城镇化所带来的各种生态效应将反馈到城市发展的各个方面。整个城镇化过程就是城镇化的各个层面与生态环境综合协调、交互胁迫的发展过程，其实质就是上述发展圈与限制圈相互作用、相互胁迫，由低级协调共生向高级协调发展的螺旋式上升的过程。

1.6 中国城镇发展方向

(1)新型城镇化高质量发展

创新国家新型城镇化发展质量提升理论，科学把握新型城镇化发展质量提升的内涵、规律和动力，进一步协调好城镇化发展速度与水平的关系，确保城镇化水平年均增长0.6～0.8个百分点，城镇化水平稳步提升到70%～75%，顺利完成城镇化发展阶段由中期阶段向后期阶段的战略转变，推进城镇化进入后期成熟稳定阶段。着力解决城镇化质量“高不高”、城乡居民“满意不满意”、人民群众生活“幸福不幸福”等关键问题，推动实现高质量的市民化、高质量的基础设施、高质量的人居环境、高质量的城市建设、高质量的公共服务和高质量的城市管理的有机统一。把高质量城镇化作为新型城镇化发展的奋斗目标。增强新型城镇化高质量发展的整体协同性，明确不同类型地区城镇化高质量发展的主体功能，推动产城融合发展及城镇基本公共服务均等化，提高城市运行效率；将高质量发展贯穿到新型城镇化试点的全过程始终；规范特色小镇，为新型城镇化高质量发展奠定坚实基石。

(2)城市群高质量发展

我国城市群的建设将按照创新、协调、绿色、开放、共享五大发展理念，重点建设创新型城市群、绿色生态型城市群、智慧型城市群、国际型城市群、低碳型城市群和利益共享型城市群。城市群作为推进国家新型城镇化空间主体的战略地位不会改变并将进一步提升，城市群形成发育的高密度集聚效应和强大的吸管效应仍将持续，城市群对国家经济社会发展和城镇化的贡献继续加大。城市群数量将逐步减少，在沿海、沿江和沿河地区多个城市群将连片形成具有更高集聚度的超级城市群或大都市连绵带。例如京津冀城市群、辽中南城市群和山东半岛城市群将连片形成规模更大、一体化程度更高的环渤海超级城市群或环渤海湾区大都市连绵带，长江三角洲城市群、江淮城市群将连片形成长江三角洲大都市连绵带，珠江三角洲城市群、海峡西岸城市群将连片形成珠江闽江大都市连绵带，大湾区经济开始发育。城市群总体将由发育的初级阶段和快速成长阶段演变到成熟阶段，发育程度和紧凑程度将不断提升，市场的力量将会替代政府的力量发挥主要作用。城市群内部产业发展布局、基础设施、区域市场、生态建设与环境保护、城乡发展与城乡统筹、社会发展与基本公共服务等将向高度一体化、完全一体化和充分一体化方向发展；城市群将真正肩负起世界经济重心转移承载地的历史使命，并将逐步主导世界经济发展的新格局。

(3)新型城镇化与乡村振兴高质量融合发展

城市与乡村从来都是一对矛盾的统一体,城乡不可分割,新型城镇化过程就是城乡融合发展的过程。城市病因乡村而生,乡村病也因城市而生,城乡互为病因,城市病必然引发乡村病,乡村病的加剧必然影响新型城镇化进程,城市病与乡村病同时存在,合并成为城乡病。根治城市病必须通过乡村振兴,相反,根治乡村病也必须通过新型城镇化,城市病问题解决了,乡村病自然会得到治理。编制《城乡融合发展规划》,通过规划引导推动新型城镇化与乡村振兴同同步化、融合化、共荣化方向发展。合并实施城乡融合发展战略,形成城乡融合发展的一张战略蓝图、一个战略指导思想、一个战略行动目标、一套战略实施方案和一套战略政策体系。提升城市发展质量和乡村发展质量,推动城乡向高质量方向发展。重塑城乡关系,建立城乡要素双向流动的长效机制,推动城市基础设施和公共服务设施逐步延伸到乡村地区,推动城乡基础设施共建共享共营,逐步缩小城乡高质量发展差距,推动城市与乡村同步实现现代化。

2　村落

2.1　村落及其发展

(1)村落

村落是以农业人口为主的居民点,是相对于城市(或城镇)的一种聚集类型。与城市相比较,村落具有人口、建筑密度低,基础设施落后,服务职能水平低,人口构成以农业人口为主的特征。在我国,村落地域是指建制镇以下的地域,村落由村庄(中心村、基层村)和集镇构成。

(2)村落发展

从发生学的角度来看,村落是社会生产力发展到一定阶段的产物。在原始社会,原始村落有两种基本形式,一种是在树林丛生处利用树木捆扎而成,建筑一般呈环形布置;另一种在无树木处用石块堆砌而成,称“蜂巢居”。进入奴隶社会、封建社会后,人类逐渐走向饲养家畜、栽培作物、生活安定的定居生活,出现了一些人口相对集中、规模大小不等的村落,也出现了以产品交换为中心的场所——集市。在位置适中、交通方便、规模较大的集市上,人们为了交易者的方便,开设了酒馆、客栈等服务设施,逐渐在集市内外定居经营,集市逐渐演变为具有一定人口规模的居民点——集镇。

(3)现代化村落

城市的兴起加速了村落的发展进程,提高了村落的发展水平。较早出现的商业性城市对村落的发展发挥着农产品集散和物质供应中心地的作用。现代村落的形态、功能、空间已经发生了深刻的变化。村落由过去的高度分散形态逐渐向集中形态转变，人口密度不断提高；中心村落和集镇建筑格局转变为集中、整体布局形态。村落职能向多样化发展，农产品加工业及其他的工业、商业、集贸、服务等职能日趋突出。在经济发达地区，如珠江三角洲、长江三角洲地区，中心村落较高的人口、建筑密度，高层化的建筑格局，突出的商饮服务业，完善的内外交通道路格局和基础设施等村落特征，使村落与城镇的差异日趋减少。城乡一体化是现代村落发展的必然趋势。

2.2 村落的类型

(1)村落职能类型

农业村落以从事耕作业为主，兼营动植物饲养和其他农副业。该类型多分布于平原与河谷、三角洲地带。

牧业村落包括固定的、半固定的、流动的三种村落类型。随着生产力水平的提高，牧业村落转变为固定村落为主。与农业村落相比较，牧业村落活动半径较大，规模小而分散。

渔业村落包括内河(湖)和沿海渔业村落两种类型。现在的渔业村落以淡水养殖和沿海滩涂养殖为主。渔村的居民点布局包括水上和陆地两部分，但以陆地居民点为主。

林果业村落以生产各种水果、经济林为主要经济活动。该类型多位于海拔相对较低的山地和丘陵地带，村落布局受自然环境严格限制，呈现主体村落布局景观。

(2)村落形态与规模类型

聚集型村落。该类型村落的特点是集中布局，房屋住宅连片分布，村落布局整体功能明显，有统一的道路网络和基础设施，土地利用效益较高。由于该类村落规模差异较大，可以细分为大村、中村、小村三种规模类型。我国大村的人口规模在1000人以上，有相对完善的道路和基础设施系统，具有一定的中心地职能。大村多分布在耕地密集、地少人多的中原地区。发展、完善大村是节约土地、提高土地利用效益的有效措施之一。发展大村是现代村落发展的主要趋势。中村人口规模在400～1000人，是我国数量较多、分布广泛的村落规模类型。中村布局的地域类型多样，但相对集中于平原和盆地。小村人口在400人及以下，是我国数量最多的村落类型，但人口数量在全国所占的比例不高。规模小、布局分散、设施落后是小村的基本特点。

分散型村落。在我国，该类型属发育水平较低的村落，村落沿公路或沿河呈带状分散布局。东北的拉拉屯属于典型分散型村落。这一类型不利于居民的生活。随着经营条件、交通条件的完善，今后应加强散村的改造，集中布局。

(3)村落布局类型

主轴型村落。村落主轴由一个带状的大村构成，伸展轴较长，人口规模大。村落房屋、商店、饮食服务设施均沿伸展轴两侧布局。

子母型村落。村落由一个大村和若干个小村构成。大村常是行政、服务中心，具有中心村的性质。小村围绕大村不规则分布，小村布局往往受耕作半径、地形阻隔、河流分割等因素制约。

串珠型村落。若干规模大体一致的村庄，由于受地形因素影响，形成串珠状分布形态，该类型常见于河谷、沼泽、高地、山麓等地区。

均衡型村落。在某些平原地区，均衡分布一些规模相近的村庄，共同构成一个行政村，并且有一定的服务设施。

星点型村落。在许多山区、丘陵地带，村落由若干个分散的村庄构成，村庄之间相距较远，缺乏中心村和中心地服务职能，村庄分布无规则。该村落类型属于发育水平较低的类型。

2.3　村落社区的形成与发展

(1)村落社区的功能和类型

村落社区是指在乡村地区，具有密切亲缘关系，共同的生产方式、社会地位、社会认同感的人口聚居的地域。因社区内部差异而形成的次级社区单元称为邻里。

村落社区功能。生产功能是社区最基础的功能。社区生产包括农产品生产及非农业生产，随着生产水平的提高及社区规模的扩大，农产品加工业、商业、建筑业、交通运输业等非农业生产所占比例逐步提高。

生活功能是社区的另一主要功能。社区为人们提供生活、居住空间，社区空间规模和社区环境影响人们生活的质量。在我国发达地区，人们愈来愈注意社区空间设计和社区环境治理问题。

社区具有服务功能。社区的服务功能由商业、服务业、医疗卫生、科技、文化教育、行政管理等部门来履行。社区各种服务设施的配套规模和供给能力决定着社区服务功能的完善程度。

村落社区的类型。根据社区服务范围，可将社区分为中心社区和普通社区。中心社区是服务范围不仅限于社区自身，而且是在相对较广的范围里，具有组织众多低一级层次社区的活动的中心地职能。普通社区多具有自给自足的色彩，服务活动仅针对于该社区本身，其服务能力要低于中心社区。

根据社区的空间形态，可将社区分为集聚型、分散型和条带型。集聚型社区多分布在平原地区，环境条件均质性较强，规模较大，社区要素集中布局，规模效益明显。分散型社区多分布在地势复杂的山区，复杂的地形制约着社区的聚集，导致社区分布分散，规模小。条带型社区往往沿河流两侧和环山体、湖水体分布。

(2)村落社区的形成与变化

人类聚居行为是社区形成的内在因素。社区的人口构成受家族因素制约，社区成员属于同一家族，具有共同的利益及共同的价值观、道德观和文化习俗等。

随着社会的发展，社会地位、职业构成、社会权力成为社区形成的主导制约因素。社会地位相近的人们往往具有相近的生活习惯、道德标准及价值观念，其聚居形成社区。职业相同的人们由于生产技术、经营活动的相关性而形成社区，呈现出耕作业社区、养殖业社区、手工业社区等类型。虽然社会因素在社区形成中的作用日益明显，但人们的血缘关系等仍然发挥着基础作用。

村落社区与城镇社区相比较，具有相对稳定、保守性强的特点，但随着社会的进步及社区形成环境的变化，村落社区的规模、类型及性质将发生变化。

城镇化是村落社区变化的重要动力之一。一方面，大城市通过近域扩展和广域扩展方式向乡村地区侵入，将城市功能直接影响到的地域内的村落转变为城镇。另一方面，村落社会非农产业规模逐步扩大及空间聚集，导致村落农业人口转向非农产业人口，村落转变为城镇。上述两种方式的城镇化均促进区域城镇化的发展，导致区域村落、社区数量减少和规模缩小，村落社区性质发生根本性的转变。

区域村落社区之间的矛盾运动是村落社区变化的另一动力。从历史上看，由于不同社区具有不同的利益目标，社区之间为了生存和发展必然出现争夺空间的局面。每个社区都尽可能凭借自身实力去拓展空间、扩大社区规模，竞争的结果是实力较弱的社区被吞并、蚕食，成为强大社区的组成部分。通过社区之间的竞争、融合，社区分布格局不断变化，个体社区规模扩大，区域内社区数量减少，实现社区的空间优化重组。

社区内部发展水平提高及产业结构变化是社区内部变化的动力。随着村落发展水平的提高，非农产业逐步发展壮大，导致社区非农业土地数量增加，带来社区土地利用结构转变，社区的功能也随之变化。非农产业在社区中心地域的聚集吸引区域人口、生产要素转向社区中心，促进社区中心地域的发展及基础设施建设，带来社区空间结构的演变。

第 7 节　地缘政治

政治地理学是研究人类社会政治现象的空间分布与地理环境关系的学科。其着重分析政治区域的结构和功能以及政治区域之间的相互关系，是人文地理学的一个分支。政治地理学主要研究国家的领土、疆界、首都、行政区划以及飞地等政治现象，国际政治关系的格局及其发展变化，为国家的政治决策、国际事务等工作提供依据。从空间角度去研究社会政治现象和政治过程产生以及发展的原因与结果，揭示社会政治现象以及政治过程对地理空间的改变，研究的焦点集中在某一政治区域上，是现代政治地理学研究的重点所在。

1　国家及其地理特征

1.1　国家概念

在汉语中，“国”是政治组织的单位，表示用武装保护的领域，“家”是血缘关系组成的社会单位。现代国家概念是 18 世纪欧洲政治哲学家提出的，他们界定为人们对国家和封建领主的政治、经济和社会的效忠。许多国家是 17—19 世纪欧洲扩张的结果，当时非洲、亚洲和美洲的大部分地区成为欧洲的殖民地，这些殖民地被殖民者划定了边界。

国家是一个独立的政治单位，占领确定的、永久居住的领土，并对其拥有完全的控制主权。从地理学视角，国家是一个具有保持内部稳定、不受外来控制和侵入能力的独立主权政府领导下，占有一定领土，有组织的实际政治地区。该地区具有清晰的边界并得到国际公认。组成国家的要素有三要素说和四要素说。三要素说是人口、领土、政府，四要素说是除上述三要素以外，再加上主权。

1.2　国家的地理特征

(1)领土的范围

国家领土由三部分组成，即领陆、领水和领空。具体就是疆界以内的陆地、水域和水域的底土以及陆地和水域上的空域。

领陆。国家领土由其疆界以内的陆地组成，这就是领陆。领陆是国家领土最基本的组成部分，领水和领空都附着于领陆之上。

领水。指位于陆地疆界以内(内水)或与陆地疆界邻接的一定宽度的水域(领海)。内水包括国家境内的河流、湖泊、运河、内海和历史性海湾的水域，内水完全处于一国主权管辖之下，非经该国许可，别国船舶不得驶入。领海是指沿着国家的海岸线、受国家主权支配和管辖下的一定宽度的海域。大多数国家规定领海宽度为 12 海里。

领空。指领陆和领水之上的全部上空。国际法既规定各国对其大气空间拥有主权，又宣布宇宙空间对于各国研究和利用都是开放的。因此，领空的高度由大气空间和宇宙空间的分界线来决定。随着航空技术的发展，国家的领空显得愈来愈重要。

(2)领土面积、形状与位置

领土面积在各国之间的差异很大。比如，面积最大的国家是俄罗斯，其面积约为 $1.71\times10^7\ km^2$，约占世界陆地面积的 11%，是面积最小的国家瑙鲁的 81.4 万倍。一个国家的面积越大，它拥有资源的可能性就越大，如肥沃的土壤、广袤的草原、丰富的矿产和重要的战略空间。同时，一个国家的面积大小并不能保证其发展壮大，澳大利亚、加拿大和俄罗斯虽然面积较大，但能够支撑生产性农业的面积相对较小。地广人稀的蒙古国，难以融入国际经济和社会主流，发展滞后，因此，领土规模本身并不是决定一个国家稳定发展和国家实力的关键因素，但它是一个促成因素。

各国领土形状千差万别(图 3.61)。一个国家的领土形状可以促进或阻碍政府效能，特别是军事实力。假设在没有主要地形障碍的情况下，最理想的领土形状是圆形，首都位于中心，从中心到所有地方都可以在最短的时间内到达，并且在交通方面的花费最少，防御的边界也尽可能短。

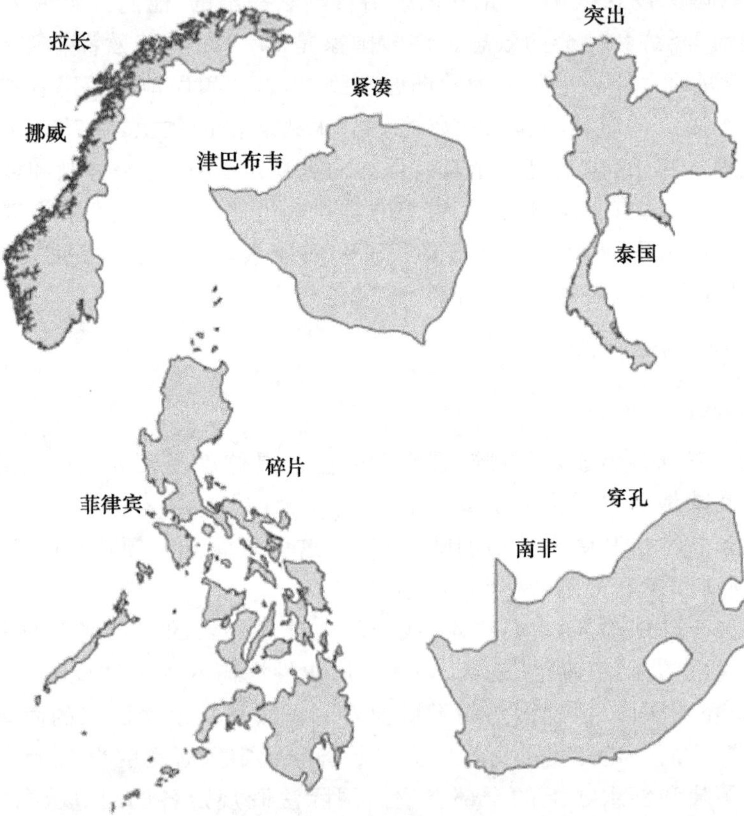

图 3.61　不同的领土形状

密集型或紧凑型领土国家的特点是，国土中心到各边界的距离相差不大，没有岛屿、半岛和海湾，管理和控制比较容易。带状型领土国家的行政效率最低，如挪威和智利等，其气候、资源具有多样性，既可能有损于国家凝聚力，也可能有助于提高经济实力。破碎型领土国家使得国家更难对其领土实行集中控制，尤其是当国家各部分彼此相距较远时。

外飞地是指一个国家的领土与本国分离，位于另一个国家内(图 3.62)。在德国统一之前，西柏林就是西德民主共和国的一个外飞地。内飞地，即被包围的领土，可以是独立的国家，也可以是另一个国家的一部分。欧洲最小的两个独立国家圣马力诺和梵蒂冈被意大利包围，称为国中国。

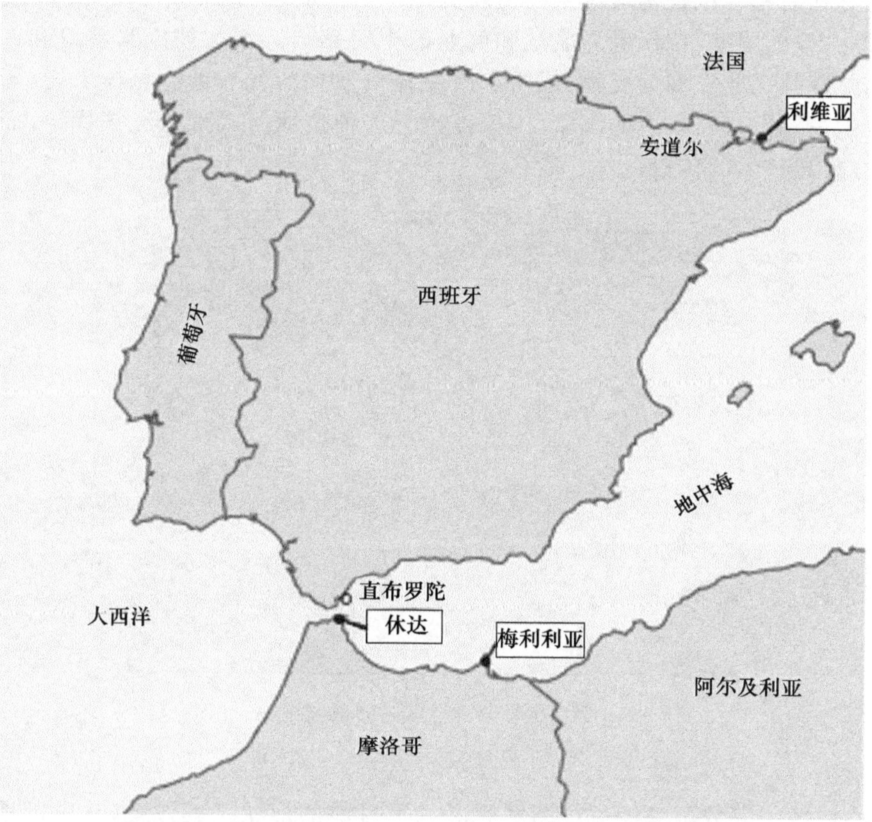

图 3.62　西班牙在北非和法国的飞地(王恩涌，1998)

国家在地球表面占有一定位置，分为绝对位置和相对位置。绝对位置指在地面上已有确实的经纬度，经确定而不会改变。相对位置指一个国家和别的国家相比较而关联所产生的位置。位置对一国的经济发展、对外联系特别是国防安全有着很大的影响，并能够放大或者削弱国家其他要素的优越性。以绝对位置为例，加拿大和俄罗斯国土面积都非常大，但是对农业生产而言，它们位于中高纬度的绝对位置降低了它们的面积规模优势。冰岛的形状相当紧凑，但它位于北大西洋，北极圈以南，该国大部分地区是贫瘠的，定居点仅限于该岛的边缘，也降低了冰岛的形状优势。一个国家的相对位置及其重要性，是可以随着时间发生变化的，例如苏联解体后，其加盟共和国纷纷独立，波罗的海三国(爱沙尼亚、拉脱维亚、立陶宛)独立，成为西方对抗俄罗斯的前哨，在西方，三国相对地位迅速提高。中东石油国家从农业社会到工业社会，由世界经济边缘地位成为世界经济中心地位。

一般而言，与群岛国家、岛屿国家、沿海国家相比，内陆国家在地理上处于不利地位（图 3.63）。全球大约有 40 个内陆国家。内陆国家在商业和战略上处于劣势。在少数情况下，有利的相对位置构成国家的主要资源。如新加坡，一个只有 700 km^2 左右面积和 540 万人口的国家，位于世界航运和商业的十字路口。新加坡以其港口和商业活动为基础，并以其工业发展为支撑，成为东南亚经济发展的代表者。总体来说，历史经验表明，位于主要贸易路线上的国家，不仅得益于这种位置所带来的经济优势，而且还得益于新思想和技术的传播。

图 3.63　全球内陆国家

(3)核心地区和首都

核心地区。多数国家经过长期发展形成了目前的形状及其位置，从中部地区向外逐渐扩展到周边地区。一个国家的发祥地或核心区域通常是人口最稠密、城市最大、交通系统最发达和经济基础最发达的地区。随着远离核心区域，上述要素逐渐减弱，表现为城市化率和城市规模下降，交通网络薄弱，外围地区的经济发展滞后等。核心区域如：伦敦和英格兰东南部，法国巴黎盆地，美国东北部和加拿大东南部等。有些国家没有明确的中心区域，有些国家有两个或更多个竞争核心区域。例如，乍得、蒙古和沙特阿拉伯没有明确定义的核心，而厄瓜多尔、尼日利亚、刚果民主共和国和越南则是多核心国家的例子。

首都及其类型。一个国家的首都通常位于其核心区域内，并且往往是其核心所在地，不仅因为它是中央政府的所在地，而且是人口和经济集中之地。如法国的巴黎、英国的伦敦和墨西哥的墨西哥城，均具有种政治、文化和经济绝对优势。

多数国家的首都位于国家的经济核心所在地，往往也是该国家最大的城市，具有高度集中的政府，以及明确的文化和政治边界。许多欧洲核心和首都均属于这种类型。这种类型首都也常见于新独立的国家，这些国家的前殖民占领者根据自己剥削和统治的需求，建立一个缺乏本土城市体系结构、功能上依赖宗主国的大城市。独立后，这些国家往往以该城市为首都。但是，在联邦制国家中，很多州政府具有强的行政权力，首都往往也不是人口规模最大的城市，也不是经济核心区，仅仅具有首都政治功能，如加拿大渥太华、美国华盛顿特区，澳大利亚堪培拉。

在所有其他条件相同的情况下，位于国家中心的首都为国家治理提供了便利，促进了各地与政治中心的沟通，并使政府能够轻松行使其权力。许多首都城市，如华盛顿特区，在被指定为政府所在地时处于中心位置，但随着该州的扩张，它们失去了中心地位。一些首都城市已迁至国家外围核心区域以外，至少部分是为了实现假定的中心性的优势，例如，巴基斯坦从内陆的卡拉奇到伊斯兰堡，故意设置在一个州的边境地带，以表明政府对远离核心的地区的认识，以及政府对统一发展的愿望。20 世纪 50 年代末，巴西将首都从里约热内卢迁至新城市巴西利亚，以表明其开发该国广阔内陆的意图。

2　边界及其类型

2.1　边界

世界上的每一个国家都被边界或确定每个国家管辖范围的界线与邻国隔开。边界表示一个国家主权的结束和另一个国家主权的开始。一个国家在其自己的边界内执行法律、征税、提供国防和履行其他此类政府职能。因此，边界的位置决定了特定地区的人们使用的货币种类、所受的法律规范、可能被征召加入的军队，以及学校里教给孩子的语言。可以看出，边界是有力加强地球表面文化差异的重要因素之一。

领土主权主张是三维的，边界不仅标志着一个国家对陆地(或水域)的权利主张的外部界限，而且向下投影到地球中心，向上到普通飞行器高度。因此，边界是一条没有宽度的线，更是相邻主权国家之间的垂直界面。

在划定边界之前，国家很可能被边界区隔开，边界区是一个定义不清、波动不定的区域，标志着一个国家权力的有效终结。这些地区往往无人居住或人口稀少，很容易随着定居模式的变化而改变。

2.2　主要类型

(1)自然和人工边界

地理学传统上区分自然和人工边界。自然边界是基于可识别的地形特征的边界，如山脉、河流、湖泊。但许多自然边界被证明并不令人满意，因为它们不能有效地分隔国家。人工边界是指以语言、意识形态、心理习惯等因素作为依据划分的边界。人工边界可以是有形的，也可以是无形的。

几何边界是以纬度或经度的平行线作为划分根据而划分的国界，不考虑地表上的人文和自然状况，又称数理国界，主要分布在非洲、亚洲和美洲。

(2)文化景观边界

边界也可以根据其在文化景观的主要特征形成之前或之后进行划分。先行边界是指在一个地区人口稠密之前划过该地区的边界。美国—加拿大边界的西部就是这样一条先行线，根据 1846 年美国和英国之间的条约而建立。文化景观开发后划定的边界称为后续边界，即为适应国家之间现有的语言或经济差异而绘制的边界。如北爱尔兰—爱尔兰的边界。

重叠边界是由征服或殖民势力在现有文化景观、国家或民族上建立的，其不关注先前存在的文化模式。19 世纪非洲的殖民列强将边界叠加在既定的非洲文化上，而不考虑他们的传统、语言。

如果一个区域仍以其两侧的一些景观特征或差异为标志，则该区域被称为遗迹边界。散布在威尔士和英格兰之间的边界地带的废弃城堡就是遗迹边界。柏林墙，由东德于 1961 年修建，是封闭东柏林和西柏林之间的边界。1990 年，德国统一后，柏林墙大部分被拆除。柏林人选择保留一些城墙作为历史遗迹。在其他地方，墙的路线由两排铺路石标记，这是另一种形式的遗迹边界。

(3)海上边界

越来越多的国家将其主权向海洋延伸，主张相邻海域和资源。19 世纪末，大多数沿海国家声称对 3 海里或 4 海里宽的海域拥有主权，3 海里的距离代表了火炮的最远射程。1982 年，《联合国海洋法公约》通过界定四个控制递减区来划定领土边界和权利(图 3.64)。

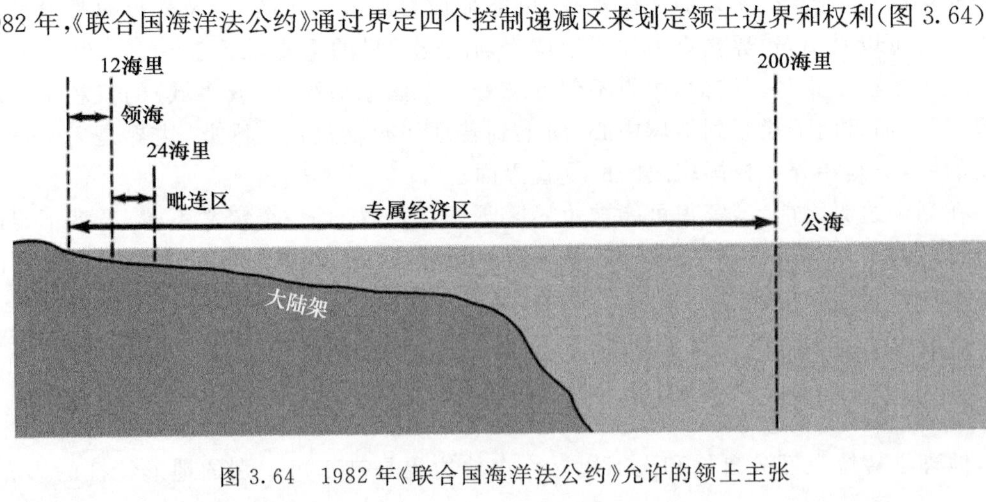

图 3.64　1982 年《联合国海洋法公约》允许的领土主张

领海基线量起宽度达 12 海里的领海，沿岸国对其拥有主权，包括专属捕鱼权。所有类型的船只通常都有权无害通过领海。

领海基线量起宽度为 24 海里的毗连区，虽然沿海国在该区域没有完全主权，但可以执行海关、移民和卫生法律，并有权在其领水外进行紧追。

领海基线量起宽度为 200 海里的专属经济区（EEZ），在该区域内，国家有权勘探、开发、保护和管理自然资源。

当大陆架延伸得更远，超过海岸 350 海里时，各国对大陆架内的资源拥有专属权。

2.3　边界冲突

边界是造成国家之间冲突的主要因素之一。造成边界冲突最主要的原因是作为边界的地理因素的变动，以及边界固有的争议（图 3.65）。

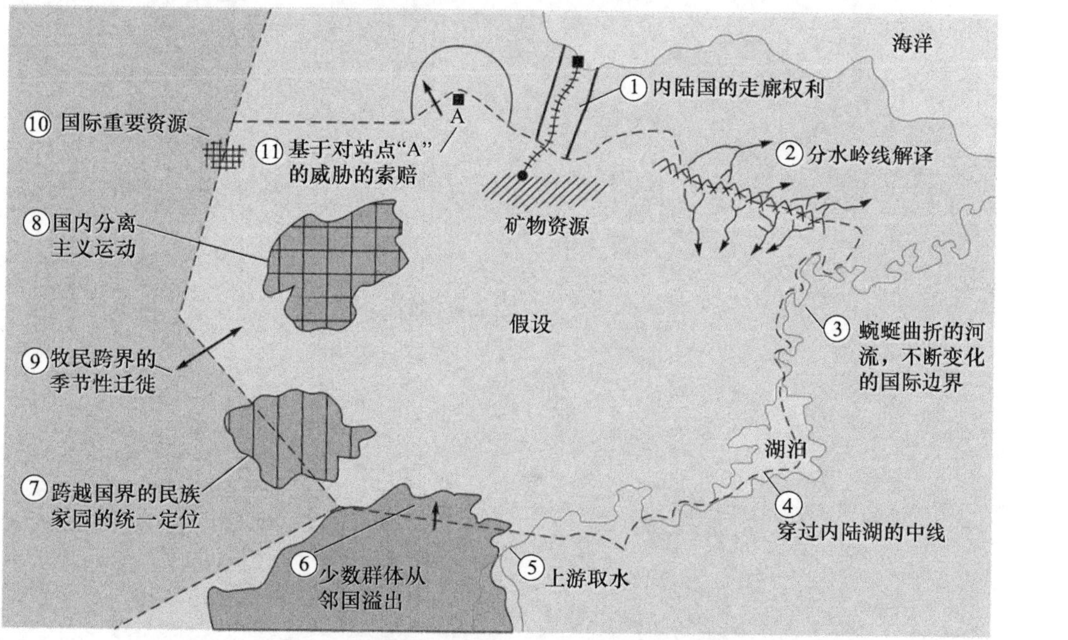

图 3.65　国际压力的地理来源

尽管河流和湖泊构成了许多国家边界的一部分，但是客观上也造成了很多冲突。如边界线的位置：沿着右岸、左岸，沿着水道的中心，还是沿着航道的中间。如果河流改道、涨潮或干涸，沿着主航道划定边界的协议也可能不是永久的。

水资源的开发利用日益成为河流上下游的国家间冲突的导火索，特别是在干旱或半干旱地区。当水资源短缺时，一个国家的取水、引水或污染会严重影响下游国家的可用水量和水质。如淡水日益短缺导致约旦河、底格里斯河和幼发拉底河、尼罗河、印度河、恒河和雅鲁藏布江等许多地区局势紧张。

分水岭边界是沿两个流域的山脊或山脊延伸的分界线。当各国对界定边界的文件的解释和(或)边界的划定方式存在分歧时，就会产生争端。阿根廷和智利之间的边界最初是在西班牙殖民统治期间确定的，其沿着安第斯山脉的最高山峰划分(图 3.66)巴斯克地区横跨西班牙和法国，也存在边界争议(图 3.67)。由于安第斯山脉南部没有足够精确的地形图，因此，东西向河流之间的峰顶线(最高峰)和分水岭并不总是重合的。在一些地方，分水岭位于最高峰以东数英里[①]处，留下了一个长达 52000 km^2 的争议区域。

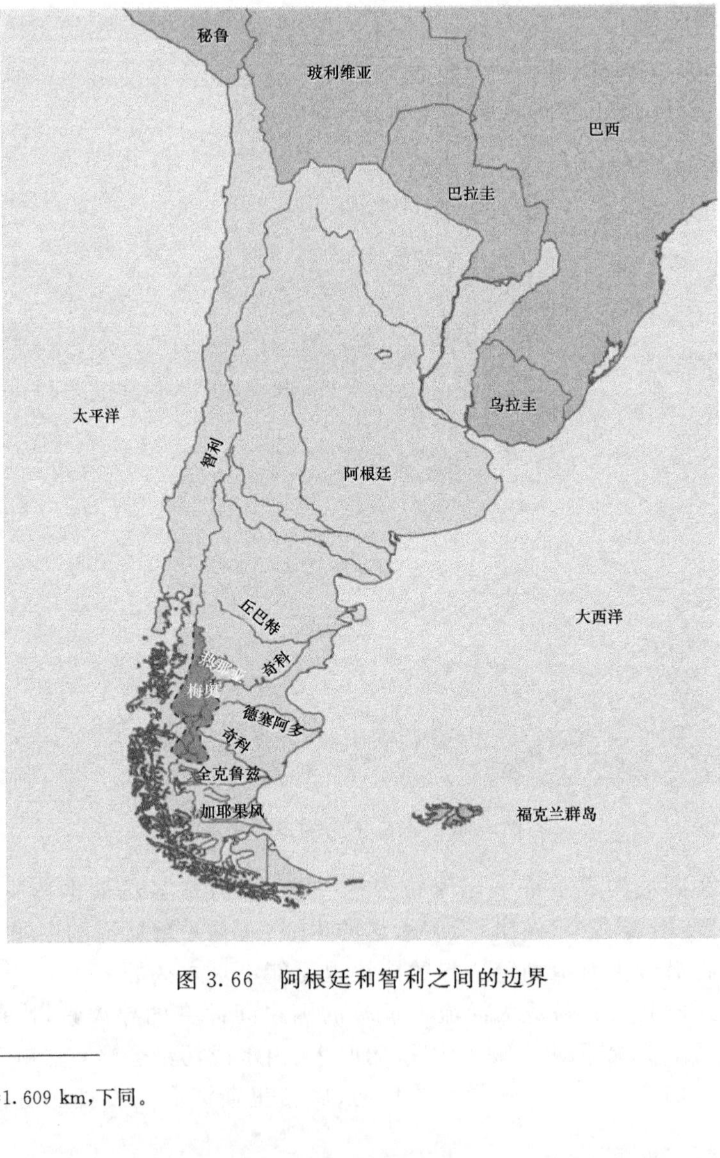

图 3.66　阿根廷和智利之间的边界

① 1英里≈1.609 km，下同。

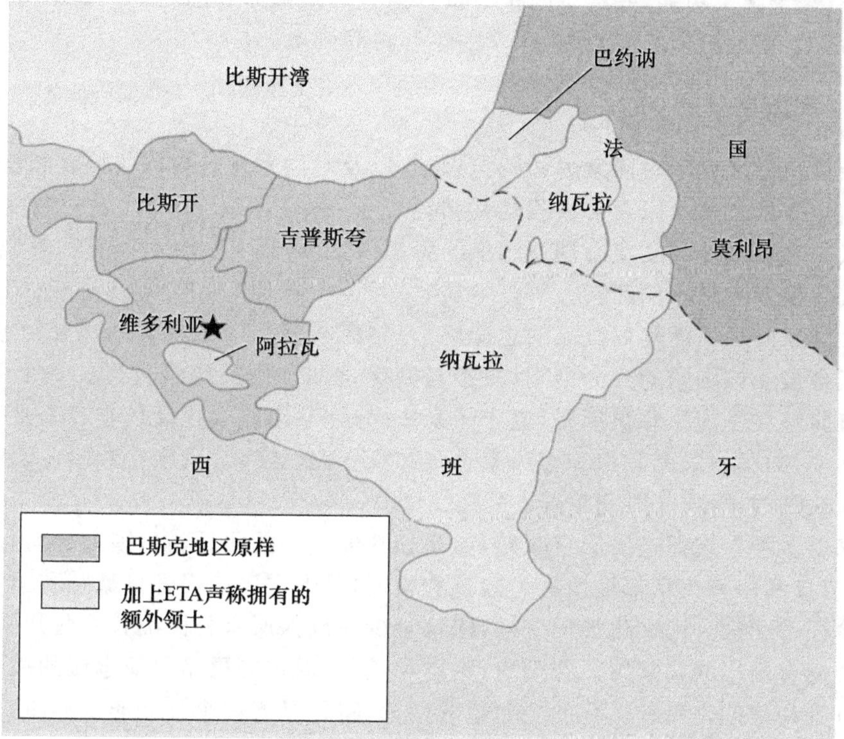

图 3.67　巴斯克地区横跨西班牙和法国之间的边界

无论是有价值的矿藏、丰富的渔场，还是文化资源，都可能被邻国觊觎。例如，近年来，美国与两个近邻都卷入了资源争端：美国与墨西哥关于科罗拉多河和墨西哥湾的共享资源问题，美国与加拿大关于大西洋乔治河岸渔场的问题。

当邻国之间在边境政策上存在分歧时，就会产生冲突。这些政策可能涉及传统游牧群体的迁徙、移民、海关条例等。例如，大量非法外国人从墨西哥流入美国，影响了美国与墨西哥的关系。国际重要资源位于边境地区为冲突提供了另一个机会。1990—1991 年，波斯湾战争的原因之一是鲁迈拉油田的巨大油藏。该油田主要位于伊拉克，并有一小部分延伸至科威特。由于两国无法就生产成本和利润达成一致，科威特在没有任何国际协议的情况下从鲁迈拉开采石油，因此，伊拉克与科威特爆发冲突。

3　向心力及其组成

在任何时候，促进国家稳定和人民团结，打击破坏国家的敌对势力都是一个国家的基本职能。政治地理学家将各种国家统一力量称为向心力，向心力将一个国家的人民团结起来,赋予国家功能,并给予国家力量。离心力是破坏和削弱一个国家的力量。如果离心力大于促进团结的向心力,国家的生存将受到威胁。

3.1 民族自豪感

民族自豪感来自于对国家的认同与忠诚,以及对国家发展目标的接受和追求,是最强大的向心力量之一。民族自豪感的基础是忠于一个国家及其所代表的制度、文化和生活方式。它是一种建立在心理情感上的思想观念,体现了一种认同感和忠诚度,以及与所有其他民族和国家的区别。

各个国家向国民灌输对国家的忠诚感,是情感被赋予了政治系统力量。忠诚于国家的公民会接受该国家的行为准则,并参与制定这些准则的决策过程。一个国家的大多数人口能够接受国家意识形态,遵守国家法律,并参与国家建设是非常重要的。对许多国家来说,国民的民族意识和对国家忠诚并没有完全实现,民族自豪感在某些情况下是脆弱和缺失的,需要长时间培养。

国家以多种方式促进民族自豪感,国歌和其他爱国歌曲、国旗、国家运动队、重大仪式、法定节日和国家宪章都被发展为国家的象征,是促进民族提升自豪感和国家忠诚感的重要途径。无论公民文化如何多样,国家至少应确保所有公民都有这些共同的情感,公民就会拥有国家的归属感。在瑞典、日本和英国,君主制更是象征忠诚的最有代表性标志。符号和信仰是每种文化的主要组成部分,特别是当一个社会非常异质,由具有不同风俗习惯的人组成时,信仰能够将他们紧密联系在一起。

3.2 公共服务机构

具有国家象征标志的公共服务机构有助于培养公民对国家至关重要的忠诚度、承诺感和凝聚力。

学校是所有公共服务机构中最重要的,特别是中小学。学生学习自己国家的历史和少量其他国家历史,学校向学生教授国家的发展目标、价值体系和传统文化,培养学生学习母语并能够熟练应用,培养学生的国家认同感和爱国主义情感。

武装部队是所有公共服务机构中贯彻最彻底的,国家的武装部队是经过严格训练,具有强烈国家认同感、忠诚感的武装力量,是国家向心力和凝聚力的践行者和维护者。其功能是保护国家的安全和领土的完整,维护国家的荣誉和人民的福祉,使其免受敌人的伤害。

3.3 组织和管理

政府对国家大事进行有效组织和管理,是增强向心力的重要途径。强大的国家向心力依靠丰富的物质基础,特别是经济实力。经济实力是一个国家提高国际地位、增强国家向心力最基本的支撑点。国家必须提供安全生产和生活环境,营造良好的营商环境，大力发展国家经济实力，不断满足公民对物质文化的需要。

政府对国家资源公平分配和配给，以提升所有公民的福祉，并增强国家向心力。政府对资源分配和配给导致财富分配不均、财富分配不平等历来是社会不稳定的潜在根本原因，特别是贫富差距过大，会加剧经济社会秩序的混乱，威胁到社会政治的稳定，从而削弱国家向心力。因此，政府有责任和义务建立健全有关法律、法规，促进国家资源公平分配和配给。

3.4 交通与通信

一个国家的交通网络通过促进地区之间的互动，以及通过经济和社会上的联系来促进政治一体化。自古以来，运输网络在凝聚国家向心力量方面起到重要作用。公元前 220 年，秦始皇统一全国后，为了加强中央政权的集中，便开始修建数条驿道，最长驿道超过 6000 km。为了保证驿道畅通无阻，秦始皇还大力推广车同轨制，规定了一套严格的交通管理制度，使得驿道得以长期保持畅通。促进了人们对国家的认同感。

现代化的公路和铁路在促进政治一体化方面发挥了历史性的重要作用。在美国和加拿大成立不久时，他们不但开辟了新的定居区，更是大力发展交通运输设施，增加了农村和城市地区之间的相互联系。由于现代化的交通运输系统在一个国家的经济发展中起着重要作用，因此，一个国家经济越发达，其运输网络就可能越广泛。同时，发展水平越高，用于建设运输路线的资金就越多，两者相辅相成。

运输和通信，作为一种有意识增加国家向心力的手段，虽然在一个国家内受到鼓励和支持，发展快速，但是在国与国之间，经常受到限制或至少受到控制。通过限制与外部空间的互动，来提升国家凝聚力，减少外部敌对势力的干扰和破坏。

4 主要地缘政治理论

4.1 海权论

1884 年以后，阿尔弗雷德·赛耶·马汉（1840—1914 年）在美国罗得岛的海军学院研究 17 世纪和 18 世纪的海战史，并在此基础上提出了海权理论。《海军战略》是马汉关于海军战略的代表著作，也是世界上第一部海军战略理论专著。海权论的核心概念——制海权。所谓制海权是一个国家控制航海的能力。

海权论的理论假定：①争霸世界的关键在于夺取制海权。②通过控制世界上重要的航海通道和海峡能够获得制海权。

获得海权的必要条件：①优越的地理位置，一个国家想要发展海权，首先必须在地理位置上便于进入世界的海洋。②国家的自然结构合理，包括合理的生产结构和优良的海港。③适当的领土范围和海洋人口,如果拥有同海岸线长度成正比的人口分布,那么在这个国家的海权发展的主要内部阻碍就不存在了。④拥有众多的从事海洋事业的人口。⑤对于海洋利益有渴求的民族特性:人口的活力和素质。⑥政府性质,即政府发展海上力量的决心,亦即整个民族的文化取向问题。

获得海权的充分条件:①一个国家国内的生产力水平,必须要不断扩大生产可供对外贸易的产品。海上权力真正建立在和平与广泛的商业基础上,所有的人都寻求收获并且或多或少地追逐金钱。然而,寻找收益的方式却会对居住于一国之内民众的历史与商业运气造成显著的影响。②拥有进行海外贸易的大规模的船只。③殖民地和基地应能够保障扩大和保护船只的运输。④必须有一支海上武装力量——海军,来保护海外基地和殖民地与本国基地间的交通线。

4.2　陆权论

华尔福德·麦金德(1861—1947 年)是在牛津大学首开地理课程的英国政治地理学家,曾任英国航运委主席、英国枢密院顾问兼帝国经济委主席等多种职务。麦金德思想上注意全球战略,把地理因素与国际政治和战略结合起来思考欧亚形势,1904 年初,他在地理学会上宣读了“历史的地理枢纽”论文。这是他第一篇关于“心脏地带”地缘政治思想的文章。麦金德在他的论文中首先提出了“封闭式空间”的理论。欧亚非大陆被大洋所包围,因此称为世界岛。世界岛呈两个新月形分布:内新月形包括德国、奥地利、中国和印度,外新月形包括英国、日本、美国、加拿大、澳大利亚和南非(图 3.68)。

图 3.68　麦金德的陆权论

陆权论的理论假定:①海洋力量无法到达心脏地带。由于世界岛的核心部分是由主要河流组成的广阔的低地,这些河流向北流入北冰洋,向南注入咸海,这一地区包括亚洲的一半和欧洲的四分之一,无法通过海洋到达。②铁路将给亚欧大陆腹地带来无比的机动性。由于通信和交通技术的变化,世界岛第一次成为一个统一的战略单位。

陆权论的主要内容:①整个世界由海洋和岛屿组成,亚非欧组成了一个战略单位——世界岛,南、北美洲是另一个岛屿。②世界的核心力量来自于亚欧大陆心脏地带。③通过陆地控制海洋比通过海洋控制陆地要容易。④如果没有领土根基,海上力量的机动性和扩张将不复存在。对海洋的控制基于强大的陆地资源。⑤依靠海洋力量为主要手段向外扩张的哥伦布时代已经终结。

麦金德理论修正。第一次修正基于两个现实原因:首先,海洋是一个整体。其次,大陆存在着两个心脏地带,北心脏地带和南心脏地带。该修正把东欧分成三个而不是两个国家系统。第二次修正,麦金德主张两种层次上的国际合作。首先,英、美、法之间必须进行有效的长久合作,建立大西洋联盟,即相同意识形态之间的合作,空间上纵深防御,也作为海权和陆权之间的平衡。其次,上述三者必须和苏联合作,通过不同意识形态国家之间的合作,确保战争不再发生(图 3.69)。

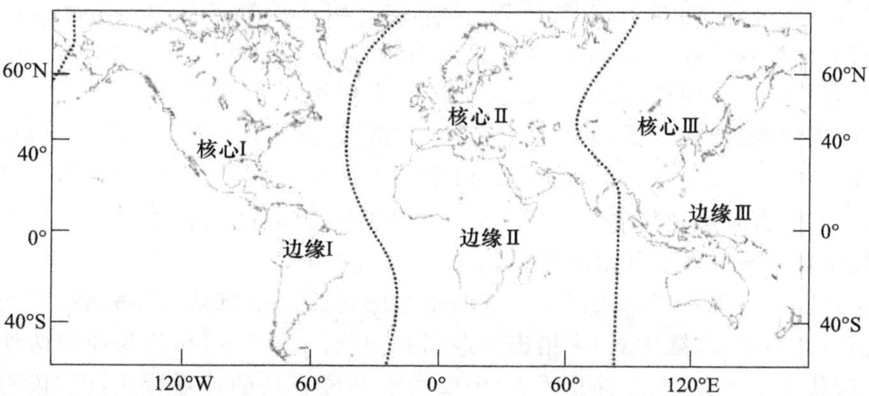

图 3.69　泛区域模型(刘云刚,2006)

4.3　陆缘学说

斯皮克曼教授是美国 20 世纪 40 年代初的著名地缘政治学家,在《和平地理学》一书中提出与心脏地带理论相反的理论,即陆缘学说。

斯皮克曼分析麦金德心脏地带学说不足之处。心脏地带的中亚无疑是一个实力潜力相当低的地方。而内新月地区(欧亚大陆的边缘地区)无论是人口,还是工农业生产条件,一般都比心脏地带要优越。两次世界大战都发生在边缘地区,而且都是海权与陆权国家联合击败边缘地区国家。综合以上情况，斯皮克曼认为，麦金德对心脏地带地缘政治的战略地位估计是错误的。麦金德强调东欧和心脏地带的战略重要作用的名言是错误的，是缺乏历史与现实事件依据的。

斯皮克曼在《和平地理学》中提出：如果世界的强权政治需要一个口号的话，就必须是“谁支配着边缘地区，谁就控制着欧亚大陆；谁支配着欧亚大陆，谁就掌握着世界的命运”。

5　中国政治地理学发展

5.1　中国古代政治地理思想

(1)都城选址和枢纽判定

都城选址。都城选址强调三个方面因素：第一，都城应位于领土中间，以便于吸纳全国的赋税等资源和控制各个地区。东周迁都洛邑主要就是因为“此天下之中，四方入贡道里均”，强调“择天下之中而立国”。第二，都城需要在军事和交通上处于战略位置。强调都城选址要“因天之固，归地之利”，如关中“被山带河，四塞以为固”，既有丰腴的“八百里秦川”，又有“崤函之固”等天险，因此西安被汉朝作为都城。第三，风水条件。中国历史上在都城选址时多“相天下之势而厚集之”，大多选取“依山傍水”的区位。如洛阳四周有九条山脉朝拱，九道河流环绕，风水形势甲于天下，“洛阳六气运行，均霜露而调序；山川形胜，祥祉荐臻，远无乾心，近收亡欲”。都城区位的好坏并非一成不变，而是随着政治经济背景的变化不断演化。由于一个地区往往在政治、经济和军事条件上无法兼得，而随着政治地理形势的变化对不同方面的需求会发生变化，因此中国古代都城的选址出现了东西徘徊和南北往复。

枢纽判定。中国古代有很多关于战略枢纽的讨论。范雎认为“韩、魏，中国之处而天下之枢”；诸葛亮在《隆中对》中指出了荆州和益州的重要区位，认为夺取两地可以成就霸业；唐朝李吉甫在《元和郡县图志》中归纳了全国各地的地理特征，以“佐明王扼天下之吭，制群生之命”；明清时期顾祖禹系统整理了历代关于山川险易、州域形势的论断。中国古代的战略枢纽主要被长城、黄河和长江“三横”和巫山、太行山和大兴安岭“一纵”分割为十大区域，其中西安、洛阳、北京、南京和成都位于汉族文化—经济区的腹地中心，是历史上不同时期的都城所在地；不同文化—经济区的周边形成了众多军事要塞，尤其以秦岭—淮河沿线的淮南、荆襄、汉中和长城沿线的嘉峪关、大同、赤峰和山海关为代表。

(2)中央—地方关系与国家—百姓关系

中央—地方关系。在行政层级上，主要是对分封制和郡县制的评判。先秦时期主要采取分封制，中央—地方的关系以礼仪为主要的维系力量。秦始皇统一六国后，实行郡县制,成为中央统治地方的主要方式。伴随中国古代从分封制向郡县制的转变,中央—地方的领土形式也从水平的同心圆(五服)向垂直的金字塔(郡—县)转变。因此,郡县制的行政区划层级、幅员和边界设定逐渐成为秦朝以后中国古代重要的政治地理过程。在行政区划上,中国古代的行政区划混合了由郡—县等构成的“嵌套式”垂直等级和由路、道等构成的“马赛克”式水平范围,既有基于行政边界的领土涵义,也有基于行政权限的官职涵义。中国古代对行政区划的研究主要体现在对行政区划沿革的记录和考证。

国家—百姓关系。一是人民与国家经济军事实力关系。对国力的考量主要包括人力和财力两方面。商鞅提出强国应该知仓府、壮男壮女、官士等“十三数”,以人力为核心的“农战”是国力的核心。晁错提出移民实边、寓兵于农的农战结合策略。二是户籍及田制。《史记》记载:“禹平水土,定九州,计民数。”系统的户籍制度应该始自商鞅变法,商鞅建立了名籍制,扩充了户口登记的信息,区分了不同阶层的户籍,并将户籍与田宅进行绑定。中国古代户籍制度与田制、税收和基层管理制度相辅相成。秦汉主要征收田租和人头税。魏晋至隋朝,税收以租调制为主,因此户籍登记主要以户为单位。随着均田制的实行,开始将土地数等信息纳入户籍登记中。宋明时期,逐渐以田地和财产为税基。清朝雍正推行“摊丁入亩”后,户籍不再与税赋挂钩,而主要承担人口普查的功能。三是军政、统治阶层与国家的关系。先秦时期中国主要实行分封制,战争中的军队成员主要是贵族精英。秦至唐中国主要实行郡县制,官僚阶层逐步替代封建贵族,军队从秦朝的征兵制转向职业化的募兵制。宋朝以后,为了控制地方权力推行条块分割的郡县制,随着科举制的推行和王安石改差役为雇役,出现了专门辅助官僚阶层的吏和乡绅。

(3)华夷之辨和边境治理

华夷之辨。主要涉及民族的形成、对民族地区的治理和对周边民族地区的征服等内容。中国早在周朝就出现了华夷之辨,不过几千年来不同时期对宗族、文化和地域的侧重不同。如《左传》中的“非我族类,其心必异”,一般认为是强调宗族差别;《春秋》中则重文化而轻种族——“夷狄入中国则中国之,中国入夷狄则夷狄之”。还有一些观点侧重地域差别,如《汉书·地理志》中指出:“古有分土,亡分民。”西周中后期,中原地区的文化和生产水平远高于周边地区,华夷之分用于支持中原地区的对外扩张战争,如齐桓公就用“尊王攘夷”的旗号染指外夷土地。秦朝以后,随着少数民族的崛起,在对待外夷的态度上出现了一些矛盾的心理。其中,汉朝作为汉族的重要起源时代在民族观念上表现得尤为明显。一方面,强调“夷狄进至于爵,天下远近小大若一”。对蛮夷的态度是“修其教不易其俗”。另一方面,对蛮夷主要持蔑视态度。“夷狄之人,贪而好利,披发左衽,人面兽心”“蛮夷怀鸟兽之心,难养易败”。多采取“来则惩而御之,去则备而守之”“以夷制夷”。中国古代对于周边少数民族地区的治理方式和思路有较大差异,有隔离、因袭和改造三种观点，这在每一朝代都有不同程度的体现。

边境治理。中国边境冲突主要是与境外少数民族和列国的纷争。对境外的少数民族势力采取“主战”与“主和”策略。首先，“主战”还是“主和”取决于对少数民族的民族性与其领土价值的权衡。例如对匈奴，有人认为没有必要占领匈奴的“不食之地”。但是，也有人认为匈奴“挟不信之心，怀不测之诈”，必须消灭才能保证长治久安。其次，是对少数民族的态度与地缘环境和力量对比。如西汉初年刘邦采纳娄敬的建议，与匈奴奉行和亲策略；而至汉武帝时国力强盛，则开始主张征讨匈奴。中原地区对周边少数民族一般采取怀柔和震慑相结合的策略；周边的少数民族多表示臣属但又常常袭扰。二者的辩证关系，成为中国几千年与周边少数民族治乱循环的重要动因。

中国古代还有不少对(诸侯)列国间外交—军事关系及策略的研究。春秋时期，诸侯国间的战争讲求礼节且主要为了维持国家间均势而非消灭敌国，出现了诸如“唇亡齿寒”等对国家间关系的论断。战国时期出现了旨在消灭敌国的各类外交—战争策略，《战国策》中记载了“合纵连横”“围魏救赵”和“远交近攻”等很多策略。以墨子的“非攻”为代表的反战思想，如《盐铁论》中认为“地广而不德者国危”。但是，也存在很多主战的观点。“边境强，则中国安”“一日违敌，累世为患”；清朝康熙也指出：“边疆一日不宁，内地之民一日不得休息。”

5.2 现代中国政治地理学的发展

(1)中国政治地理学亟待发展

吴传钧(1994)在“发展具有中国特色的人文地理学”一文中指出：“中国政治学，包括地缘政治的研究，一度被视为禁区，而在国际上很多经济发达国家在制定对外政策时，无不讲究地缘政治。在这些分支学科方面有很多问题，需要我们组织力量，加强研究，填补空白。”由于众多方面的原因，中国对政治地理学的研究起步晚、进展慢、范围窄、深度不够，中国政治地理学发展缓慢。这一现状与我国政治体制改革、经济体制改革和建设有中国特色的社会主义强国的要求极不一致。目前，中国政治地理学发展面临日益增长的需求。一方面，随着综合国力的不断提升，中国需要更加积极地去推动全球治理体系朝着更加公正合理的方向发展，在“一带一路”建设中也有必要讲好“中国故事”，提升中国的国际形象。另一方面，目前中国面临百年未有之大变局，需要积极稳妥地应对全球治理的诸多难题，推进国家治理体系和治理能力现代化。中国学者对政治地理学的关注与日俱增，开展的工作日益增多，但是中国政治地理学仍处于方兴未艾的起步阶段。

(2)政治地理学在中国的传播与实践

西方政治地理学的引进始于20世纪初。沙学浚第一个运用地缘政治的概念从地理的角度来解释中国国防政策。同一时期，中国学者翻译和引进不少西方政治地理学理论和其他的欧洲经典地缘政治学说。也出现了一些探讨地理形势如何影响国家政策的实证研究。中国第一代政治地理学者聚焦于地缘政治，致力于地理环境或背景和国家政策之间关系的研究，并积极促进西方地缘政治思想在中国的传播。

20 世纪 50 年代后，受西方地缘政治批判和新中国学科发展偏好的影响，政治地理学在中国发展全面停滞。直到 20 世纪 80 年代，人文地理学科建设被重新提上日程，许多地理学家的呼吁促成了政治地理学复兴。如 1984 年李旭旦建议在《中国大百科全书:人文地理学卷》中，加入"政治地理学"词条；鲍觉民发表"政治地理学研究的若干问题"和"再论政治地理学的几个理论问题"等论文；张文奎讨论了政治地理学的性质、研究对象和内容。他们对 20 世纪 80 年代以来的中国政治地理学重建产生了重要影响。

随着政治地理学的复兴，相关的研究开始起步。周介铭提出了中国政治地理学的研究框架；张文奎等在介绍中国和西方的政治地理学发展状况的同时，对政治地理学的研究对象进行了总结，并详述了世界政治地图的形成和演化。此外，还有王国梁、王正毅、肖星、沈伟烈等。这些学者在推动中国政治地理学的组织和学科体系形成中起到了非常重要的推动作用。他们大多隶属于各大高校，如北京大学、南开大学、东北师范大学、北京师范大学、山西师范大学、辽宁师范大学、福建师范大学等。

20 世纪 90 年代后期，中国开始了外源性科学的本土化升级，人文地理学也受到这种趋势的影响。这本可以是中国政治地理学的一个发展契机，整合本土的实证研究与外源性理论。但是，这种整合并未发生。由于政治地理学的本土化需求未被激发，之后的中国政治地理学成果多表现为之前的惯性延续，即对西方已有地缘政治理论的解读，其中多数是对外来作品的翻译。

进入 21 世纪，更多的西方地缘政治学研究成果被引入中国，比如伊曼纽尔·沃勒斯坦、兹比格涅夫·布热津斯基和塞缪尔·亨廷顿等学者的相关著述。此外，除了对西方成果的引入外，应用西方理论对中国案例进行实证研究的成果也多起来。这些研究的主题包括冷战后的地缘政治与国家安全、海洋地缘政治、资源与流动的政治以及地缘战略等。这些研究仍然主要是基于西方古典地缘政治理论和概念。

21 世纪后，越来越多的人文地理学者基于各自的研究需求，开始关注"政治"要素的研究。如城市地理学者开始关注区域和城市治理、城市政治；经济地理、世界地理学者开始关注地缘政治经济；旅游地理学者开始关注旅游开发中的制度增权、社区增权；社会文化地理学者开始关注地方政治、身份政治等话题；刘君德等出版了一系列关于行政区划和政区地理的专著，极大地促进了地理学关于行政区划的研究。此外，一些探讨新政治地理学、批判地缘政治的研究成果也开始逐渐出现。

中国政治地理学的研究成就主要集中在：①地缘政治研究，包括地缘政治和地缘关系、地缘体等的相关研究。②地缘政治经济研究，是地缘政治同地缘经济的结合，如"一带一路"倡议的推动下显著升温。③以多尺度、跨尺度、批判性为特色的新政治地理学研究,如治理术、尺度政治、领域政治、批判地缘政治等。另外,还有一些政治因素的研究,如行政区划、空间治理、城市更新等,涉及多领域交叉,这些研究使得政治地理学受到越来越多的关注。

(3)未来发展领域

广域行政与空间政治。在中国快速城市化的背景下,城市与区域的空间政治问题非常多。地方管理单元的行政辖区常常无法覆盖承载实际问题的空间范围。在以碎片化的政治空间为特征的大都市区,综合性规划的制定变得日益复杂,产生了所谓的"地理不匹配"问题,即要解决的问题与被授权解决这些问题的政府部门的管辖范围在空间上并不匹配。因为在不同的地理背景下,特定政策对城市和区域发展所产生的影响会有不同。比如城市蔓延,对城市蔓延所带来的空间影响进行比较研究,揭示不同的城市蔓延政策以及不同的地理环境所引起的不同的空间效应。

国际关系与地理想象。随着在中国人文地理学中的文化转向,越来越多的人意识到,作为空间实体的地理并不是全部,同样重要的是人们主观上如何看待地理空间。中国地理学者近期对于地缘政治的研究,在某种程度上也是出于对地理想象的关注。当然,此类研究大多采用实用主义方法,关注特定的情况与热点,也有一些研究关注地缘政治策略与霸权思想。在这些研究中,都能看到地理想象的影子若隐若现。

边界冲突与划界研究。主要研究以缓解冲突为目的的特定地缘政治方案及其优点与局限。地缘政治方案存在于不同的尺度:超国家尺度、国家尺度、次国家尺度(如波斯尼亚和塞浦路斯的民族政治分割),以及地方尺度(门禁社区等)。地方尺度已经获得中国地理学界的关注。在更大尺度上,相关的研究仍然较少。针对这一方向的研究将促进中国政治地理学的发展,充实政治地理学学科的内涵。显然,因为政治地理方案对于现实中的结果有着深远影响,所以通过多元化的学术观点来论证这些方案将使我们受益匪浅。

边界与边界区域研究。边界与边界问题影响着世人生活并且影响全世界的区域稳定。对于该问题的研究将极大推进边界领域的发展。边界和边界区域研究的关键点并不在于边界的划定,而是在面对全球化、权力动态转换、更剧烈(有时更微弱)的边界渗透、变化的移民模式等趋势时所发生的转变。这类研究并不仅是对特定边界地区的发展进行记录,而是将有助于更好地理解未来重大地理变革的性质与内涵。通信革命、经济全球化以及加速的移民,对传统的边界管治提出怎样的挑战?政治与经济变革又会对边界区域的居民前途与身份认同带来何种影响?中国政治地理学者在关注边界与边界区域问题时,应该在理论层面对当今世界政治经济转型的讨论做出贡献。

环境政治地理学。当前,中国的环境问题因经济快速增长而成为一个重要议题,在此背景下,存在着很多可挖掘的研究机会。随着中国学者对政治地理学与环境之间关系的深入了解,中国学者们可为中国及中国周边地区的发展提供深刻见解。东亚地区有很多跨境污染问题,包括跨境水资源利用、跨境污染对国家间关系的影响。此外,还有许多重要的大尺度地缘政治和地缘经济问题值得关注。比如中国在中亚地区的投资战略和地缘政治利益对当地环境的影响。目前,中国日益频繁地参与国际组织,这是否会促使中国自身的环境整治意识提高?环境问题正成为中国地理学越来越重要的研究课题,为中国政治地理学者和从事其他分支学科研究的学者们之间合作的开展提供了有利机会。

中国自身有悠久的政治文化和丰富的政治地理研究素材,“一国两制”“一带一路”等都充满了政治地理想象。但地理学者迄今对于面向国内实际需求的问题研究及其理论化方面进展缓慢,对现实政策的影响力也不足。中国政治地理学的发展,需要依托当下的实践,从“一带一路”“一国两制”等治国实践中加强总结,同时加强对西方政治地理成果的批判性研究,加强对中国古代政治地理思想的吸收,积极影响和转变现有由西方地缘政治学说所带来的思维定式和惯性。中国的国际影响力日益增强,国内政治地理话题日益增多,也为中国地理学者介入相关研究提供了可能。中国需要地理学者参与地缘政治研究,也需要发展人文地理学中关于政治问题的学术研究。

第4章　信息地理部分

对于地理学家，无论从事什么研究，以下3个问题都是最基本的：①地理空间中地理现象发生的地点；②现象的特征；③各现象之间的空间关系。要回答这些问题，地理学家必须处理各种描述地理现象的地理数据，而这些数据的最大特点是具有空间位置。在古代，我们的祖先创造了地图来记载地理现象，并以地理坐标来确定其空间位置。地图对地理现象的记载是以一种模拟的方式来标记地理数据的。这种模拟方式延续了上千年。随着计算机技术的发展和地理信息系统的兴起，实现了以计算机的数字来记载和表达地理数据的方式。地理信息系统以一种新的思想和新的技术手段来解决地理学问题，是地理学研究方法上的一次质的飞跃。

人类社会已进入由物理世界、人文世界和信息世界构成的三元世界，这促进了地理学中自然地理、人文地理和信息地理的三足鼎立。信息地理学作为新兴学科，需要充分发挥其在三元世界中的支点作用，构建信息地理空间，实现物理世界和人文世界的信息映射，并通过信息的重构、传播与转换反作用于物理世界和人文世界。

第1节　信息地理学的形成与发展

1　信息地理学及其组成

1.1　信息地理学

随着对地观测、智能感知、物联网、大数据、云计算、人工智能等信息科学与技术的迅速发展和广泛应用，地理科学发展的背景和条件发生了巨大的改变，地理科学和信息科学技术的深度融合催生了信息地理学，使地理科学具备了技术科学的属性。“天—空—地”一体化遥感立体观测、物联网和社会感知体系的建立和发展，实现了对自然、人文各类要素信息的实时动态采集与接入，遥感和地理信息技术强烈驱动了地理科学的革新。地理数据融合集成技术、地理系统集成模型与决策支持系统的发展，使得对地球表层系统的深入理解以及现实世界中的决策优化，都愈发依赖于信息空间中的综合分析模型和情景预估。虚拟现实、增强现实和数字孪生等技术的发展则日渐模糊了物理世界和现实世界的界限，实现了自然地理空间、人文社会空间和信息空间的多重交互。

信息地理学是以信息技术为主要手段，研究地球表层系统中自然、人文、地理信息要素的分布特征、时空分异、空间联系，以及地理空间数据，信息的采集、传输、存储、表达、分析和应用的地理科学分支学科。信息地理学是一门自然地理、人文地理与信息科学技术深度融合的新兴交叉的地理科学二级学科，具有很强的技术科学属性，是地理科学中独特且不可或缺的组成部分。这主要体现在：①完善地理科学的学科体系，通过信息手段有机联系地理科学众多分支研究领域，深化地理科学各分支领域的定量化和科学化研究，实现地理科学从过去和现状的定量描述到对未来的定量预测；②吸收和引进信息科学等相关学科和领域的最新进展，如大数据、人工智能、物联网等，提高数据和知识的综合与集成水平，为解决复杂地理科学问题、更加深入地理解和模拟地球表层系统提供关键手段；③作为自然地理、人文地理与社会服务的媒介，将地理科学研究成果输出到其他领域，促进区域协调与人类可持续发展。与传统的地理信息科学和遥感相比，信息地理学的概念更聚焦于"地理学"，有助于促进遥感、地理信息科学的发展和应用回归地理科学。

1.2　信息地理学分支学科

(1)地理遥感科学

遥感科学与技术被广泛应用于地球系统科学的各个分支学科以及生态、环境、农业、林业、交通、城市等众多领域。地理遥感科学是指遥感科学与技术和地理科学交叉所产生的基础科学问题以及遥感在地理科学各分支学科中的应用。

遥感的迅猛发展为自然地理、人文地理、可持续发展与人地系统研究提供了重要信息源和科技支撑，并促进了定量反演、真实性检验和尺度转换等遥感基础性研究的发展。

在遥感科学和地理科学的结合方面，地理遥感科学形成了植被遥感、土地覆被遥感、地貌遥感、水文遥感、冰冻圈遥感、人文与社会经济要素遥感等主要应用分支(图 4.1 和图 4.2)，并以前所未有的深度和广度推动地理科学的发展。在以遥感观测的长周期、多尺度、宏观和微观的多源信息为支撑，以地球大数据为技术促进机制的条件下，进一步促进了联合国可持续发展目标的遥感定量评估。

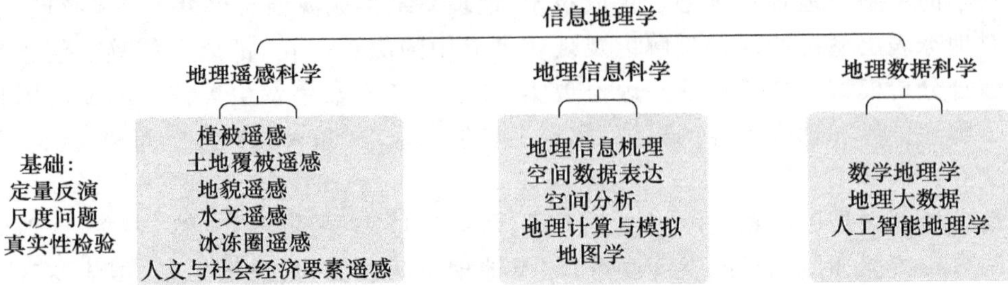

图 4.1　信息地理学的学科体系

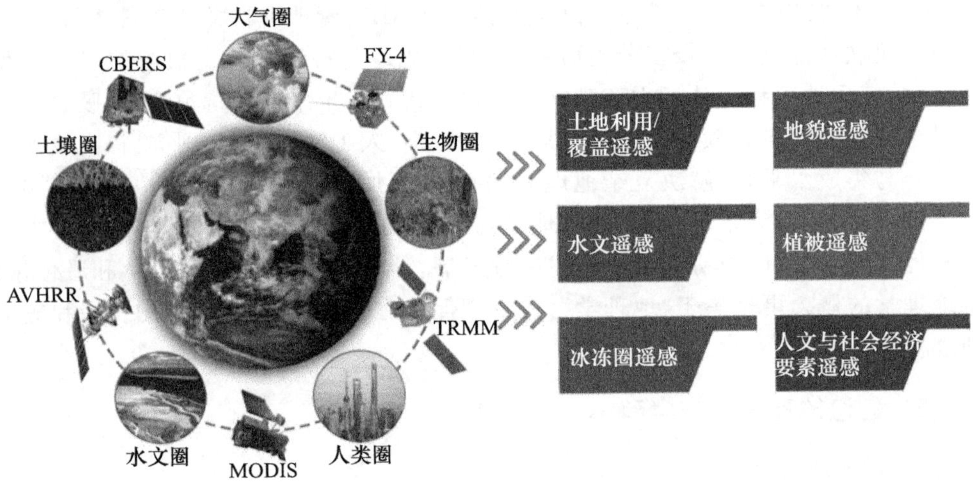

图 4.2　遥感和地理科学的结合

(2)地理信息科学

国际地理信息系统的发展萌发于 20 世纪 60 年代,古特柴尔德在此基础上于 1992 年提出了地理信息科学的概念。陈述彭院士等倡导并组织了中国地理信息科学研究,提出了"地学信息图谱"等一系列概念和方法,促进了地理信息科学方法论的发展。

1990—2000 年,中国学者主要在 GIS 构建模式、数字高程分析、矢栅一体化时空数据模型、面向对象 GIS、GIS 时空数据模型、空间统计与分析等领域进行理论与方法的探索,在软件平台上开始打造具有自主知识产权的 SuperMap、MapGIS、GeoStar 等国产 GIS 软件。2000 年以来,随着地理信息科学理论的深入研究以及数字地球、数字中国建设的需求牵引,GIS 的应用不断深入,中国学者在虚拟地理环境、空间拓扑关系、地理空间统计、地理数据挖掘、地理空间不确定性、元胞自动机与地理模拟系统、地理时空预测等方面进行了方法与技术创新。

2010 年以来，随着智慧城市建设的快速开展，GIS 已经成为城市管理、土地利用、公共健康、灾害监测等领域的基础支撑平台，中国自主发展的各 GIS 平台和相关软件发展迅猛，2015 年，国产 GIS 软件国内市场占有率首次突破 50%。2018 年以来，中国地理信息科学在新 ICT(信息与通信技术)、地理大数据、人工智能、泛在地理信息服务等领域进展明显，提出并形成了一系列国际领先的基础理论和关键技术，如提出了全空间信息系统、全息地图、地理场景学、社会感知等一系列原创的理论方法，并在地球大数据集成、行为轨迹与行为空间等领域取得了突出进展。地理信息科学与技术的发展和应用已经远远超越了地理科学研究的范畴，并从科学研究和行业应用逐步走向大众化、社会化服务。

(3)地理数据科学

地理数据科学的研究主要包括数学地理学、地理大数据和机器学习，以及人工智能地理学。大数据与人工智能的冲击推动了地理数据科学的形成和发展。中国学者在数学地理方法的进展不仅超越了统计学方法的范畴，还涉及机器学习方法、演化方法、复杂网络理论等。以对地观测、传感网、自发地理信息、人类行为等为代表的多种地理数据快速汇聚，形成了一系列庞大的地理数据资源池，并以此为基础发展了面向地理大数据的系列标准规范、数据模型、聚合方法、传输模型、共享模式以及基础设施等，实现了对 GIS、RS、GPS、SDSS(空间决策支持系统)等的有机集成，完善了地球表层系统科学数据集成与共享网络。

基于海量对地观测数据和多源融合数据，中国学者构建了地球大数据平台，为地球科学研究提供了新视角和新方法，并在支持联合国可持续发展目标和“数字一带一路”方面发挥了巨大的作用。基于人类行为大数据，建立了人类时空行为特征的分析方法，发展了社会感知的研究框架，促进了社会大数据的发展和突破。随着地理大数据的快速发展，数据中蕴藏的复杂(非线性)关系、多元协同及时空耦合特征、超大规模的计算量等，使得传统的统计学方法已经难以适应，而以深度学习为代表的人工智能方法的突破，给大数据的处理注入活力，同时也快速深入到地理大数据的计算中。

中国学者已将深度学习神经网络应用于遥感影像、街景图片、文本数据、社交媒体等大数据的处理中并取得重要突破。其中，深度学习在时序、空间、光谱、视角、语义等多源信息融合方面，取得了显著优于传统方法的效果。

2 信息地理学学科发展

2.1 发展方向

紧密围绕地理科学的核心问题，加强信息地理学的基础研究，构建完整的学科体系。引进和发展信息领域的前沿研究成果，推进智能地理分析、地球大数据、地球表层系统综合模拟与数据同化等方面的关键基础理论与方法，建立地理大数据平台、地球表层系统科学模拟平台、可持续发展决策支持系统，为地理科学夯实信息基础设施。发展和推进地理信息科学的综合应用，促进地理数据—信息—知识—决策的贯通，在更高水平上支持国家与区域可持续发展。

地理遥感科学。大力发展地理遥感科学的基础理论与方法，深入开展遥感在地理科学各分支领域的应用，发展地理遥感基础产品，提升对地理科学与联合国可持续发展目标的服务能力；加强遥感机理、地球表层系统模型、地球大数据方法以及遥感信息与地球表层系统模型的同化研究，着重解决地理科学中存在的定量反演、尺度转换和真实性检验三大科学难题，推动地理科学的重大突破和发现。

地理信息科学。利用信息技术，构建地理空间认知、表达、分析、模拟、预测、优化方法，探索自然地理空间、人文社会空间在地理信息空间中的表达与耦合方式，开展地理场景建模，致力于研究地理信息系统实现和应用中的基础科学问题，发展解决中国地理信息产业卡脖子问题的基础理论与关键技术（图 4.3）。

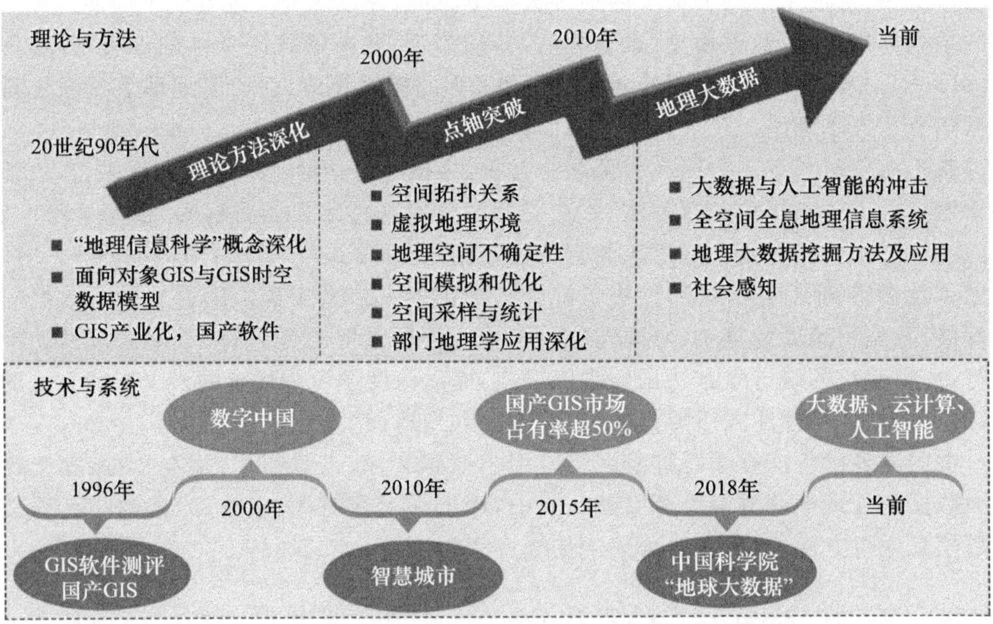

图 4.3　20 世纪 90 年代以来地理信息科学发展历程及关键成果

地理数据科学。借助快速发展的数字地球、大数据、云计算、人工智能等新兴技术，结合遥感信息分析与应用、地理信息及地理分析手段，实现观测、数据与模型资源的整合，自动提取和发现隐含的地理知识与规律，刻画多尺度地理事件与地理要素的时空联系，揭示其发生本质。

2.2 发展目标

信息地理学的优先发展目标有:①持续发展地理遥感科学的基础理论研究,发展地理要素遥感辐射传输模型,优先突破遥感尺度转换、真实性检验等理论方法;②发展地球表层系统观测、数据、模型基础设施和模拟平台,形成一批针对自然和人文要素的先进遥感新算法,提高国产卫星遥感数据产品的生产与应用能力,持续提供遥感产品服务,彻底改变“数据多产品少”和地理科学研究严重依赖国外遥感数据产品的局面,为支撑中国地理科学跨越式发展和地球表层系统科学前沿探索夯实地理信息基础;③发展三元空间支撑下的地理信息综合模型和地球大数据分析方法,发展具有自主知识产权的地理场景建模与集成分析、地理大数据位置聚合分析与服务、多模态地理信息表达与交互的技术与方法体系,研发包括过程机理模型和机器学习相结合的地理智能和地理模拟系统,加大力度发展具有自主知识产权和国际竞争力的地理信息平台和行业软件;④构建支撑多角色、多数据、多圈层、多情景协同模拟的综合地理建模平台,实现地理数据—信息—知识—决策的贯通,为国家空间规划与区域可持续发展贡献地理信息科学的智慧。

第 2 节 地图与空间技术

1 地图意义

地图对地理学家具有特殊意义,是地理学家必不可少的独特工具。只有通过地图,才能将任何性质的空间分布和相互作用缩小到可观察的尺度,进行单独研究,并进行组合或重组,以揭示景观本身无法直接测量的关系。

1.1 地图投影

(1)地图投影定义

在将地球转化为地图时,需要将曲面展平,且无法保持其原始的所有属性不变。地球仪具有如下特性:所有经线的长度相等,均为赤道长度的一半,所有经线在南北极交汇。所有纬线都与赤道平行,并且相互平行。平行纬线的长度会随着距赤道距离的增加而减小。经线与纬线以直角相交。

“地图投影”是依据一定的数学法则,把不可展开的地面曲面映射到平面上,或者可展开成平面的曲面(例如,圆锥面、圆柱面、椭圆柱面)上,最终在地表面点与平面之间建立起一一对应的关系。所有的平面地图都以不同的方式和程度扭曲了实际地球表面关系的四个主要特性：面积、形状、距离和方向。

(2)等积投影及其变形

一些投影，如圆柱形等面积投影，表示区域的面积与地球实际成正确或恒定的比例。这意味着地图上的任何平方英寸[①]都表示地图上其他任何地方相同的平方英里数(或类似单位)。因此，描绘区域的形状不可避免地被扭曲。例如，地球上的一个正方形可能会成为地图上的矩形，但该矩形的面积是正确的。这种投影称为等面积投影或等效投影。显示正确区域关系的地图总是会扭曲区域的形状。当地图旨在显示地球表面现象的实际区域范围时，可使用等面积投影。

(3)等角投影及其变形

投影通过保持正确的角度关系来精确描绘小面积的形状。这些真实形状的投影被称为共形投影，而共形的重要性在于区域和特征"看起来正确"，并且具有正确的方向关系。它们通过确保纬度和经度子午线的平行线以直角相互交叉，并且在任何给定位置的所有方向上的比例都相同，从而实现小区域的这些特性。这两种情况在全球都存在，但只能在地图上相对较小的区域保留。正因为如此，大区域大陆的形状总是不同于它们真实的地球形状，甚至在共形地图上也是如此。

(4)等距投影及其变形

距离关系在地图上几乎总是扭曲的，但有些投影在一个方向或沿某些选定的线保持真实距离。其他称为等距投影的投影显示了所有方向上的真实距离，但仅从一个或两个中心点开始(图 4.4 和图 4.5)。所有其他位置之间的距离都不正确，很可能会严重失真。例如，以底特律为中心的等距地图显示了底特律与波士顿、洛杉矶等城市以及地图上任何其他点之间的正确距离。但它并没有显示洛杉矶和波士顿之间的正确距离。地图不能既等距又等面积。

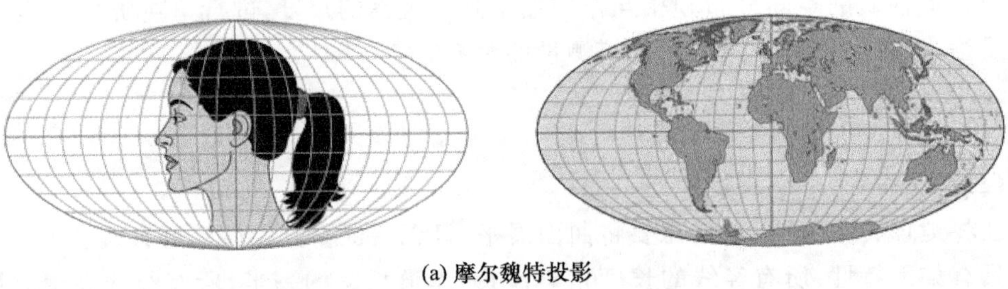

(a) 摩尔魏特投影

① 1英寸≈0.025 m，下同。

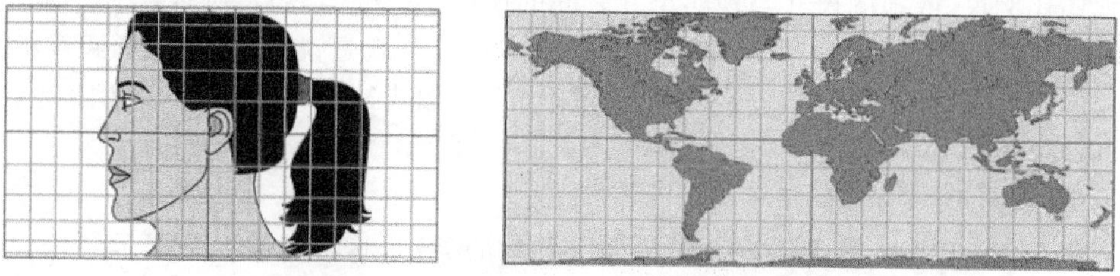

(b) 在30°N和南纬处具有标准纬线的圆柱形等积投影

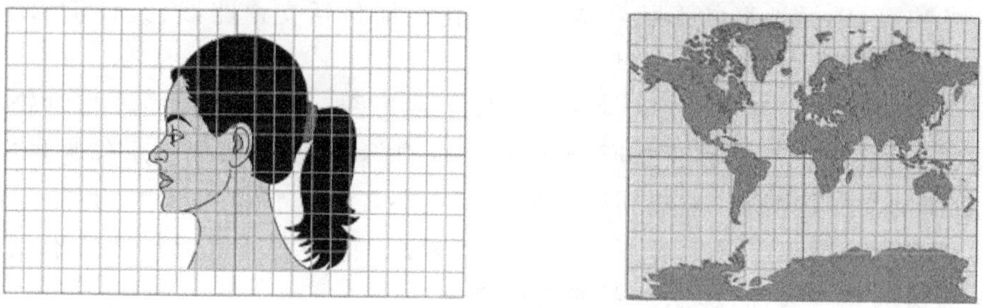

(c) 墨卡托投影

图 4.4　三种不同地图投影中固有的失真

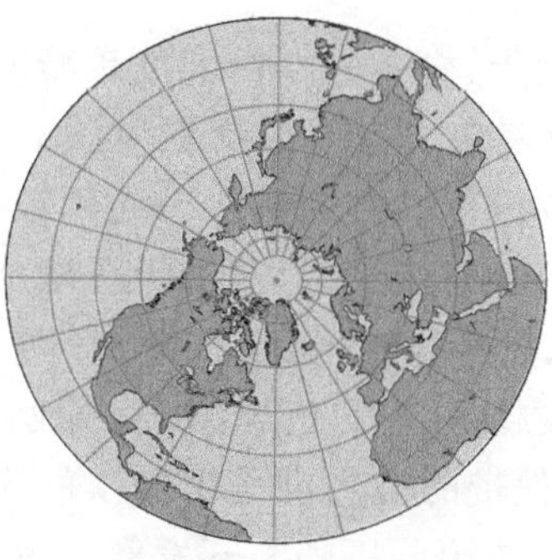

(a) 方位角等距投影，极坐标

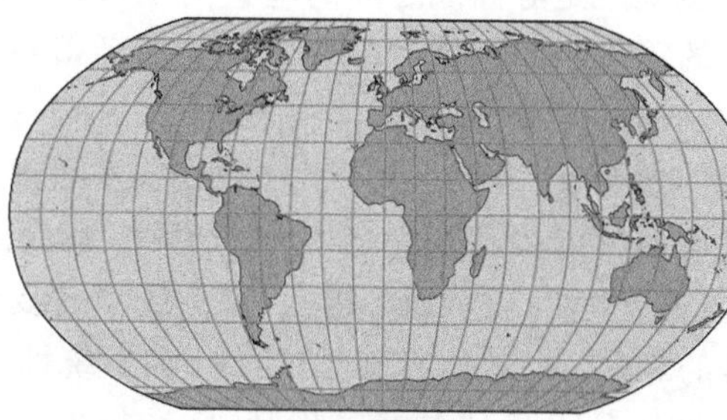

(b) 罗宾逊投影

图 4.5 等距投影(a)和罗宾逊投影(b)

1.2　比例尺

地图的比例尺是地图上某物的测量值与地球上相应测量值之间的比率，通常以三种方式之一表示：文字表示法，例如“1 英寸到 1 英里”或“10 cm 到 1 km”。图例表示法，图形比例尺有时称为条形比例尺，是地图上的一条线或条，它被细分以显示地图上地球距离单位的长度。分数表示法，代表分数刻度给出两个数字，第一个表示地图距离，第二个表示地面距离，分数可以用多种方式书写。

地图比例尺，或地图尺寸与现实尺寸之间的比例，可以从非常大到非常小。大比例尺地图，如城市平面图，可以相当详细地显示一个地区。也就是说，地图与地面距离的比率相对较大，例如 1 ∶ 600 或 1 ∶ 24000。在这个比例下(如建筑物和公路)可以按比例绘制。

1.3　地图类型

通用地图、参考地图或位置地图是大家熟悉的类别，其功能仅仅是展示一个地区或整个世界的一个或多个自然和/或文化特征。地图上显示的常见自然特征有水特征(海岸线、河流、湖泊等)以及地形的形状和高程。文化特征包括交通路线、人口稠密地区、产权界线、政区和名称。

一些通用地图描述了地形的形状和高程，称为地形图。它们通常描绘相对较小区域的地表特征，通常它们不仅显示地形、河流和其他自然特征，还可以显示作为村庄、工厂、麦田和墓地的交通、建筑和土地利用。地形图上还描绘了许多类型的边界，包括从州边界到田地或机场边界等。地形图刻画了地球表面，制图人员使用各种技术在二维地图上表示地球的三维表面，显示地形或高程变化。

使用高程点高度的数字来表示选定点的高程，把高程数值相等的点连接起来，就成为等高线。等高线的所有点在基准面(通常为平均海平面)上方的高程相等。等高线是假想的线，是一系列平行、等间距的水平线所形成的轮廓。

等高线间距是等高线之间的垂直间距，通常在地图上注明。通常，表面越崎岖不平，需要绘制的等高线数量就越多；坡度越陡，等高线就越密集。为了提高地形图的图形效果，等高线有时由阴影地形的使用来补充。一个通常位于西北方向的假想光源被视为照亮该区域的模型，模拟光照和阴影的外观，并创建三维地形的错觉。分层设色地势图，在等高线之间的“着色”，形成一个彩色高程带，通常用绿、黄、棕等颜色分别表示平原、高原、高山地貌，绿色越浓，表示地势越低，黄色越深，表示海拔越高，棕褐色越深，表示地势越高。各高层带的等高距呈现出明显的连续性和系统性。高程带的交界也是变更颜色的界线。

地形图上的大量信息对工程师、区域规划师、土地使用分析师和开发商以及徒步旅行者和临时用户都很有用。有了如此丰富的信息，经验丰富的地图阅读者可以对该地区的自然特征和土地的文化用途进行判断。

1.4　专题地图和数据表示

专题地图或特殊用途地图，显示特定的空间分布或数据类别，可能是物理(气候、植被、土壤等)和/或文化(人口分布、疾病等)数据。

研究事物的空间模式和相互关系，无论是人、作物还是交通流，都是地理学的精髓。各种符号用于记录位置或专题地图上这些现象的数量。符号和地图可以是定性的，也可以是定量的。

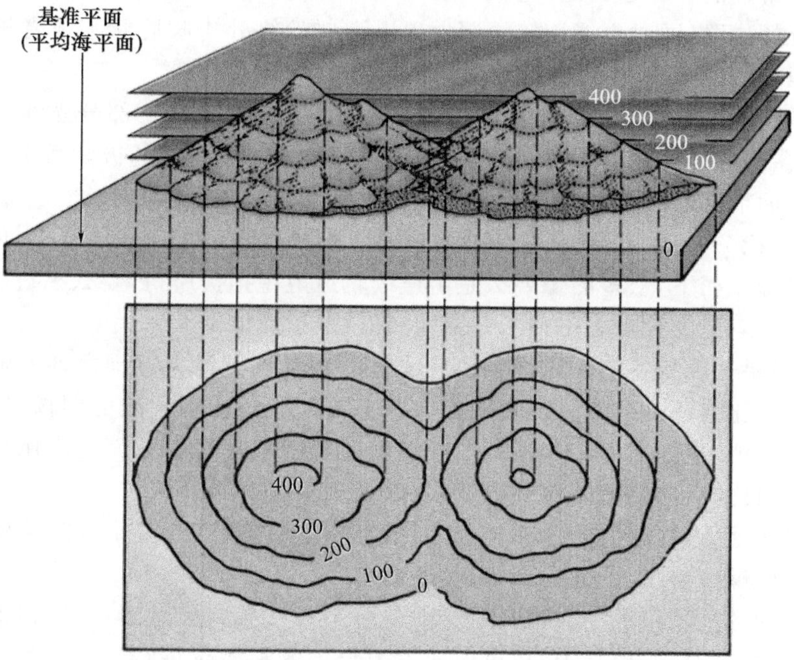

图 4.6　岛屿的等高线与高程的关系(单位:英尺[①])

定性图的主要作用是显示特定类别信息的分布。产油油田的世界位置、国家公园的分布以及一个国家农业专业化领域的模式就是例子。

定量专题地图显示了数据的空间特征。通常,地图会显示一个要素(如人口、收入或土地价值)在不同地方的变化,多元映射则同时显示两个或多个变量。出现在空间中特定点的要素在地图上用符号表示。地球上有各式各样的地物:教堂、学校、墓地和历史遗址等,用于表示它们的符号包括点、十字、三角形和其他形状。在定性专题地图上,每类符号仅记录该地貌在地球上特定点的位置。

2　当代空间技术

2.1　遥感

雷达系统能够在各异的电磁频谱波段中运行,并且无论是白天还是晚上均能投入

① 1 英尺≈0.304 m,下同。

使用。鉴于雷达能够穿透云层、植被以及黑暗环境，所以它尤其适用于监测飞机、船只和风暴系统的位置，同时也能用于绘制世界上那些始终处于朦胧状态或者被云层所覆盖的部分地图。

激光雷达是一种相对较宽的激光束，用于向物体传输光线。部分光线会被反射回仪器，在仪器内部进行分析，从而获取有关目标的信息。激光雷达极其适用于任何需要精确描绘地面情况的测绘类型。

自 20 世纪 70 年代起，载人航天器与非载人航天器均成为飞机的补充，用于对地球特征进行成像。当下，众多图像要么是由连续轨道卫星拍摄所得，要么源自载人航天器的飞行过程。卫星的优点之一在于其覆盖速度快，以及能够获取大区域视图这一事实。

此外，卫星还配备了能够记录并向地球报告来自人类视力范围之外的电磁频谱多个部分的数字化信息的装置。卫星还提供了有关地质结构和矿藏的图像，以及对各种环境现象的监测，比如水污染和酸雨的影响。遥感图像在军事方面的应用包括更优的飞机导航、改良的武器瞄准、强化的战场管理以及战术规划。

最著名的遥感航天器是 1972 年发射的 Landsat 陆地资源卫星。陆地资源卫星的不同传感器能够分辨 15～60 m 大小的物体。

光由不同的波长组成。人眼只对其中一些波长敏感。虽然不可见，但近红外波长可以被记录在特殊感光胶片上，也可以通过卫星上的扫描仪进行记录。扫描仪能够测量光谱中的可见光和近红外部分的反射光。波长超过 4.0 μm 是地球辐射的特征。

卫星图像通过电子信号传输到接收站，在接收站，计算机将信号转换为类似照片的图像，用于长期科学研究和当前状况的绘图程序。

陆地卫星图像具有多种研究应用，包括：跟踪洋流，评估湖泊水质，绘制雪盖、冰川、极地冰原，分析土壤与植被状况，监测全球森林砍伐，监测露天采矿复垦，识别地质结构和相关矿藏，绘制大都市区人口变化图。一些陆地卫星数据不用于长期科学研究，而是用于立即监测、绘制地图，并对洪水、地震、火山、石油泄漏等做出响应。

2.2 全球定位系统

全球定位系统依赖于一个由 24 颗轨道卫星组成的系统，即控制卫星的地球跟踪站，以及便携式接收机。它们根据从三个或更多卫星接收到的信号的时间延迟来确定准确的地理位置。GPS 技术最初是为军事应用而设计的，尤其是海军和空中导航。

使用 GPS 接收器能够监测地质断层线和洋流、感知全球变暖、消防并绘制灾难场景。GPS 接收机逐渐变得更小、更轻、费用更低，使其应用更加灵活。GPS 可用于汽车导航，或将小型 GPS 接收器安装到各种物品中，例如手表、手镯、手机，甚至狗项圈，以便确定它们的位置。

2.3　虚拟和交互式地图

互联网在传播地理信息和促进地理空间数据的整合方面发挥了重要作用。地图在互联网上广泛可用，在线地图系统使用户能够查看地球上几乎任何地方的图像。

将航拍照片、卫星图像以及地图，与街道、地形等其他数据相互结合。借助地理缓存技术以及定期的更新，便能够获取主要城市的地图，其分辨率颇高，足以提供单个建筑物的清晰三维图像以及街道上汽车的颜色等细节。一些数字地图能够与其他来源的数据相融合，创建出应用程序，此应用程序会将来自多个来源的数据整合为一种集成数据，也就是交互式地图。现今，任何具备科学基础的人都能够制作地图，人们已经创作出数百万张地图。

2.4　集成技术：地理信息

(1)系统

计算机是地理信息系统的核心，GIS 是一套基于计算机的程序，用于组装、存储、操作、分析和显示地理参考信息。能够在空间上定位的任何数据都可以输入到 GIS 中。GIS 的 5 个主要组件如下：①将地图和其他数据从现有形式转换为数字或计算机可读形式的数据输入组件；②用于存储和检索数据的数据管理组件；③允许同时使用来自不同来源数据的操作功能；④能够提取有用数据的分析功能；⑤一种数据输出组件，它能够将地图和地图索引可视化。

(2)地理数据库

开发地理信息系统的首要步骤是构建地理数据库，也就是对来源于地图、实地调查、航空照片以及卫星图像等的地理信息进行数字记录。只要数据库中的每一项都和精确的地理位置相互关联，GIS 才能够运用来自众多不同来源和多种不同形式的信息。研究目的将会明确要输入数据库的数据。一旦地理信息以数字形式进入计算机，数据就能够以其他方式难以企及的速度和精度进行操作、分析以及展示。运用恰当的软件，计算机操作员能够展示任何数据组合，几乎能够即刻呈现变量之间的关系。

GIS 操作可以产生几种类型的数据。当绘制地图时，专家可以快速调用所需数据。地理信息系统对于修订现有地图特别有用，因为过时的数据(如人口数量)可以很容易地修改或替换。此外，GIS 通过操作员能够快速更改变量和/或模型参数并使用多个空间尺度，促进了探索性分析。

(3)地理信息系统的应用

在人文地理学当中，数量庞大且不断增多的空间数据促使人们利用 GIS 来探索当地经济和社会结构的模式，检查交通系统和城市增长模式，研究投票行为模式等。对于自然地理学家而言，GIS 的分析与建模能力对于理解自然环境中的过程和相互关系极为重要(图 4.7)。除了地理学家以外,从考古学到动物学等领域的研究人员也在使用地理信息系统。生物学家和生态学家借助 GIS 来研究众多环境问题,包括空气和水污染、景观保护、野生动物管理以及濒危物种保护。流行病学专家需要精准信息,以对诸如疟疾、SARS(重症急性呼吸综合征)、艾滋病和登革热之类疾病的传播以及昆虫学风险因素展开研究。

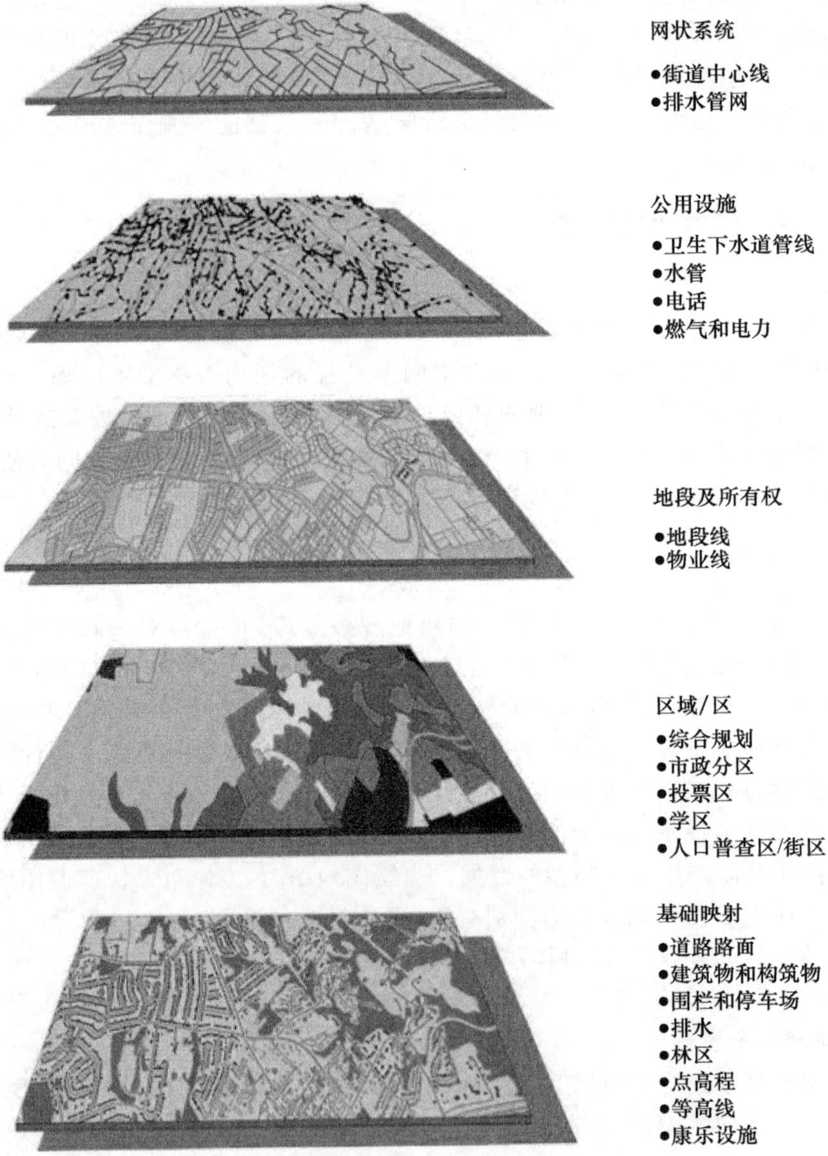

图 4.7 地理信息系统的模型(Arthur G,2014)

(4)系统、地图和模型

私营部门的众多公司也运用计算机制图系统。不仅如此，石油和天然气公司、连锁餐厅、软饮料瓶装厂以及汽车租赁公司依靠地理信息系统来执行多项任务，例如确定钻井的地点、选择新特许经营的位置、分析销售区域以及计算最优驾驶路线。

熟练掌握 GIS 技术的人员拥有众多就业机会。各类私营行业，诸如保险、营销、房地产、流行病学、医疗保健、环境资源管理、运输、国土安全以及灾害防备与响应，均运用地理空间信息技术。地理信息系统专业人员还在区域和社区规划，以及供水、警察、消防、下水道、交通、卫生、教育和福利等服务领域广泛从业。

地理学高度重视具备空间功能的变量系统：位置、距离、方向、密度、连接性等其他基本概念。对地理变量系统的组成要素功能进行分析，有助于揭示该系统作为一个整体的运作情况。为了开展此项分析，必须将各个系统元素予以隔离，以便单独识别，并有可能对其加以操作，从而查看其在系统或子系统结构中的功能。地图和模型乃是地理学家用以实现隔离和单独研究的工具。

空间系统分析极为复杂，然而计算机和复杂的统计技术使空间系统的定量分析成为可能，这也让地理学家在工作中能够运用其他类型的模型。建模是科学家用于简化复杂情形、剔除不重要的细节、隔离整个系统中一个或多个相互作用元素的作用以进行专门研究和分析的技术。模型还能让地理学家针对现实的一部分而非现实本身进行模拟实验。

模型有助于对空间系统的重要组成部分展开分析，分别对其进行操作，并就其相对重要性得出结论。GPS 系统用于对地面和机载地图传感器进行定位。配备有三种传感器的飞机收集了高分辨率航空摄影、热成像以及激光雷达(光探测和测距)的数据。在数据收集后的数小时内，来自政府、行业和学术界的 GIS 专业人员会将数字数据合并，生成世贸中心建筑结构及周围区域的大型高分辨率图像。激光雷达系统创建的三维模型使工程师能够计算碎石堆的体积，追踪其移动和变化，并确定起重机移除碎石堆所需的范围。

第5章　综合地理部分

“综合地理学”一词不仅表明地理学科的自然和人文两个维度，随着学科发展，也增加了技术维度，研究对象是地球表层各种自然现象、人文现象组合在一起的复杂巨系统。用系统观和整体观研究地理环境，始终是地理学最高层面的科学难点问题。地理学的发展历史表明，地理学的专业化程度越来越高，对综合地理学的需求也就越来越大。自然地理学和人文地理学的结合状态，直接决定着地理科学发展的状态。过分强调自然地理环境对人文活动分布格局的影响作用，以及突出“人定胜天”的基本理念而忽略了自然环境规律的作用，都曾将地理学的发展与应用引入了歧途。在下文所述的五个综合地理学领域中，自然地理学和人文地理学之间的相互作用一直存在，成为综合地理学的发展基础。

第1节　主要研究领域

1　区域地理

1.1　区域地理学

区域地理学可以定义为地点描述、分析和综合。它在20世纪初期至中期主导了地理学，因此通常被视为该学科发展的一个阶段。不同的学者对区域地理学做出了不同的解释，但大家一致认为每个区域都是独特的，内部相对同质的，具有封闭的边界。现实中的区域差异是随着距离的增加逐渐显示出来的，一个区域可能天然地融合了另一个区域的边缘部分。区域研究思想和方法可以应用于任何区域。

目前，区域地理学在地理研究和政策应用方面仍然发挥着中心作用。地理学家继续致力于区域研究、分析和解释区域差异，在区域背景下检验一般理论，并制定地区发展战略和发展目标，解决区域问题。大多数地理学家在地球表面的有限区域进行研究。

传统区域地理学研究“地域差异”，现代区域地理学强调了普适性和全球化，同时考虑了特定的地方城市、全球进程的区域影响和区域发展的进程。距离对一些全球社会和经济活动不再重要，但是也是必须考虑的因素。但与此同时，地方力量一直被重点关注，文化差异产生了新的力量。区域地理学关注的特殊问题往往与空间不平等和发展不平衡有关，对政治议程和政府政策具有重要影响。

1.2　区域地理学的研究主题

(1)区域贫困机理

非洲以及亚洲等地区的贫困地区人口增长导致环境退化和农业衰退的机理非常复杂，简单化的线性解释是难以令人信服的。生物自然生境和人类环境的许多因素(人类环境包括：市场准入、土地保有权、技术创新和政治)以复杂的方式相互作用，并确定了该生态系统是否可持续。在这些环境条件有利的情况下，以先进技术为基础并通过向政府大量注入外国援助融资的进口生产系统可能会产生快速和可持续的经济发展，特别是农业集约化。然而，在上述不利的条件下，这些计划往往是失败的。在这些不同的情况下，区域专项制度和/或直接向穷人提供小额信贷可能为发展提供更适当的基础。国家干预土地改革、跨国公司、获取当地资源、土著权利和野生动物保护、农业和畜牧业冲突以及改变妇女地位，在农村和城市社会经济生活中具有重要作用。

(2)区域复杂问题

撒哈拉以南非洲的饥饿和饥荒是一个区域性问题，人们越来越多地从新世界秩序的价值观中看到自然和社会环境的特殊性。了解该问题的特殊自然基础很重要，包括降雨状况、干旱频率的变化、土壤质量以及病媒滋生的栖息地条件。世界其他地区所面临的截然不同的问题有着相似的地理特征，如东非地区遭受了严重干旱，导致牲畜死亡，持续了 10 a 的低降水量；南极洲作为国际保护区的共同未来；中国作为经济大国的崛起；恐怖主义从中东蔓延；欧盟内部集权和权力下放的冲突力量。地理的所有特征对于理解区域问题的复杂性是必要的。

2　历史地理

2.1　历史地理学

(1)历史地理学概况

历史地理学是复原、解释过去的地理，研究和探索历史时期地理环境发展变迁的理论和规律，以及对人类以往环境的评价，并进行应用研究的学科。历史地理学是地理学的一个学科分支，是一个具有明显边缘性质的学科。从学科性质上看，历史地理学是一种综合性的学科，是综合地理学的一个领域。历史地理学是一种综合学科，可以从两方面去理解，一是它研究的历史地理环境和人地关系不能简单地归入自然科学或人文科学，二是历史地理学研究兼容并包含了自然科学和人文科学内容。

(2)历史地理学的研究方法

①野外考察。历史时期的地理若干特点以及变化微小的诸因素仍然保留到今天，把从历史资料分析考证中得出的结论与由野外考察得出的结论加以对照，求出其间合理的联系，能够较全面地恢复地理环境不断演变的过程，探求其发展的规律。②考证方法。该方法是利用过去的证据来帮助理解当今世界，包括认识从过去继承下来的当前景观(“遗迹”)的现象。运用历史资料(文献资料、考古资料)的考证方法是历史地理学研究中最基本的方法。③孢粉分析、^{14}C测年、卫星遥感。一定的孢粉组合代表一定的植物群落，使我们能复原当时的生物地理景观。^{14}C测年方法为复原历史地理环境作了时代的保证。航空照片与卫星照片是研究历史地理的重要辅助方法。④定量分析与图表方法。

2.2 历史地理学研究重点领域

(1)中华文明演进的地理信息系统建设

从技术方面讲，其重点是数据库建设、相关技术与数据平台的开发。①数据资源建设。②相关技术与数据平台。③专题研究。④公共信息资源的社会化服务与国际交流。

(2)高分辨率环境要素序列建立与时空特征分析

历史时期地理环境演变是我国历史地理学研究的传统优势领域。数十年来已开展了大量研究工作，对各环境要素都有不同程度的研究，包括历史气候、地貌、植被、动物群落、河湖水系、海平面、沙漠和自然灾害等。

(3)历史时期土地利用/土地覆被变化研究

土地利用/土地覆被变化(LUCC)是这一科学研究中的核心内容之一。就全球尺度而言，人类土地利用活动正在以惊人的速度改变着地球表面土地覆被的格局，这是人类与自然环境长期相互作用的结果。而这种格局的变化不仅影响了人类赖以生存的自然资源，引发了社会、经济领域的可持续发展问题，而且还对环境过程(如气候变化、生态系统过程、生物地球化学循环和生物多样性等)造成深刻的影响。土地利用/土地覆被变化作为全球变化的主要驱动力之一，已逐步为学术界所公认。土地利用/土地覆被变化是人类活动与自然界长期相互作用的结果。现今的土地覆被格局并非自古就是如此，而是人类活动对自然环境不断实施影响而逐渐积累所至，有着悠久的历史根源，这为历史地理学提出了新的研究课题。

(4)适应研究与不同地域适应模型建立

IGBP在新构建的研究框架中认为，未来的全球变化研究必须为人类社会的可持续做出贡献。为此,IGBP(目标地圈生物圈计划)、WCRP(世界气候研究计划)、IHDP正在酝酿建立若干个与人类社会可持续发展紧密相关的联合研究计划。目前以全球碳循环、食物系统、水循环为主要内容的联合研究计划正在建立之中。这预示着,继全球变化的基础研究之后,人类社会的适应性研究将成为今后国际科学界关注的另一个重大问题。我国全球变化研究推动与组织者之一叶笃正先生近年来也积极倡导全球变化的适应研究,他认为:继全球变化基础研究之后,适应性研究将成为一个独立的重大问题。我国 IGBP 委员会也已把对全球变化的适应性研究作为未来全球变化研究的主要方向。

(5)历史时期人地关系地域系统研究

人与自然关系的内涵是随着人类社会的发展而发生变化的。在我国封建社会的早期,先哲们就总结概括了一些人地关系的学说思想,如孔子的"畏天命"、孟子的"天人合一"、荀子的"制天命"、董仲舒的"天人感应"等。其中,"天人合一"的人地观,自先秦至明清一直为历代大多数哲学家所宣扬,是中国传统哲学的一个独特观点。诸如孟子在两千多年前述及的"不违农时,谷不可胜食也。数罟不入洿池,鱼鳖不可胜食也。斧斤以时入山林,材木不可胜用也"等人与自然界和谐、永续发展的论点,对现今人地关系的思辨仍具有深远的现实意义和理论价值,是值得我们总结和借鉴的。中国人地关系问题是一个古老而深邃的哲学命题,绝非历史地理学或现代地理学所能覆盖得了的,许多哲学社会科学和其他自然科学的学科也都在探寻这一问题。然而,以地域空间为单元来研究历史时期人地关系的空间结构特征、地域分异规律及其形成机理与变化过程等,则只有历史地理学一家。笔者相信,通过对历史时期人地关系的深入研究,必将推动历史地理学的飞跃发展,同时也将为全球变化与可持续发展研究做出重要贡献。

(6)华夏故土嬗变集成研究及其图谱编制

中华文明自成一系、源远流长、连绵不断,是长期生存与发展,适应自然环境、利用自然资源并改造生存环境,创造物质与精神财富的总和。中华大地是中华民族产生、繁衍、发展、壮大的特定地域,它不仅具有复杂多样的地理环境,也有独特的环境变迁与社会变迁历史。中华文明伴随着华夏故土的演化而发展,并不断改变着其演化进程与格局。中华文明的形成方式和发展进程可能代表了世界文明演进过程中的一种特殊形式,而这种特殊形式与华夏故土地理环境的演化密切相关。开展中华文明与华夏故土之间相互联系的过程研究,是认识人类与环境关系的关键科学问题,开展这一研究将是中国历史地理学对人类文明发展做出的重大贡献。

(7)文化的区域差异问题研究

文化研究是目前国际学术界最具活力、最富于创造性的学术思潮之一,中国文化作为一个富有东方特色和独特个性的文化综合体,在中华大地上绵延不绝,这与我国独具特色的地理环境和社会发展历史密切相关。然而,从区域角度看,我国复杂多样的地理环境格局，既给中华文化的发展提供了充分的回旋余地，也给缤纷多彩的区域文化提供了发展空间，形成了许多既有共性又有鲜明个性的文化区。这种地域性文化特征的形成与发展，对现今区域社会经济的发展与文化建设有着极为重要的作用，因此受到学术界的普遍关注。

3 人地关系

3.1 人地关系演化

人地关系是人类社会及其活动与自然地理环境之间的交互作用，是与人类发展演化相伴而生的一对基本关系。吴传钧认为，人地关系地域系统是由地理环境和人类活动两个子系统交错构成的复杂、开放的巨系统，是以地球表层一定地域为基础的人地关系系统，也是人与地在特定的地域中相互联系、相互作用而形成的一种动态结构。在人地关系中，人具有主观能动性，可以主动认识、利用并改造地理环境。地是人类赖以生存的物质基础和空间载体，地理环境制约着人类社会经济活动的深度、广度和速度。人地关系是地理学的核心概念。

人类的需求及自我实现能力提升是一个不断发展变化的过程，人与人之间（合作开发资源、竞争分配资源）、人与地之间（开发利用、支撑约束）、地与地之间（按比例搭配充分体现人对其开发利用的价值，如水土搭配生产粮食）均会发生不同程度的联系。长期以来，各种关系之间此消彼长，造就了人地关系的动态演变。人地关系演变大致可划分为四个阶段。

第一阶段，原始文明时期，人与自然的原始共生。在人类原始社会的早期阶段，由于生产技术等限制，人类只是依靠摄取自然界的现成果实来获取能量，人对自然依赖性很强，人类与自然之间是一种依附和顺从的关系。“天命论”（自然灾害、生产丰歉甚至国家兴衰皆由天定）是该时期典型的人地观念，之后出现的“机械唯物论”（人地紧密相关，但以地的发展规律主宰一切）同样蕴含着人对地的崇拜思想。

第二阶段，农业文明时期，人类利用自然的农业社会。随着农业社会生产工具的发展，人类开始逐渐掌握利用自然的能力，例如开始驯化动物及栽种植物等。然而，由于生产技术水平低下以及认识水平的不足，加之人口规模小，资源需求量少，人类与自然还处于一种和谐发展的阶段，人地关系未表现出对立的层次关系。在人类对自然利用改造能力增强的同时，出现了适时认知人地关系的主张，朴素的辩证唯物论（地理条件是可变的，且因人而异）成为该时期处理人地关系的核心观念，此时人和地之间可看成是简单、低水平的协调关系。

第三阶段，工业文明时期，改造自然的工业时代。随着科学技术的发展、生产工具的革新，人类利用自然资源的能力和规模大大增强，此时人类对自然的关系由顺应转为征服。特别是随着第一次、第二次工业革命的兴起，人类对自然资源的掠夺性开发，影响了生态自然系统的平衡体系，例如对不可再生资源煤、石油等的过度利用，破坏了地球圈原有的碳平衡，致使工业时代开始出现温室效应问题，诸如此类的全球沙漠化问题、水土流失问题等，已将人地关系放到了一个对立的层面。在"人定胜天"思想指导下，人的能动地位极大提升，该时期人地关系内涵主要体现为人对自然的征服、主宰。伴随人类社会对自然界长期高强度的开发和改造，人地关系日趋紧张，资源环境危机不断爆发，甚至威胁到人类自身生存。人地矛盾促使人类开始反省自我，并逐渐意识到人类只有和自然协调发展，才能达到可持续的目标。

第四阶段，自 20 世纪 80 年代以来，可持续发展思想的提出丰富了人地关系内涵，现代人地关系理论即可持续发展理论。从工业时代后期起，发达工业国家开始认识到人与自然发展的矛盾，人类通过反思，找到一种新的顺应时代的发展策略，这个时期可持续发展理论应运而生，经过近些年人类的研究和实践探索，可持续发展思想已逐渐成熟（图 5.1）。

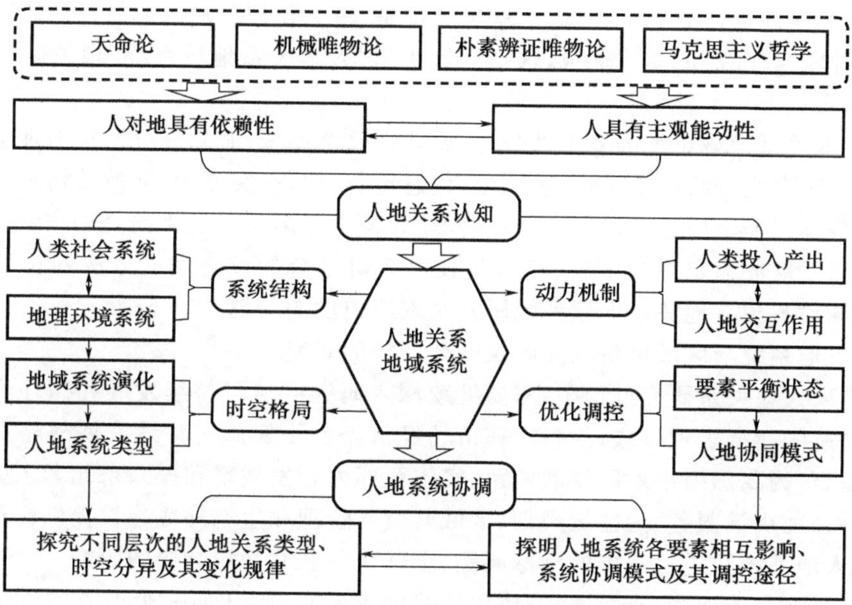

图 5.1　人地关系演化示意图

3.2　主要研究内容

(1)人地关系理论的研究

新时期人地关系的优化调整包括三大模块：一是作为人类与自然行为基础的知识

价值观念系统的转变，即人类创造的精神文化系统的革命，通过人类价值体系的重建，促进当代人类存在方式的转变；二是调节人与自然的社会组织结构系统及其职能体系，即人类创造的组织系统的重建；三是与自然直接有关的人类行为模式系统的调整。人地关系的优化调整必须是“人的整体系统”的变革过程，必须是个人、社会、国家、全人类不同层次的协调和统一行动的过程，任何单一要素或方面的变革均无力解决当代“人地危机综合症”。只有在全球尺度上的大规模合作，才能真正有效地解决全球的人地冲突，才能推动中国人文地理学向更高、更深层次发展。

(2)人地系统调控机理与过程、格局与节律的研究

以“人地系统相互作用的机理”研究为切入点，分别从不同时间尺度、不同空间尺度、不同学科角度全面挖掘人地关系相互作用的机理，“机理”问题搞清楚了，延伸到“过程”问题，进而延伸到“格局”问题，再延伸到“节律”问题，最后上升为“理论”问题，形成代表中国权威水平的人地关系新理论。

(3)人地系统的综合集成交叉与技术支持系统的研究

长期以来，对于人地关系地域系统的研究缺乏有效的系统综合和多学科交叉研究。各门学科都在涉足研究人地关系，但基本上都是“单兵作战”，对人地关系的研究没有形成“多兵种联合作战”的集成优势，这是导致我国“人地关系地域系统”理论研究薄弱的主要原因之一。

从人地关系地域系统的复杂性分析，要认识这个系统，必须充分发挥地理学方法论的特长，同时要充分吸收系统论、控制论、信息论、协同论、突变论、耗散结构理论以及生态学、经济学、哲学、历史学、技术学、社会学、环境学等多学科交叉研究的方法，引进 3S 技术，进而发展成为定性与定量、科学与技术有机结合的综合集成方法和技术支持系统，以此推动我国人地关系地域系统研究实现历史性的跨越。

(4)人地系统与区域可持续发展及循环经济的研究

在未来人地关系研究过程中，需要继续深入研究区域可持续发展和循环经济这两种人地关系的新型表现形式，为国家在市场经济条件下实施可持续发展战略奠定坚实的理论基石，为我国缩小地区发展差距、实施西部大开发战略和振兴东北老工业基地战略等提供辅助决策服务，为区域规划、区域开发与管理和生态环境建设提供行动纲领。

(5)人地系统演进过程中的全球问题、全球变化及其区域响应的研究

伴随经济全球化和全球经济一体化趋势的不断加强，任何一个地方的人地关系优化调控都不可避免地成为全球性人地关系优化调控的重要组成部分。正是由于这样，一系列全球问题和全球变化问题都将不同程度地影响全球尺度和区域尺度的人地关系变化，这使得人地相互作用的空间由地方微观尺度，到局部地区中观尺度，再发展到全球宏观尺度。这就要求我们一方面加强全球问题、全球变化中引发的全球性人地关系的研究，另一方面要加强全球问题与全球变化引发的区域响应中的人地关系变化的研究。

通过研究,促使人地关系类型分异由一元地域分异向多元地域分异发展,由浅层的、局部的、半封闭的作用方式向复杂的、开放的、立体网络反馈的作用方式发展;由自然自组织功能向人类组织功能日益强化的地域有机体发展,由区域化向全球化方向发展。

(6)人地系统中"以人为本"的环境伦理与生态道德的研究

要实施可持续发展战略,除了技术、经济和政策层面的一些做法和关系需要调整外,在全社会倡导一种基于可持续发展理念的环境伦理和生态道德建设是非常必要的。现代环境伦理学包含两大基本命题:一是"人与自然之间的伦理关系",二是"受人与自然关系影响的人与人之间的伦理关系"。这两种命题均可为人地关系协调论和可持续发展提供坚实的伦理基础。因此,在未来人地关系研究中,需要加强对环境伦理和生态道德建设的研究,需要构建与可持续发展相适应的环境伦理体系,广泛普及人与自然和谐共生的生态伦理意识和生态文明意识。从长远看,道德文明的力量将最终取代技术、政策、资金等手段成为协调人地关系的最主要力量。

4　全球变化

4.1　全球变化概况

全球尺度的地理要素空间变化和人类世以来地理要素在时间上的变化,一直是综合地理学的主要概念。目前,最显著的全球变化是气温变暖及其带来的地理效应。全球变化是指由自然和人文因素引起的地球系统功能的全球尺度的变化,包括大气与海洋环流、水循环、生物地球化学循环以及资源、土地利用、城市化和经济发展等的变化。

全球变化本身已成为一个主导主题,这主要是因为人们更广泛地关注生物物理和人类环境当前变化的幅度、速度和方向。一方面,全球范围的人类对生物物理环境的影响目前占主导地位,许多人认为这威胁到人类自身的未来生存。另一方面,通信、组织、信息和其他形式的人类互动的全球化对人类环境中的经济、社会和政治模式的性质有着深刻的影响。

全球变化指的是影响人类圈(人类改造的地球表面)的过去、现在和未来即将发生的变化。自然和人类环境的一些关键指标说明了人类世(过去约 200 a)尤其是过去 50 a 中前所未有的变化速度。这些全球变化是直接或间接驱动的中间地,由于快速城市化,全球人口目前超过 80 亿人,预计到 2050 年将超过 100 亿人。因此,尽管每个人的"地理生态足迹"都有所增加,但人们对总体人类影响的担忧更大,据估计,自 1960 年以来,总体人类影响增加了 200%。

全球变化问题最初是从科学方面提出的,主要是研究人类活动造成的温室气体增加与近百年全球变暖之间的关系,但由于这个问题涉及多学科、多部门的相互配合,现已演变成一个包括科学、社会、经济、外交、法律等诸多方面的综合性问题，需要以集成的方法开展研究。

电子时代，航空运输、国际协议、跨国公司、移动电话和互联网用户增长。1985 年，手机和互联网都不存在，但是，2010 年，中国移动用户超过 8 亿，2021 年互联网用户已达到 10 亿。人类活动，从自然环境污染到社会组织，在全球范围内改变了世界及其运作系统，其程度和速度意味着，过去的类似物很少(如果有的话)可以指导未来的行动。然而，这并没有消除人们对空间、地点和环境的传统地理关注；相反，我们的注意力被重新聚焦，因为必须适应信息技术的现实及其可变影响。

因此，综合地理学在全球变化的自然和人类层面之间发挥着重要作用，主要包括：①记录和监测当地和区域的空间变化模式；②理解相互作用的过程并解释其在不同地方的影响；③制定地方到全球范围的环境影响缓解政策；④促进道德框架。

4.2 主要研究领域

全球尺度的空间变化和与人类对地球的占有相关的时间尺度上的时间变化，长期以来一直是综合地理学的主要概念。地球变化已成为一个主导主题，这主要是因为人们更广泛地关注生物物理和人类环境当前变化的幅度、速度和方向。一方面，全球范围的人类对生物物理环境的影响目前占主导地位，许多人认为这威胁到人类自身的未来生存。另一方面，通信、组织、信息和其他形式的人类互动的全球化对人类环境中的经济、社会和政治模式的性质有着深刻的影响。

所谓的生物多样性"热点"便是一个极佳的范例。它们被界定为地方性物种异常集中的区域，同时也面临着栖息地丧失的威胁。总体而言，它们涵盖了四类(哺乳动物、鸟类、爬行动物和两栖动物)中 44%的植物以及 35%的动物物种。大多数热点地区为热带森林、热带岛屿或者地中海区域。热点地区是最亟待保护的地方，然而在地球约 12%的陆地表面上，却居住着约 20%的世界人口。

热点地区的人口增长率为 1.8%(1995—2000 年)，高于全球平均水平的 1.3%；当下，仅有 38%的热点地区受到国家公园或其他类型保护区的保护。因此，个人、企业和政府必须应对的科学、实际以及道德问题，都具有不可避免的地理层面因素。

5 景观地理

5.1 景观地理概念

景观地理学是诞生于德国与苏联的一个地理学学派，是地理学中传统的综合研究领域，大多数欧洲国家都把这一领域的研究称为景观学或景观地理学。从地理学的角度来看，景观是指地球表面的一部分，包括地理事物的表现、特征与结构，以及能够影响到的生态—自然环境和人文环境。洪堡将景观定义为“地球区域的总体特征”，提出“自然地域综合体”，赋予了景观在地理学意义上的科学内涵。因此，它包含了地理学的三个核心概念——空间、地点和环境。地理学家和其他学者从不同视角来定义和解释景观。例如，贝尔格（苏联）提出“地理景观”，认为地表是由客观存在的具有不同特点的地域所构成的，每个地域独特的地形、气候、土壤、植物等自然要素都是有规律的结合。美国地理学家索尔认为景观是由形式的独特结合而组成的地区。《中国大百科全书》概括景观为：某一区域的综合特征，包括自然、经济、人文诸多方面。现代的景观地理学是将地理学中人地相互作用过程的研究与生态学中结构与功能关系的研究有机融合，并形成以不同时空尺度下格局与过程、人类作用为主导的景观演变等概念为中心的理论框架，形成强调自然与人文因素相结合的景观综合研究领域。

5.2　主要研究内容

1998 年，国际景观生态学协会声明，景观生态学的观点对自然地理学产生了重大影响，因为相关景观研究已经从强调地形地貌转向深入探索地理相互作用过程、景观功能作用、景观系统变化。例如，在地貌学中，景观变化被视为涉及沉积物收支以及质量和能量的各种输入和输出，一系列地表过程、基底、植被和土壤覆盖层之间的相互作用，随时间变化的侵蚀和沉积事件。同样，在景观对第四纪科学的贡献中，自然地理学通过沉积物及其沉积岩芯来解释它们的剖面，这是自然和人为因素共同推动的许多相互作用的景观过程的结果。遥感和 GIS 的发展极大地影响和促进了现代景观生态。这些技术旨在描述和分析景观的模式和变化，并高度适用于景观管理和景观规划。

（1）文化景观

文化景观是指人类为了满足某种需要，利用自然界提供的材料，在自然景观之上叠加人类活动的结果而形成的景观。索尔给文化景观的经典定义是：文化景观是某一文化群体利用自然景观的产物。文化是驱动力，自然是媒介，而文化景观是结果。

拉采尔最先系统地阐明文化景观的构成，他称之为历史景观。通过对田地、村落、城镇及道路等的分类了解景观分布及联系、历史起源。施吕特尔认为景观的外在形式、作用与类群，及其不同等级的区域结合等相关因素，是地理学研究的中心，并强调从自然与人文现象的综合外貌角度来理解景观，倡导从历史的角度探索由原始景观变成人类文化景观的过程，并更倾向于探索景观的文化方面。汤茂林认为文化景观的主要内容是：文化景观起源和变迁，文化景观感知和解释，文化景观组成，文化景观类型，景观生态、景观保护与景观规划。

人文地理学家不再只关心反映在物质文化中的景观内容，而是更加关注对产生景观的潜在社会、文化和政治过程以及景观的意义和价值。文化景观作为一种实践结果和价值体现，注重景观的变化，以反映当前的社会精神与追求。人文地理学家试图将画家和作家对风景的解读视为他们的分析方式，通过分析景观描述的社会过程、社会构成、社会地位，解读文化景观形成的动力机制。文化景观已成为人文地理学的核心概念，刻画着环境的统一性和秩序性，以及人类干预环境的记录。

(2)景观生态

特罗尔提出了“将地理学的区域空间分析与生态学的结构功能研究相结合”的景观生态学新方向，他从地理学的角度出发，把地理学家研究自然现象空间关系的“横向”方法，同生态学家研究生态区域内功能关系的“纵向”方法相结合，研究景观的整体功能。

国际景观生态学的发展与社会需求相适应，传统领域包括景观生态评价、规划和模拟研究仍然占据优势地位，并且不断得到深化，例如对景观指数应用的理性反思以及图论和基于矢量的格局分析方法的引入等。景观生态学研究在深度和广度上得到加强，促进了新的学科生长点的产生和发展：广度上，开始注重自然与社会经济、人文因子的综合，以解析景观的复杂性；深度上，注重宏观格局与微观过程的耦合，深入的微观观测和实验为宏观格局的表征和管理策略的制定提供可靠依据，而宏观格局的规划和管理反过来强化了微观研究的实践意义。从一定意义上讲，景观生态学也是一门“桥梁”性学科，其重要优势在于跨学科的综合交叉和集成能力。景观生态学的未来发展也正取决于这种能力的发展和完善。

自景观生态学引入中国以来，中国学者结合中国国情，在跟踪国际研究前沿的同时，开展了许多具有特色的工作，其重点领域与特色主要表现为：土地利用格局与生态过程及尺度效应、城市景观演变的环境效应与景观安全格局构建、景观生态规划与自然保护区网络优化、干扰森林景观动态模拟与生态系统管理、绿洲景观演变与生态水文过程、景观破碎化与物种遗传多样性、多水塘系统与湿地景观格局设计、稻—鸭或鱼农田景观与生态系统健康、梯田文化景观与多功能景观维持、源汇景观格局分析与水土流失危险评价等十大方面。在新形势下，如何紧密结合国民经济发展中出现的新问题，开展独创性的研究，是目前亟待解决的问题。

第 2 节　主要原理与规律

1　主要原理

1.1　区位选择原理

区位选择实则是一种空间的优化举措。区位选择并非仅仅局限于挑选一个地点，更为关键的是对与该地点相关联的位于其他地点的自然、经济以及社会要素进行抉择。

韦伯有关工业区位的分析，充分彰显了“区位选择是一种空间优化”这一理念。在第一阶段，仅将运费这一区域性区位因子纳入考量，进而提出了工业区位选择的运费指向。到了第二阶段，基于运费因子决定工业区位的前提，对劳动费给工业区位带来的影响展开考察，提出了工业区位布局的劳动费指向，致使由运费决定的工业区位首次出现偏离。在第三阶段，在运费、劳动费共同决定工业区位的基础上，斟酌集聚与分散因子对工业区位选择产生的作用，提出了工业区位布局的集聚指向，让由运费和劳动费决定的工业区位再度发生偏离。

就个人住房地点的选择而言，不仅与住房的类别、户型密切相关，还与住房周边的自然环境、社会治安状况有关，并且和住房与工作地点、服务设施（包括医院、学校、幼儿园等）之间的距离存在关联。

在港口选址方面，不但要审视备选地点的通航条件、停泊条件和筑港条件，还要探究其经济腹地的状况，同时也要考量它与其他港口（比如枢纽港和普通港）的关系，从而谋求最佳的方案。

1.2　尺度和规模原理

尺度和规模原理的核心要点在于，不同尺度和规模的地理现象，其作用机制以及相关解释存在着显著的差异。在小范围中，下垫面的植被覆盖变化对于大气环流几乎不产生影响，但对于城市气候而言，或许就不能被忽视。然而，针对城市气候变化的分析，不但要考量小尺度下垫面所发生的变化，还要思索整个气候空间模式的变化对城市气候是否具有实质性的作用。

在人的世界里，倘若进行国际层面的选择，那就必须从全球的尺度展开分析；要是在一国的城市之间做选择，则应当立足于国家的尺度来看待；然而，如果是在城市内部进行抉择，便能够大幅缩小范围。不过，范围的缩小并不代表着事情变得简单，因为所考虑的角度存在差别。举例来说，在国家之间进行选择时，主要需考虑政治、文化、发展机会以及收入；在一国的城市之间，关注的重点主要是收入和发展机会；而在城市内部，或许对于地点与服务设施和就业的距离、房价等因素的权衡就显得极为重要。尺度和规模原理还牵涉到地图的运用，就城市气候和城市土地利用来说，地理学家应当使用较大比例尺的地图，但是对于城市体系和气候区划的研究而言，较小比例尺的地图也许就足够了。

1.3　作用力差异原理

热力差异。地表差异性产生的自然基础之一是地表的热力差异，它在地球表层的作用无处不在。大气环流、水循环和生物循环是地球表面上直接与太阳能相关的几个联系十分紧密的自然过程。热力差异不仅是大气环流、水循环形成的动力之一,也是形成地表多样性景观的主导因素。

内营力及其差异。来自地表以外的一些因素对地理环境的形成与演变起着重要的作用,它们主要是:地壳运动、日地月之间的相互作用。地壳运动既是地貌的内营力基础,又是形成地表复杂多样景观的重要地质因素。

外营力及其差异。风化、侵蚀、搬运和堆积是基本的地表过程,在自然力的作用下地表物质运动的基本形式。岩石的风化是土壤形成的基础,土壤侵蚀则是土地生产力损失的直接因素,而搬运和堆积却是河口地貌、冲积平原、洪积扇等形成的基本因素。

1.4 空间作用衰减原理

假定其他条件不变,即影响两地发生作用的其他因素不变,地理空间的任何两地之间的相互作用随其距离的增加而减小。距离的衰减作用既表现在自然地理过程中,也表现在人文地理学诸领域。在自然地理学中,距离往往会经由物质运动过程中的能量消耗,致使相互作用减弱。在人文地理学中,距离常常通过交通成本或者中间干预机会发挥作用,削减两地的交流,因而距离衰减成为了地理学的一条定律。由于距离衰减的作用,对于任何均质的空间而言,只要某一物质或事物率先占据了某个位置,该空间就被异化了。距离这一物体或事物越近,受到它的影响也就越大。在经济地理学中,距离衰减作用被分解为:经济体对距离和对其他方面投入的替代性,经济要素对距离的敏感性的差异性。

1.5 地方的创造和发展

渗透作用。地表的差异性不仅来源于自然界,人类活动也会对地球表面的差异性做出反应,可以自生差异性,或加强或减轻源于自然界的差异。

人口迁移、产品贸易与地表的差异性互为因果。迁移和产品贸易(地域分工)是人类对空间差异性的一个重要反应,也是塑造差异性的主要因素,它具有深刻的原因和过程。迁移发生的基本因素是推力和拉力,起因于自然环境、政治、经济、文化和社会诸多方面。应该说推力和拉力是同时起作用的,但往往可以依据各方出现的先后顺序来区分迁移是由推力还是由拉力所主导。迁移同时还是一个复杂的过程,迁入区与迁出区之间的差异性是其基础。

产品贸易是区域差异的结果。两地贸易的基本条件是它们之间关于某种商品的价格差不小于它们之间的运输代价。在新经济地理学家看来,地区竞争力或地区生产成本的降低是社会、政治、经济、文化和制度等诸多因素综合的结果,因此,从社会网络结构研究地区的生产、贸易和竞争力也十分重要。

1.6　空间竞争原理

空间竞争反映关于空间利益的争夺,渗透于地理空间的各个角落,是地理景观形成的一个基本机制。在自然地理中,动植物对生存空间存在竞争。拉采尔认为国家是一个有机体,也会对生存空间进行竞争。空间竞争是人类社会中的个体或群体进行区位选择的主要方式和过程,因此就成了理解和解释社会文化景观形成,尤其是经济景观形成的基本原理。当今,大多数经济要素的配置经由市场竞争来进行,所以,对空间市场竞争的分析和理解十分关键。空间市场的明显特征是它具有空间维度,既影响个体的竞争策略,同时又影响其区位选择。在完全竞争的市场下,个体无法影响市场价格,能做的是使成本最小化。这样一来,选择成本最小的区位,以及在已定区位上的产出优化是最佳的策略。杜能、韦伯的古典农业区位论和工业区位论是这方面的典型代表。

1.7　相互依赖原理

镶嵌、依附、互动和相互依存是人地关系的具体表现。人类塑造的景观是他周围环境的一部分,二者存在紧密的联系。比如,北京城镶嵌在华北平原的西山和军都山脚下,意味着北京城与它周围的土地拼在一起。可是,我们知道大气和降水以及其他一些地理因素在北京城内和城外之间仍旧按照它们的法则进行活动,使北京城仍然处在环境因素的包围之中。北京城依附于周围环境,但与环境具有显著的互动。西山和军都山不但提供了水资源,而且作为屏障拦截来自西北方向的寒流,培育了北京城。同时,北京城限制了工业在其上风上水方向的发展,却给其下风下水的地域带来了严重的污染。这是一个带有普遍性的例证,反映了人与环境相互作用的最基本关系。

在自然地理中,先有岩石圈,其次是大气和水圈,然后是生物和土壤。这个先后顺序表现出了自然地理环境的依附关系。良好的土壤是动植物生长的基础,是生物圈处于良好状态的基础。生物圈同时也是一个重要的碳库,通过调整大气中的碳而调整气候。所以,现存的地球表层是一个相互依存的体系。人类竞争会在不同尺度上触动自然界中的一些要素,其后果是必然要引发这个相互依存的体系的响应,也许消化,也许放大人对地球的触动。

1.8　空间临界点原理

在地理空间中,许多临界点都具备着重要的意义,这是地理分析中的基本思考方式。例如海岸带、雪线、城乡交错带、农牧交错带、市场区边界、吸引范围边界、势力圈边界(势力均衡点)等。雪线意味着雪与水的气温边界处于此,雪线的变动象征着温度的空间变化;城乡交错带昭示着城乡影响力在此处达到均衡,地租与土地利用在此处旗鼓相当;农牧交错带意味着对粮食和畜产品的需求与土地适宜性在此处的较量实现了平衡，在这个交错带的一侧农区，土地对于粮食的适宜性占据优势，而在相反的一侧，则是对畜牧业的适宜性更占上风；在市场区、吸引范围和势力圈的边界上，消费者（或被吸引者）对相邻中心的光顾（依附）概率趋近于 0.5（处于中立状态），这是市场（或核心区）相互竞争的结果，而边界之外的区域则分别倾向于其中一方。海岸带是当下人类社会关注的重点，从表面上看，它是大陆和海洋相互作用的区域，但其背后潜藏着大气、水、生物和人类等几大圈层的相互影响，是在一定时期内这几大圈层之间互动的一种均衡状态于海陆交接处的展现。

在临界点，突变现象较为常见，其中众多突变现象具有重要意义，是地理分析中的基本切入点之一。例如在大气圈、水圈和生物圈这一综合体中，历经长期的相互作用，地表和大气的温度已大致趋于稳定。当下，人类将深藏于地球内部的大量化石燃料用作能源，燃烧后释放出大量的二氧化碳，打破了原先存在于这个综合体中的碳平衡。大气中二氧化碳的大量增加为地球升温提供了契机，因为它吸收了更多来自地表的长波辐射。大气温度的升高在干旱和半干旱地区产生的效应：一方面或许会增加降雨，另一方面必然会增加蒸发。倘若后者的效应大于前者，那么，半干旱地区的生态将会面临更为严峻的缺水威胁，可能越过某一个临界值从而引发灾变。

1.9　人类活动的外部性原理

在地球表面的人类活动中存在着这样的状况，个人或群体的活动会对他人或群体造成一些影响，这些影响既有正面的，也有负面的。然而，对于正面的影响，受益者并未给予回报；对于负面的影响，受害者也未能得到补偿，这种状况被称为外部性。

外部性是导致环境问题产生的根本原因。举例来说：从个体层面看，乘坐小汽车的人，由于汽车尾气危害到他人却无需付出代价，其便会只顾自身利益而不采取减污措施。当然，其他人可能会纷纷效仿。不过，如果收取合理的污染费用，一方面可能促使汽车安装尾气处理器，另一方面则可能减少汽车数量或者行车里程。

在区域尺度方面，山区的村民若在治理水土流失方面的劳动未能获得切实的回报，或许接下来就会紧接着进行开荒行动。在全球尺度上，发达国家在早期的工业化进程中污染了环境，却没有付出相应的代价，如果此时反而要求发展中国家为保护环境付诸努力，同时对援助的承诺不予兑现，那么全球尺度的环境问题也难以得到全面的治理。所以，地球表面人类活动的外部性是分析环境问题产生的基本出发点。人类活动还有许多正面的外部性。例如在城市中，人们的集聚促进了新思想的有效传播，加快了新的生产方法和新技术的产生。

1.10　协调性原理

由于个人观念的不同，区域之间以及国家之间利益的差别，致使人们在对地球资源和环境的利用与保护方面产生了一些分歧或者对立。为了人类的共同利益，必须在个人之间、群体之间、区域之间、国家之间探寻利益的平衡点，让各个区域或国家都能够得以发展，使人类赖以生存的地球处于良性演变的状态之中。问题的关键之处在于各个区域所处发展阶段的差异，这是导致区域之间对于资源环境开发、利用与保护理念存在差异的基础性原因。另外，区域之间人们收入来源的不同，具体来说是产业结构的差别造成了利益上的差异。例如中国的发达地区对于土地用作二、三产业的需求远远高于落后地区，从而把保护耕地的责任推给了后者。但落后地区同样需要发展，在生产粮食满足自给之后，对于生产更多商品粮的积极性不高，因此对耕地保护的积极性也较低。一些发达国家将自身的废弃物运往发展中国家进行处理，正是利用了发展阶段不同对环境保护需求不同的这个“缺口”。

2　基本规律

2.1　地带性规律

(1)纬度地带性

以太阳辐射为动力，气候过程、水文过程导致了地球上形成平行或近平行纬度的景观分异，这种现象就是纬度地带性，也称为水平地带性，最初由近代地理学奠基人、德国人洪堡提出，1893 年，俄国学者道库恰耶夫总结了俄国的土壤地带分异，最终完成了纬度地带性学说。

仅考虑太阳辐射的地球纬度地带是地球上的基本地带。实际上，由于气候过程的复杂性及地形的影响，纬度带是变形的，每个气候带也并不严格地限定在图中标定的范围内。尽管辐射决定了气候带沿纬度的基本分异，但是气候过程不仅取决于辐射，而且与地貌、水文的过程与分布有关，是地球表层各圈层相互作用的结果。

地球的黄赤交角发生变化，抑或全球气候系统不断演化，都可能致使地带位置产生变动。在第四纪时期，即便全球气候的变化导致了地带位置的改变，纬度地带性依旧是存在的。在第四纪冰期，每次大陆冰盖的扩张范围皆被控制在特定的纬度区间，植被景观带的变化也基本是沿着经向迁移的。远古地质时期有关植被等的记录，呈现出了显著偏离现代纬度地带的特征。

由于人群圈与地球表层的其他圈层存在相互作用，所以人类活动的分布特征也受到纬度地带性的调控。比如在人口分布方面，中纬度地区的人口密度最大。这是因为此地带不像热带地区疾病类型繁多，同时又比高纬度地区拥有更优质的农业生产资源，最适宜生产力水平低下时期人类的生存以及农业的发展，进而形成了人口分布的历史性格局。其他人文现象，同样具有纬度地带性的特点。

(2)垂直地带性

道库恰耶夫还发展了垂直地带性学说。所谓垂直地带性,描述的是山地或高原地区随高度增加,景观结构也发生地带性变化的现象。在山体底部地下水位适中的平原地,一般出现相应的水平地带景观结构,称为基带。基带以上,随辐射平衡的变化和水分的分异,则出现类似于从低纬景观向高纬景观过渡的现象。垂直地带性虽然与纬度地带性有一定的对应性,但二者有显著差异。第一,山地的温度梯度约为−0.6 ℃/100 m,这个值相当于纬度梯度的1000倍,因此每一地区的垂直地带性不可能有纬度地带性丰富。第二,每个山体或高原总是位于一定的纬度,它的基带固定。第三,形成地形小气候,如地形雨与焚风、山间盆地的逆温层等。

(3)非地带性

除了纬度地带性和垂直地带性之外,人们还察觉到从沿海向内陆,地理景观的特征呈带状分布。举例来说,阔叶林带等这类地带性植被群落,仅仅出现在湿润的大陆东岸,而在大陆的腹地则呈现出草原和荒漠的景观。在中纬度地区,景观序列的更替展现出近乎平行于经线的方向。这种变化的缘由在于大气环流对水汽输送的沿程差异。在迎风的海岸,距离海洋越远,气流中的水汽就越少,降水也越少,气候逐渐趋向干旱;在背风的海岸,则呈现出相反的序列。

主要由大地地貌(地文省)所引发的大尺度地域分异。大地貌的结构作为下垫面致使大气环流发生变形,从而产生了非地带性。这种地带性现象的形态变得更为复杂。一些学者认为,由地貌结构所引起的非地带性,能够解释为纬度地带性、经度地带性和高度地带性的复合物。从总体上看,青藏高原具有非地带性分异的特点,然而其年均温从南向北降低,年降水量从东南向西北递减,在垂直方向上依照海拔发生变化,非地带性在三个方向上被分解。实际上,非地带性能够分解为纬度地带性与经度地带性。

在自然地理学中约定,在平亢地上发育的土壤植被景观,可以当作一个自然地带的标志性土壤植被景观。所谓平亢地,指的是那些地面高耸且平坦,排水状况良好,不存在强烈侵蚀与强烈堆积现象,地下水距离地表较深,不影响土壤的发育,土壤颗粒粗细适中的区域。在平亢地上发育的土壤植被是"显域"的。在自然带中,由于地貌、岩性的差异或者地下水深度等因素的影响而形成的与平亢地不同的土壤植被,被称作"隐域"景观,这样的地貌部位称为隐域部位。有人进而提出,地带性规律涵盖了隐域性。可以认为,在地域中与基本统计特征存在明显偏离的景观属于隐域景观。

2.2 地域分异规律

地域分异规律是地理学中最基本的规律。地带性规律是以相似性视角,地域分异则是以差异性视角,对地理景观空间分布进行解释。地带性也可以从更大的尺度上认为是一种地域分异。地域分异规律的意义是地域由于地理过程的作用,可以识别为具有不同景观结构和地理性质的单元或区域，这些单元之间既有一定的共性，又可互相区别。

(1)土地分异规律

土地作为占有一定空间的地理景观，其分异能够展现出地域分异的基本特性。首先，特定的土地具备特定的水文、地貌、土壤、生物群落以及气候特征，因此土地在地理过程的驱动下分异为各类土地类型。基于地域分异的情况，现代土地类型的分类通常依照植被、土壤、地貌特征把土地由低到高分为三级：相(土地元素)、限区(土地单元)和地方(土地系统)。地域的差异是呈递阶形式的，每一级的分异都保持着一定的地理过程一致性；地域分异并非毫无限制，相是土地分异的最小单位，它具有相同的地貌、岩性、土质、植被丛。在一个相中或许存在几种植物，它们以随机的方式生长于一个土地环境之中。继续对相以下的土地类型进行划分是没有土地学意义的，因为其内部的差异不足以表明植物群丛或者土质等方面在自然地理过程方面存在什么稳定的差异。

地域分异的单元会形成有序的组合，这种组合构建了空间结构，也造就了空间结构的各种类型。经典的空间结构主要包括：城市空间的圈层结构、扇形结构、多核结构，农业空间的杜能圈，以及克里斯特勒的中心地结构等。

(2)地域过渡带

尽管从统计的尺度来看，分异地域具有某种突变性，然而仔细观察便会发现，分异的地域之间存在着界限过渡的现象。引用物理学的观点，这也可以称作景观界限测不准。我们清楚，生物的生活存在一定的耐性范围，当生境条件发生变化时，生物依然能够生存。所以当我们把某几种植物或植物群丛当作地域标志时，就会由于耐性定律的作用而发现，不同地域的标志植物生活在同一地域(带)中，观察者无法找到一条明确的界限将以标志植物划分的两种地域分隔开来。倘若极为严格地定义地域空间界限，那么就无法同样严格地定义标志植物群丛、水文、土壤等特征，地域界限也就无法精准测定。类似的现象，在人文地理现象中也同样存在，城市与农村的界限、产业带的界限测不准，从而产生了地域之间的过渡带，这种过渡带被称作“生态环境脆弱带”“交错带”“缘带”等。

缘带的地理过程并不稳定，比如气候类型区的边缘带，由于大气(圈)运动的波动，在气候类型区的交界地带，不同气候类型区的天气系统交替出现，进而导致景观现象不稳定，并且表现为自然灾害多发区。像我国的淮河就是一条气候界限，淮河流域成为灾害多发区与此不无关系。在城市与农村的交接部位，所形成的缘带称为“城市边缘带”，这一地带的人口流动最为频繁，在西方形成了特有的贫民区，出现了众多社会问题。在我国，流动的农村人口通常也聚集于这一地带，带来了许多特殊的问题。关于缘带的研究，正在逐渐成为现代地理学的热点之一。

地域界限测不准，绝不意味着地理界线都是模糊不清的。例如国境线、时区线等都是清晰明确的。界线属于一种人为的约定，能够严格地对其进行规定，测量上的困难并不能限制理论的约定，一般来说，认为地理界线模糊是没有意义的。地域景观界限测不准，并且形成了缘带。

2.3 系统性规律

(1)平衡性

像所有的系统一样，地理系统是有特征和状态的。状态是一个具有特殊含义的系统科学用语，它是足以刻画系统过去、现在和未来状况的特征或特征量的集合。系统科学家卡曼指出：状态是描述系统性状的最小特征集合。

地理系统在许多情况下是个热力学系统，它满足能量守恒、质量守恒的要求，因此联系地理系统的状态特征或单元的状态描述量之间会达到某种力学上的、物质量之间的平衡。如一个空间系统，包含有若干资源需求的城市和资源供应的城市，城市与城市之间有若干物资流的联系。显然，从长期的角度看，实际供给的总资源量等于实际总需求的资源量，在空间资源各路径的流量达到某种平衡。

可以设想，由于运费和杂税消耗等，必然有一种或几种空间结构可能使运费最少或消耗最小，这类结构在给定的地理原则下是最优的，而人类的主动或被动的自我调节会使资源分配的空间流结构趋向于某种关于空间市场需求量、空间道路利用率的状态集合。总之，看到地理单元之间会因热力学守恒定律的存在而形成某些平衡状态或结构，而这些允许的状态中又可能存在某种给定的地理原则下最优的状态或结构，地理过程有驱动地理系统趋向于这种最优状态或结构的可能性，称这是地理系统的平衡特性。

(2)地理系统的动态性

实际的地理系统通常是动态的，它们的状态会产生变化。尤其在外界存在输入的情况下，系统会拥有自身特定的状态动态过程(或者称为状态响应)以及输出。例如一段河流，上游的来水来沙属于它的输入，将河流对下游的输沙量、含沙分布设定为输出，选取河流横断面的形式，把河槽深泓线深度与蜿蜒形态、弯道水流结构等当作状态，当来水量、来沙量发生变化时，河流会有自身特定的状态响应，其结果是对下游产生特定的泥沙量以及分布输出。同样的可能性，来水、来沙量对于另一河段或许会给出不同的状态响应和输出形式。显然，决定对下游输沙状况的并非河道断面，也不是深泓线，而是作为一个整体的河流系统。地理系统呈现为统一的功能体，系统输入与系统的功能特性共同决定了输出，这便是地理系统的功能特性。

(3)自组织特性

地理系统的另一种特性为其自组织特性。系统论指出，系统的平衡存在两种可能性。偏离稳定平衡状态的情况，会以衰减的形式或者衰减波动的形式趋向平衡状态。通过数学分析证明，状态还能够趋近某一周期运动，似周期、非周期的混沌运动等。

在地理学中，早就发现了地理系统趋向于某一稳定状态的现象。于河流地貌学中，提出了均衡剖面的概念，认为河流系统状态(地貌系统状态)存在某一稳定状态——均衡剖面，当系统状态演化至均衡剖面附近时，在较小的干扰下，只要系统的结构不发生改变，河流就能够通过冲淤等地貌过程消除干扰，维持均衡剖面不变。均衡剖面即为局部稳定平衡态。戴维斯的准平原实际上相当于地貌系统演化的全局稳定平衡点。

不仅地貌系统具备自组织特性，一般的地理系统也具有自组织特性。在景观生态系统中，景观生态被认为存在稳定态。在城市系统中，稳定态的观点也被广泛引用。比如一个森林生态系统从皆伐到趋向于稳定态的过程。一个生态系统的稳定态被定义为第一性生产力与呼吸量的平衡，景观生态的稳定态可以理解为群落结构与格局保持恒定。

(4)其他特性

当系统遭受重大干扰或者系统的条件发生改变时，地理系统会产生突变。突变存在两种情形，其一为较大的干扰，状态被迫改变，系统趋向有所不同；其二是系统的条件出现变化，此时系统的基本结构发生变动。就生态系统而言，突变的形式表现为生态系统的演替，生物种群、群落及其格局均产生变化。气候的演变往往是生态系统突变的驱动因素。突变现象在地理系统中是普遍存在的。

地理系统对于输入存在一定的滞后响应。当气候发生突变时，只要这种突变并非过大，通常来讲，土壤—植被系统不会出现相应的改变，原生的植被能够残存下来。地理现象呈现出了继承性，这是由于地理系统的突变要求干扰达到一定的阈值，而这个阈值对于各个地理子系统可能并不相同。滞后现象和继承现象都要求我们“必须从历史的角度去理解地理现象”。

2.4　节律性规律

(1)时间节律性

大多数地理学家认为，地理现象在时间和空间维度上存在节律性。节律性并非完全等同于周期性，其为一种准周期的、具有统计意义的现象重复。例如，太阳黑子活动约有 11 a、22 a 的周期变化，从而引发地球上气候出现 11 a、22 a 的准周期变化。

节律性的产生源于外源的周期性干扰，这是节律性的一种起源方式。实际上，节律性也有可能完全由地球表层系统内部所导致。其中最知名的例子当属 ENSO(恩索)现象，在秘鲁海岸，每隔三五年就会出现上涌流消失的情况，也就是厄尔尼诺现象，与此同时，大气环流运动出现异常，此被称为南方涛动。这种复杂的现象既无天文方面的原因，也不存在地质方面的原因，完全是由地球表层系统内部所引起的。

(2)空间节律性

最为简单的例子当属海滩上的沙波，在空间上就呈现出准周期的统计重复现象。实际上，地域分异现象通常也是具有节律性的，比如一片山地，各山岭之间会出现高度地带现象的重复。在更大的范围来看，全球性的自然环境同样存在节律变化。

自然地带节律属于"拟周期递变重复"，也就是说，在重复空间（或者时间）现象的同时伴随着单调的变化，现象之间如同同族的化学元素一般，既存在相似性，也具有演化性，它与准周期重复不同，后者的周期具有随机性且不具备明确的演化。"准"的现象是无方向性变化的、平稳的。"拟"的现象则是非平稳的、具有方向性变化的。

总之，在地理学当中至少存在两种节律性现象，即准周期统计重复与拟周期递变重复。至于是否存在更为复杂的节律现象，目前还无法断言。需要注意的是，不能因为受到这里所举例子的限制，就认为前者是时间现象，后者是空间现象。实际的地理现象，有可能同时具备这两种节律性。

第 6 章　地理科学的方法论与方法

以方法为研究对象，已形成了一种专门的学问——方法论。方法论是关于认识世界和改造世界的方法的理论系统。地理学方法论一直是地理学哲学关注的核心内容。方法论要明确一门学科在整体科学系统中的地位和范围，以及学科概念的特征和本质。

地理科学的发展史证明，由于学者对地理科学研究对象与学科性质的认识差异，产生了不同思想方法和不同的地理研究方法。地理学方法论有两个基本点：其一，是关于获得地理知识的方法的整体的探讨；其二，是关于地理学自身发展规律的探讨，这是关于地理学普遍性的认识。

第 1 节　地理科学的方法论与认识论

1　方法论

方法是主体依据对客体发展规律的认识，为自己规定的活动方式和行为准则，是人们实现特定活动目的的手段或途径，是主体接近、把握以至改造客体的工具或桥梁。

方法是解决“做什么”和“怎么做”的途径和手段，具有五个层次：指明活动的目的方向的方法、达到目的方向所必须通过的途径的方法、达到目的方向所必须采取的策略手段的方法、达到目的方向所必须运用的工具方法、有效地运用工具所必须遵照的操作程序的方法。

1.1　概念

方法论就是原则性和整体性的方法，并力求解释或论证科学或学科的内在逻辑。方法论是一套指示研究与争论将如何在学科内进行的规则和程序，即如何收集和组织信息。地理学方法论具有深刻的地理内涵。地理学方法论之所以是地理学的，根本原因是因为它与地理学的特殊对象及对象的特殊性有着实质性的联系。这个实质性联系就构成地理学方法论的地理内涵。地理学发展史表明，由于人们对地理学对象、性质的不同认识，便产生了不同思想方法和不同的地理研究方法。地理学方法论有两个基本点：其一，是关于获得地理知识的方法的整体的探讨，其二，是关于地理学自身发展规律的探讨，这是关于地理学普遍性的认识。

地理研究的方法，即对地理实体与地理现象进行调查（样本）、描述（现状）、复原（历史）、剖析（因果）、判断（趋势）、求索（性质）、探究（规律）、预测（未来）的手段或途径。所谓科学方法，不外乎观察和实验以及数学推理，是西方近代科学的产物，强调自然客观性。但凡隶属于科学体系的学科，尤其是纯自然学科，都有该学科研究的科学方法，其研究成果一般要经得起科学方法的重复验证。地理研究的科学方法，是指西方近代科学革命以来，受到经典物理学等自然学科方法论的影响而逐渐形成的地理研究方法。

1.2　方法与方法论关系

首先，方法论是方法和技术手段的结合，是前人思想的堆积或思维灵感的片段，方法论的整体性意味着方法相互关联而形成一个有机整体。其次，方法侧重操作性和技术性，方法论的原则性意味着要考虑准则或原理。再次，方法是研究过程中具体的实践程序，方法论则是贯穿学科或研究过程始终的哲学立场和逻辑线索，对于论证和解释学科或研究合作的合理性必不可少。最后，作为一种特定知识，方法的范围比较宽泛，方法论则属于哲学层面，受本体论和认识论的双重制约。

综合来看，虽然广义的方法概念可以包含方法论，但随着各学科及其方法的专业化，方法论问题也开始独立成为一门学问（学科）。方法论与方法就成为有着不同层面和侧重点的两个概念，对它们的关系就必须予以区分。但这种区分应视具体情形而定，因为方法与方法论研究也是辩证互动的。不论是从学科还是从一项研究计划的层面来看，方法论都不仅与本体论和认识论密切相关并受其制约，而且也是论证和支持研究合理性的主要依据。

地理学方法论是对地理学科的性质、范围和任务的整体考察，集中关注学科的核心概念，与学科基础密切相关。

1.3　方法论与实践

地理学是一门非常重视实践的学科。现场（野外、室内）考察在地理学中有着悠久的传统。法国地理学思想史家保罗·佩迪什曾指出：地理考察和哲学是哺育希腊地理学成长的两大因素。美国地理学者哈特认为，成功的区域地理学始于野外，野外考察是最基本的技能。和其他学科专注于有限的变量不同，地理学者对地方的总体状况更感兴趣。野外工作则提供给地理学者更为具体、真切、生动、复杂的地理现象。从传统地理学的研究对象（地方、景观、空间），到后现代地理学的研究“实体”，地理学的核心概念的内涵意蕴发生了很大变化，一个主要原因就是即使面对同样的景观和地点，人的感受和认识却可能不一样，甚至大相径庭。这个时候，通过亲身体验和实地调查，才能验证和辨识他人以及文本中言论的正确性与可靠性，从而形成自己的地理认识。另外，即使是地理信息系统、遥感等技术，也并不能替代现场工作(实地勘察、野外速写和素描等)。信息技术的发展大大提高了野外工作的方便性和精准性，但并不能替代现场考察。

1.4　方法论主要观点

(1)阿尔夫雷德·赫特纳的方法论体系

《地理学：它的历史、性质和方法》展现了地理学的历史、性质和方法这三方面的整体统一性，阐明了地理学的历史在方法论研究中所处的地位。从历史出发，便能察觉到方法论的科学性，地理学的发展历史蕴含着方法论内部的逻辑关系。赫特纳更是将"从历史出发"开展方法论的研究视作"通例"。

"由于地理学对于客观世界有着独特的理解方式，地理学史就必须探究地理学的看法是如何逐步形成的，接着探究它与其他科学的关系怎样，也就是它在科学体系中的地位是如何确立的。它要探索各个时代地理学的性质和范围，它的研究方法和描述方法，而且要追问：在地理学的文献(包括地图)中是怎样表达的，在何种程度上以及以何种方式成为学校课程的对象，成为普通教育的一个组成部分。"这表明地理学史要研究、解决方法论中的一些最为基本的问题，包括一些规定性的问题(例如性质、范围、方式等)，这些构成了地理学方法论总的"理解方式"，也由此可见地理学史与方法论之间存在着重要联系。

地理学性质与方法论的关联。地理学的方法论就整体而言通常是地理学所独有的。所以，在探讨地理学方法论时必须紧密联系地理学的特点，唯有如此才能够获取独有的科学地位。地理学的性质决定其方法论，人们依据科学性质来运用适宜的科学研究方法，采取相应的研究方式开展科学研究。这是任何具体科学方法论存在的科学基础。另外，研究地理学的性质又必须具备逻辑条件或者方法论条件。在地理事实和地理原则之下运用科学思想方法或逻辑方法推导出地理学的性质，这样便能确定地理事实和科学性质之间的内在联系。只有运用了正确的研究方法，这个内在联系才会是正确的，科学性质才会与客观事实相契合。因此，在具体研究的过程中，地理学性质和方法论这两方面是无法完全割裂的，它们的结合是由两方面研究过程的内在联系所决定的。地理学的性质是如何确定的，运用何种科学方法确定的，以便找出蕴含于其中的方法论因素。如此一来，就必须剖析地理学的性质。

(2)R·哈特向的科学思想方法

《地理学性质的透视》提炼出了从古代至近代乃至当时地理学发展进程中最为突出且最为重要的理论问题加以分析，并将它们汇聚于地理学性质这一焦点之上，凸显了地理学方法论研究的关键部分。

方法论著述的目的并非是肯定某些意见或者某些争辩，而是对双方相关的问题予以澄清，并在地理学的性质、范围以及目的等方面达成统一。

地理学的方法论绝非是一些具体研究方法和法则的罗列，而应当是一种科学的分析，其结论应当在对地理事实的客观性展开科学分析的过程中产生。

(3)阿努钦的方法论实质

《地理学理论问题》指出，自然地理学和经济地理学正朝着“统一地理学”迈进，直接指向了长期以来在地理学中最为敏感、决定地理学发展方向的“一元论”和“二元论”的方法论之争。在他的研究里，地理学对象和方法论之间的联系极为清晰，地理学对象的实质与方法论的实质完全相互对应。

地理学的研究最终应当是“综合的”。阿努钦表示，地球景观壳的因子或者这些因子的综合，也就是地理方法和专门对象的结合，共同构成了地理科学统一的体系。区划和地图编绘是地理方法的具体表现形式。这便是统一地理学的方法论实质。与统一地理学相对应的自然地理学和经济地理学的“分析的”方法在具体的研究中是存在界限的，只有在维持地理学的统一性和研究的综合性时才能得以成立。因此，他的统一地理学的思想方法是唯物辩证的，而统一地理学对象的综合统一是地理的分析方法和综合方法的客观性能够得以体现的必要前提。阿努钦的研究同时也指出，在运用地理学的研究方法时怎样才能保证地理学的本质特性不变，揭示了本学科方法论的地理内涵。

2 认识论

2.1 科学文化与人文文化一致性

在当代学科分类中，地理学归属自然科学体系，但个别地理学分支学科，却跨属自然科学与人文科学两个体系，如历史地理学，既是中国科学院自然科学体系中地理学的三级学科，也是教育部人文社会科学体系中历史学的二级学科。

(1)地理科学的文化属性

在地理学或地理研究方法的科学文化与人文文化属性方面，也存在着五种认识。第一，以科学文化属性为主，如以科学方法为主导的自然地理研究。第二，以人文文化属性为主，如以人文方法为主导的人文地理研究。第三，具有科学文化与人文文化双重属性，如综合运用科学方法与人文方法的区域地理研究。第四，科学文化与人文文化不在同一层次。地理学科体系分类如以地理现象发生的时间或时期为第一标准，则分为史前时期的古地理学、人类历史时期的历史地理学、人类当今世界的当代地理学，形成“一切地理学都是历史地理学”的局面。在这一地理学科体系分类中，人文文化显然高于科学文化一个层次。第五，科学文化与人文文化之间存在中介，如地理信息系统、遥感等空间信息技术，在地理研究的科学方法与人文方法中，都得到广泛运用，成为地理研究中联系科学文化与人文文化的桥梁。

(2)地理科学的跨学科属性

从哲学的视野看，在地理学的研究中，存在着许多对立统一的辩证关系，如系统地理与区域地理、自然地理与人文地理、空间地理与时间地理、理论地理与应用地理等，而所有这些辩证关系，都直接或间接地显示出科学文化与人文文化的对立统一关系。古今中外的地理学界有识之士，都清楚地认识到，地理学是一门跨越科学文化与人文文化的综合学科。近代地理学的自然地理学奠基人洪堡与人文地理学奠基人李特尔都论证了自然现象和生活现象之间确实存在着的因果关系，但又各自以其独特的方式来构想这种关系。

2.2　时空及其尺度转换

(1)地理空间

地理学研究的空间范围是地球表层的固体地壳圈、液体水圈、气态大气圈、生命生物圈以及人类社会圈。各圈层之间的界限并不鲜明，互有渗透。地理学研究中的空间，表现为地球表面的圈层、区域、地方与地点，为了区别于其他学科领域所涉及的空间，可称为地理空间。有学者将地理空间概念划分为经验空间(指借以建造日常生活结构的过程)、开敞空间(指借以建立相互作用的常规通道的过程)、图像空间(指图像增值以产生对空间新理解的过程)与地方空间(指空间被处理为表露感情潜力与其他具体潜力的方式的过程)；绝对空间、相对空间与多元空间；感知的空间、构想的空间与生活的空间；地理区域、地理综合体、地理景观、区域地理系统四种地理空间形象思维(即空间意象)模式。

地理空间是地理实体的存在形式之一，即地理实体的广延性。世界上没有脱离地理实体的地理空间，也没有不处于地理空间中的地理实体。地理空间是有限的，依据任何地理要素划分的地表圈层、区域、地方与地点，都是有边有际的地理空间。

地理学关注各种事物在空间中的联系，尤其在空间维度上关注各种事物及其相对位置和相互联系，在空间的框架中对各种现象进行描述、解释和预测。地理学的空间单元有流域、气团、植物群落、土地系统、社区、企业、聚落、城市等，各种地理单元具有不同的空间尺度，并构成一个具有层次结构的地域系统。地理学聚焦“格局”来进行空间综合、认识空间关系，而要解释格局又离不开时间。地理信息系统和遥感技术的发展为地理学进行空间分析与空间规划提供了有力的工具和新的可能性。

地理空间的地点，具有多位性、多域性、多属性与多意象性。以北京为例，多位性表现为交通线路(航空、铁路、公路)的站点不在同一位置，多域性表现为北京的城区范围与行政管辖范围不同，多属性体现于社会属性（国家政治行政中心、文化中心、教育中心、交通中心、电信中心等）与自然属性（北温带、山地平原交界带、农牧分界带），多意象性体现在能够代表北京形象的古今建筑上（天安门广场（天安门城楼、人民英雄纪念碑、人民大会堂）、故宫、八达岭长城、颐和园、鸟巢等）。

(2)地理时间

地理学的研究对象处于不断变化的过程中，地理学重视研究这种变化的过程，即事物随时间而发生的变化。

地理学研究中的时间，表现为地球形成以来的地质时期，人类出现以来的考古时期，人类文明出现以来的历史时期以及当代社会的年、月、旬、周、日、时、分、秒。为了区别于其他学科领域所涉及的时间，可称为地理时间。

地理时间可以分为流逝时间与标度时间。流逝时间是指人类通过地理现象（日月升落、江河奔腾、草木枯荣等）而感知的时间，其时间尺度模糊，表示为“过去”“现在”与“未来”，且具有相对性，如“现在”相对于“未来”是“过去”，相对于“过去”是“未来"。标度时间是指人类通过传统的天文数理历法、地质考古人类历史学科的历史分期或现代热光电等学科的测时技术，对地理现象的发生过程进行度量的时间，其时间尺度相对确定。也有人将地理学中的时间概念分为“物理时间”和“社会时间”。前者是对事物运动、变化之延续性和顺序性的精确度量，物理时间的研究依赖时间序列数据及其分析；后者指社会变化过程，其研究依赖用以界定社会变化性质的社会理论。

地理时间是地理现象的存在形式之一，即地理现象发生发展的持续性和顺序性。世界上没有脱离地理现象的地理时间，也没有不在地理时间中的地理现象。地理时间表现出连绵不断、断断续续、周而复始等几种形式，也体现在地理现象发生的频率与频幅上。地理时间是有限的，起始于地球的形成，终止于地球的消亡。

时间变化的研究涉及变化的状态、变化的驱动力（原因）、变化的机制、变化的后果等方面。地理学特别关注与此有关的“周期”“发育””演化””演替"“平衡”“循环”“阈限”“突变”等概念。时间是推断因果关系的一个重要维度，地理学在这个维度上重构过去、解释现在、预告未来；在此基础上做出规划，规划就是控制和管理变化。时间研究也离不开空间，“全球化和本土性”就是一个典型的时空概念。传统的时间序列以经验分析为基础来解释格局的变化，但时间变化充满不确定性，因此，当前特别注重非线性、混沌、复杂性、平衡稳定性等方法在时间变化研究上的重要性。

(3)时空世界

地理学具有研究空间与时间的传统。有学者将空间传统列为地理学四个传统（空间传统、地域研究传统、人地关系传统、地学科学传统）的第一传统。以地理学方法论的视野探讨空间与时间，始于近现代地理学。赫特纳将“地表的空间关系”与“地理现象的时间过程”视为重要的“地理事实”。哈特向直接以空间概念为基础探讨地理区域，认为

"时间本身并非地理学中的一种因素",但不得不阐述"地理学中的时间和发生"。索尔特别强调了地理学的时间维度,并认为地理学的研究内容,如同涉及地点一样,要涉及时间,即非一再发生、非循环而不断向前的时间。偏离这一实质方向就会导致无效的结果。哈维将"空间"视为"地理学解释的模型语言"之一,而将时间视为"地理学中的解释模型"之一。在地理学研究中,时空的尺度与转换、空间的本土与异域、时间的往日与今日,以及时空构架的传统与创新,是地理研究者经常涉及的时空问题。

(4)尺度与转换

地理时空尺度是地理研究者在地理研究中采用的定性或定量的时空单位,是阐述地理实体在地理时空中的存在特征(范围、形状、质地、密度等)、观测地理现象在地理时空中的过程特征(始终、周期、频率、幅度等)的基准规矩。地理时空尺度包括两种尺度:在地理实体与地理现象中客观存在的本征尺度、地理研究者为了阐述和观测地理实体与地理现象而主观设定的非本征尺度。

空间尺度。地理学研究的空间尺度有不同的划分类型和命名。如地图尺度、观察尺度、测度尺度、运行尺度和解释性尺度。又如本征尺度的空间范围、空间周期、空间相关与非本征尺度的研究尺度和操作尺度。对于空间范围而言,除了在将地球作为整体研究对象时,有时需要采用超越地球空间范围的宇宙空间视野外,所有地理学研究的最大空间尺度,无疑是地球尺度或全球尺度。全球尺度以下的地理空间尺度,包括由一种或数种地理要素设定的地带或部门自然地理区,以及由综合地理要素设定的综合地理区。

时间尺度。地理时间是地理现象的延续性与顺序性体现。地理现象即地理实体或地理要素的发生、发展与变化的表现。地理时间也分为不同的尺度,从日变化、季节变化、年变化,到多年变化。地理学研究的时间尺度包括本征尺度的时间长短、时间特性(周期性、阵发型、随机型)、时间相关(依存型、弱依存型、随机型)与非本征尺度的研究尺度和操作尺度,也可划分为标度尺度(即标度时间尺度)、观察尺度(频率、幅度与周期)、测度尺度、运行尺度(所经历的时间范围)和解释性尺度(不同对象不同的时间视野)。地理时间尺度的选择,一方面根据被研究的地理实体、地理要素及其地理现象存在与过程的发生时间和历时长短而定,另一方面根据被研究的地理现象发生的时间特征与分辨率而定。就地理现象过程的时间范围或时间跨度而言,多采用本征时间尺度。就地理现象过程发生的频率、幅度与周期而言,多采用非本征时间尺度。

尺度转换。地理时空尺度的转换,是指将以一种地理时空尺度进行研究而获得的地理数据与地理信息推绎、换算、转化到另一种地理尺度上,是地理研究者多层次、多视野、多方位、多维度地认识和分析地理实体与地理现象整体特征的研究范式,即整体把握地理实体与地理现象的研究手段。依据不同的标准与因素,可以形成不同的地理时空尺度转换类型。现有研究提出了以下 3 对转换类型。

① 将较小的空间尺度与较短的时间尺度转换成较大的空间尺度与较长的时间尺度,称为尺度上推,或尺度扩展,包括分配和聚集;反之,称为尺度下推,或尺度收缩,包括解集和选择。综合尺度上推与尺度下推的转换类型,称为自适应尺度系统。

② 尺度转换模型构建的过程中,将与尺度有关的因素考虑在内的模型,称为隐式尺度转换,其模型本身体现了对模型时空粒度进行尺度转换的系统过程。而以数字集成或综合分析为基础的模型,称为显式尺度转换。

③ 在同一序列时空尺度中,一个时空尺度向相邻时空尺度的转换,称为相邻尺度转换。向非相邻时空尺度的转换,称为跨尺度转换。

除了上述时空尺度转换类型外,理论上还存在着下列转换类型:混合交叉转换(即较大空间和较短时间的时空尺度、较小空间和较长时间的时空尺度之间的转换)、跨序列转换(即不同序列的时空尺度之间的转换,如空间尺度序列与空时尺度序列、时间尺度序列与时空尺度序列之间的转换)、跨维度转换(即线性一维、面状二维、立体三维与时空四维之间的尺度转换;换言之,在理论上也存在着空间尺度与时间尺度之间的转换)。

2.3 还原论与整体论

(1)分析与综合

地理科学的研究对象是一种不可还原的系统。不可还原意味着不可分析。但是,由于方法论的局限,又不得不分析。这就是地理学研究的最大困惑之一。

分析与综合是一对相辅相成的研究过程。分析的方法就是分解的方法,将物质分解为组成要素,然后确定其性质(定性分析),或者确定其比例(定量分析)。综合就是把分开的元素或物质组合成内在一致的整体。对于分析的方法来说,结论事先可能已经知道,可以构造假设,通过演绎将这个结论证明出来;对于综合的方法而言,前提知道,但结论并不清楚,通过演绎推理推导出新的结论。

区域性(地域性)与分析方法存在密切的联系。空间分解是地理学科的第一种(最主要)分析思路,要素分解是地理学的第二种分析思路。区域分解之后,需要综合。综合性是地理学的基本属性,综合方法则是地理学者的看家本领。系统科学发展起来之后,系统方法被引入地理学,综合方法在系统思想的指导下得到进一步发展。中国科学家提出的“从定性到定量综合集成”的分析方法,就是科学综合法的一种。

(2)局部与整体

线性与非线性。系统的局部性和整体性联系着要素关系的线性和非线性。如果一种函数是线性函数,就会具有如下基本特征:①加和性和齐次性;②均匀变化或者匀速增长。对线性函数求导可得,如果函数不满足上述加和性、齐次性和均匀变化的特性,就是非线性函数。

整体不等于部分之和。线性系统,整体等于部分之和;非线性系统,整体不等于部分之和。结构健康的非线性系统,整体大于部分之和;结构不健康的非线性系统,整体小于部分之和。整体性公理是基于正常的、不存在结构性弊病的非线性系统发展起来的一种观点。从方法论上看,当整体等于部分之和的时候,可以采用常规的、简单的分析方法开展研究,即将整体分解为各个部分,然后用部分的行为解释整体的行为;当整体不等于部分之和的时候,则不可简单地分析,即不能用区域分解的方法分别研究各个部分,然后用部分解释整体。

内部性与外部性。在外部条件相同的情况下,内部因素起主要作用;在内部因素相同的情况下,外部条件起决定作用。系统的结构及其与环境的相互作用共同决定系统的功能,功能反作用于结构以及系统与环境的关系。

区域外部性可以分为正外部性和负外部性。如果区域外部因素对一个区域有积极的作用、正面的影响,则称为正外部性;反之,如果区域外部因素对一个区域有消极的作用、负面的影响,则可称为负外部性。正外部性强,可以导致整体大于部分之和;负外部性强,则会导致整体小于部分之和。区域外部性与地理学第二定律有关。该定律指出:一个区域外部的现象影响着该区域内部发生的事情。

区域内部性和外部性意义。第一,区域分析问题。区域之间的关系或明或暗、盘根错节,基于简单还原论的研究方法行之无效。第二,测度的有效性问题。在地理研究中,长度、面积、规模、密度等,都是测度。由于区域外部性问题,地理工作中很难取得有效的、可比的社会经济测度。一个区域的 GDP 很高,但其可能隐含很高的正外部性:它间接剥夺了相邻区域的资源(利用落后地区的廉价劳动力寻求经济增长),暗中透支了后代的财富(通过无节制地破坏生态、污染环境来发展工业),破坏了祖先的历史和文化遗产(把具有考古价值的真古董变成假古董,发展旅游产业)。不同区域的发展水平测度没有可比性,研究结论也就没有太大的可靠性。第三,数学建模问题。地理分析包括定性和定量两个方面,缺一不可。有定性无定量,则科学性可能不足(有地无理);有定量无定性,则地理特色容易淡薄(有理无地)。定量分析包括三个层次:基本层次,基于某种测度刻画比例关系;第二层次,运用统计方法整理数据、分析样本,并以置信表述的形式给出推断结论;第三层次,借助数学方法构造假设、建立模型、发展理论。

局域性和长程作用。在物理学中,所谓局域性,原指一个粒子仅仅影响相邻的粒子,对不相邻的粒子没有影响。长程作用则是指一个粒子不仅影响相邻的粒子,还会影响不相邻的粒子,但距离越远,作用力越小。在地理学中,局域性是指一个地理单元仅仅影响相邻的地理单元,对间隔的地理单元没有影响。长程作用则是指一个地理单元对相邻、不相邻的地理单元都有影响,但距离越远,影响越小。长程作用与地理学第一定律一致,局域性则似乎违背地理学第一定律。在地理发育过程中,有些具有长程作用的系统,会逐步向局域性系统演化,这种现象属于局域化过程。局域化与经济地理学的地方化概念采用相同的英文词汇,相应地,全局化则与全球化采用相同的英文单词,故容易引起误解，特此说明。

局域化是一种力量引起的集中化过程，局域性则代表一种特征和空间行为的属性。了解局域化更容易理解局域性。局域性联系着部分，长程作用则涉及全局性或者整体性。局域性和长程作用的关系在地理研究中意义重大。

空间相互作用和空间自相关是地理分析的主要理论和方法。第一种方法是空间相互作用分析，常用模型有两种，一种的阻抗函数是负幂函数，另一种的阻抗函数是负指数函数。负幂函数暗示着长程作用，负指数函数则暗示着某种程度的局域性。两类引力模型代表不同的空间相互作用过程，适用范围也不一样。在城市研究中，基于负幂函数的引力模型可能更多地适用于较大尺度的城际地理学，基于负指数函数的引力模型则更多地适用于较小尺度的城内地理学。

(3)从区域分析到系统分析

用系统思维研究地理问题，必须强调整体的观点、全局的概念，以及结构—功能关系的视角。系统分析的特点：①以整体为目标，忽略了整体性原则就没有所谓的系统思想。②以特定问题为对象，目标和现状的距离决定了所要解决的问题。③运用定量方法，系统的反直观性决定了定量分析方法的必要性。④凭借价值判断：以人为本，没有人就没有价值标准，没有进行判断的坐标体系。系统分析的原则：①时间上，当前利益和长远利益相结合。②空间上，外部条件和内部条件相结合。③范围上，局部效益和整体效益相结合。④方法上，定性分析和定量分析相结合。简单系统与复杂系统：经典物理学研究的系统大都是简单系统，这类系统可以通过部分的行为解释其整体的行为和特性。从方法论的角度来看，凡是不能用还原法进行有效研究的系统，都是复杂系统。

(4)简单与复杂

传统的数学分析(主要是微积分)是基于欧氏几何学发展起来的，而地理现象不规则，不能用欧氏几何学描述；传统的代数学是基于线性叠加原理的，而地理过程却到处是非线性的，不能用线性方法有效处理；传统的概率论和统计分析主要基于有特征尺度分布(正态分布、泊松分布等)，而地理现象主要服从无特征尺度分布(Pareto 分布、Zipf 分布、Mandebrot 分布等)，不能用常规的概率论和统计学整理数据。所谓有特征尺度分布，就是中庸型分布：两个极端很少，中间型居多(如人类身高、交通路线)。所谓无特征尺度分布，就是极端型分布：一个极端很少，绝大部分分布于另外一个极端(如人类收入、城市规模等)。

突现原理。突现的基本含义在于：当系统微观层次经过大量的相互作用之后，会在宏观层面出现一种微观层面所不具备的新的性质、结构和图式。分形、混沌吸引子、对称破坏、局域化等，都是复杂系统演化过程中"突现"出来的结构或图式。

突现原理是整体性原理的发展。突现概念强调两个方面：一是整体大于部分之和，二是整体具备部分之和没有的新奇性质。突现意味着阈值、相变、无中生有的性质；突现意味着一种隔离机制，强调高低不同、上下有别。当低级层面的要素通过大量的相互作用而在高级层面形成一个新的景观和秩序的时候，低级层面的要素作用不再能够解释高级层面的景观和秩序。

突现过程的隔离机制是复杂系统之所以复杂的重要原因之一。城市系统中有大量的突现行为和现象，最重要的包括分形景观、位序—规模分布、微观层面的对称破缺和宏观层面的对称等。可以想见，不了解突现机制，企图借助微观层面的人的社会经济行为解释宏观系统规律，是不可能的。在复杂性研究中，一种重要的方法就是粗视化（或粗粒化）。由于突现机制，复杂系统不可以还原，这为研究空间复杂性带来了麻烦。但是，凡事有利就有弊，有特短者必有特长。突现的隔离机制暗示可以借助粗视化的方法处理复杂城市系统，而不必考虑微观层面的各种个体行为。所谓粗视化，就是在高层次处理问题的时候，有意忽略低层次的各种细节，而这种细节的忽略不会影响结果的有效性，反而事半功倍，甚至使得不可能的研究工作成为可能。对于城市之类没有特征尺度的系统，粗视化方法就尤其重要而且有效。在研究城市体系的分形图式的时候，只需要将各个城市视为一个个的单粒，无须考虑城市内部的个体活动。至于微观层面的个体行为，仅仅以某种模型参数的形式反映出来。这样处理十分方便，没有这种便利的方式，不可能建立城市系统的宏观模型。

第2节　主要方法

1　实地调查

实地调查是一项有用的初步技能。它仍然被广泛用作研究工具，并作为该学科的一个重要组成部分在地理课程中教授。

(1)田野调查

田野调查成为地理实践的必要条件，它渗透到学科发展的道路上。田野是灵感和想法的主要来源，对学科的内容和方法都有很大的启发。

(2)意向调查

意向调查是对人及不同社会集团的行为心理的调查。这是现代地理学研究中使用的方法之一，如政府的重大区域和基础设施等规划中征求相关民众的意见。意向调查与现代地理科学重视人的因素的趋向是一致的。

(3)史籍调查

史籍调查即指通过地方志或其他历史资料了解调查地理情况的方法。我国有悠久的地方志撰写的历史，保存大量的历史地理资料，对了解地方的社会经济变化、自然环境的变迁和人类改造自然的过程具有重要意义。在近现代地理环境研究中，过去的报刊、书籍、档案资料也具有重要的研究价值。

(4)数据统计调查

数据统计调查是指对定量说明地区地理特征的主要数据的调查和分析。如自然地理研究中的气象气候资料、水文地质资料；人文地理研究中的人口资料、社会经济统计资料。这些资料对地理研究都具有重要意义。

尽管随着其他方法的兴起，田野调查对地理学及其分支学科的相对重要性已经下降，但它仍然至关重要。研究人员必须始终意识到自己的立场。

2 归纳、演绎和类比

2.1 归纳法

科学归纳法是指在科学研究中运用归纳的方法提出和建立假说，在实验基础上抽象和概括事物之间关系的一种科研方法。它是一种从个别到一般、从特殊到普遍、从现象到本质的认识手段和认识方法。

科学归纳法具有下列特点：归纳获得结论内容超出了前提所包含的内容，因此，它是人们扩大知识内容的一种逻辑方法，但也正因如此，其结论与前提之间，即经验命题与理论命题之间是或然关系。归纳方法可能用于提出假说和建立科学理论，但其归纳过程与主观上的猜测和假设不同。基于上述原因，在运用科学归纳法时应特别注意根据经验、事实和实验对归纳的合理性与正确性给予验证，应注意用概括的归纳校正已经归纳的结果。

2.2 科学演绎法

科学演绎法是指在科学研究中运用形式逻辑的演绎方法提出创立假说、指导实验、形成理论体系等系列科学方法的总和。科学演绎法主要包括在三阶段论基础上的证明方法、公理化方法、假说演绎法三种具体方法。它们在科研活动中拥有如下作用：①提出问题的主要逻辑手段，通过逻辑演绎既可以发现理论与事实之间、理论与理论之间以及理论自身内部的矛盾，又可以发现检验假说过程中所发现的问题。②简述科学理论的主要方式，是证明科学结论的基本手段。③具有帮助科学发现的方法论功能。演绎法通过把前提中蕴藏的知识明朗地揭示出来，常常导致新概念的形成和新事物、新规律的发现。④可以用来正确评价科学理论在整个所在理论体系中的地位、功能和发展远景。因此，它是科学成果评价的主要逻辑手段。

2.3　科学类比法

科学类比法是根据两个或两类对象在某些属性和特征上的类同，从而断定或推断它们在其他属性和特征上也可能相似的一种科学方法。它的客观基础是事物之间的同一性、相似性、客观规律发生作用。科学类比法包括共存类比、因果类比、对称类比、协变类比、直接类比、拟人类比、综合类比等具体类比方法。科学类比法是提出科学假说和进行工程设计的重要逻辑方法。使用科学类比法，首先要拥有较为充足的科学资料，并对资料本身进行深入研究，这包括已知类同性之间的相互关系、结构层次、因果联系、功能作用、现象发生的历史顺序等，在这一基础上推出事物的特性、功能或结构。运用科学类比法时应注意：①对进行类比的两个研究对象，应尽量找出它们之间的共同属性或特征。②要尽可能以两个研究对象的本质属性为依据，并且类比中由此出发的共同属性和结论之间应有本质的联系，这是科学类比法可行性的质量基础。③科学类比法所获得的结论具有或然性，因此它不便直接作为逻辑证明。

3　综合集成法

综合集成法的实质是将专家群体、数据和各种信息与计算机技术有机地结合起来，把各种学科的科学理论和人的经验知识结合起来，以发挥整体优势和综合优势。

(1)综合集成法的特点

综合集成法不仅要求定性分析与定量研究相结合，而且强调从多方面的定性认识上升到定量认识。它不同于一般的定性问题的定量化，也不同于一般的定性与定量相结合。综合集成法将科学理论与经验知识结合起来。把人对客观事物的零散知识综合集中起来，解决复杂问题。综合集成法根据复杂巨系统的层次结构，把宏观、中观和微观研究结合统一起来。综合集成法将软硬技术结合起来，把现代方法和传统方法结合起来，按系统思想把自然科学、社会科学等多种学科结合起来进行综合研究，并在方法上互补。

(2)综合集成法应用步骤

①组织系统工程专家和相关领域的专家研讨，依据他们掌握的科学理论和经验知识，对实际系统的问题进行分解与研究，对系统分析的途径和方法作出定性判断。②用系统思想和观点把研讨的结论纳入系统框架。界定系统边界，明确变量的类型，如状态变量、环境变量、控制变量和输出变量。③建立起用数学模型、概念模型、逻辑模型等描述的实际系统的结构、功能、目标、输入—输出关系，即系统模型。一般情况下，一个复杂系统的功能、结构或属性可以分解成为一系列子系统，对于系统进行建模描述，再由它们综合成总的系统模型。④在系统模型基础上，进行系统功能的计算机模拟和仿真，从

而研究系统在不同输入条件下的反映、系统的动态特性以及对未来的预测等。⑤通过以上步骤获得定量分析结果，再由专家分析、讨论和判断，反复论证，直到论证正确为止。

4 系统动力学方法

(1)系统动力学

系统动力学也称为工业动力学，是以系统论为核心理论基础，运用“凡系统必有结构，系统结构决定系统功能”的系统科学思想，根据系统内部组成要素相互区别、相互作用的特点，逐步发掘出产生变化形态的因果关系。

系统动力学模型较投入产出模型、线性规划、计量经济学等传统模型，能更充分地反映系统内部的非线性结构和动态变化趋势，模型着眼于系统整体最佳目标，而不是片面追求子系统的最佳目标，有利于实现复合系统内各子系统之间的协调，为系统的可持续发展提供良好的决策参考。

(2)系统动力学建模

系统边界及基本假设。运用系统动力学的基本原理和方法，对研究问题进行系统分析，明确工作任务及建模所要解决的问题；根据问题产生的范围确定系统边界，选择适当的系统分析变量，针对性地收集系统资料和与建模有关的统计数据。

因果关系分析。系统结构分析，根据实际情况确定系统的结构层次，将系统划分为若干子系统，通过因果关系图分析系统各要素间的相互影响和相互作用，从而确定系统内部及系统之间诸要素的主要反馈机制与基本回路。

模型建立。包括系统流图绘制和方程式的构造。流图是在因果回路图的基础上，对变量性质进行划分，用统一专业的符号描述系统内部变量间的因果逻辑关系。系统流图主要由状态变量、速率变量、辅助变量、常量以及守恒流和非守恒流等组成。描述系统的积累效用的变量为状态变量，描述累计效应变化速度的变量为速率变量，表达决策过程的中间变量为辅助变量。流图结合系统动力学方程，定量地描述系统内部反馈回路。

模拟分析。根据构造的方程式，确定仿真基准年，并对初始值进行赋值，运用软件进行模拟分析，对仿真模拟的预测值和实际统计数值进行比较，并计算两者的偏差范围。通过对模型进行直观检验、运行检验及历史有效性检验，不断调试和修正模型。

模型应用。根据专家制定的不同发展方案，选择不同的政策性参数，代入模型进行仿真应用，比较不同方案的输出结果，选出最优方案，以供决策者参考。

5 地图与制图方法

地图和制图传统造就了“制图”技能，此为地理学人的基本技能。地图制作虽是一门专业，但数代地理学生都被传授了制图原理及应用方面的高水平知识。

图形技能于研究和教育中皆十分重要，在描绘地理学科及其特质方面具备重要价值。心理地图的出现给一直以来的科学技术引入了一个定性维度。人文地理学家对人们头脑中的地图饶有兴趣。这些标准往往缺乏精确性、细节和技术准确性，然而依旧是行为的重要参考点。例如，相较于年轻人和流动性更强的人，老年人对其居住社区的心理地图或许会显得极为有限。

在诸多方面，当许多人类地理学家停止使用地图并专注于他们与理论、意识形态和政治意识的接触时，心理地图和图像的运用为地图的绘制提供了一条连贯的线索。另有一些人则被要求从构图方法和意义这两方面来审视他们的地图。

近来，观察家们对地图的威力提出了质疑，认为地图不但代表了地点，而且创造了地点。从这个角度来看，地图先于真实，必须承认它们的创造性。故而地图遗漏或隐藏的内容的重要性可能与它们所包含的内容同等重要。细节和多样性都被遮蔽了，标志性的地图是为帝国行政官员、殖民地游说者和定居者公众所设计的。

地图对于地理的重要性的另一个层面在于它们在信息时代的持续关联性，特别是在地理信息系统方面。地图是地理空间概念的清晰表达，能够被视作对了解世界的各类方法的具体地理贡献。

6　数学分析方法

计量地理学的"定量革命"要求该学科采用明确的科学方法，涵盖数值和统计方法以及数学建模，因而"数字"成为另一项必备技能。它对人文地理学的直接影响最为显著，因为自然地理学家早已在运用这些方法。一个包含统计语言及其一系列技术的新词汇整体进入了地理学领域。随机抽样、相关性、回归、统计显著性检验、概率、多元分析和模拟等术语成为研究和本科教学的组成部分。相关性和回归分别是测量两组或多组变量之间关系的强度和形式的程序。显著性测试衡量这些关系中的可信度。多元方法能够同时分析众多变量或因素，这是一种适用于许多复杂地理数据集的方法。模拟通常与概率相关，是一组能够推断或预测未来趋势的技术。

这场革命迫使该学科的新思维由定性描述、案例研究和独特或具体的方式，转向定量测量、代表性样本和具有概括及预测能力的理论。地理学家们接纳了这种新方法及其相关的分析技能，拥有不同程度的专业知识。在这一领域的一端，是能够与统计学家、计算机程序员和数学家进行互动的敬业创新的研究人员；另外，大量学生和从业者或多或少掌握了统计分析和数据集管理的基本知识。

将定量方法作为一种通用技能引入地理学，产生了众多影响。地理学家如何开展工作，数值模型的发展尤为关键。在自然地理学中，它允许开发出具有比描述模型更强大的科学基础的过程模型，例如戴维斯侵蚀循环。在人文地理学中，模型极为稀少，但城市结构和增长模型值得如此描述，尽管它们是从外部地理学中衍生出来的。

7 地理信息系统

GIS科学是地理科学的一项主要现代技能。随着多样性的增加，它已发展成为各种形式的复杂绘图与定量空间分析相融合。GIS数据包含地球表面现象的数字表述。这些可能是地形、田地边界、植被类型、建筑物，或者可以参照地理坐标的诸多其他特征。一旦收集到这些数据，便能够进行一系列的分析和解释。地理信息系统科学有一套明确且不断发展的科学原理、实践和理论，该方法已被证明具有相当大的应用价值。

GIS应用以问题为核心，解决了地理学中长期存在的研究问题，例如城市增长和土地使用的变化，以及新的挑战，例如犯罪行为，许多警察部队经常在犯罪事件中添加位置代码，例如盗窃或杀人，作为GIS分析形式的第一步。

地理信息系统是二元性的一半，地球观测(EO)是卫星遥感的另一个替代术语。地球观测涵盖一组仪器或传感器、它们的载体、飞机或卫星，以及数据处理技术，可以用来从遥远之处收集有关地球表面的信息。地球观测为地理信息系统提供了一个重要的数据来源，它们已经渗透进了现实世界中大量理所当然的应用当中。

GIS和EO在其构成上具有很强的技术性，但围绕着这一技术已经开发出强大的模型、数据分析过程和解释方法。它们均是极为有效的信息收集程序，但唯有当良好的解释能够最有效地利用这些信息时，才能实现这些信息的价值。

参考文献

安北江,2021. 中国古代的政治地理与地缘政治[J]. 思想战线,47(6):76-88.

鲍觉民,1988. 再论政治地理学的几个理论问题[J]. 国外人文地理(1):9-13.

贝格尔,1964. 景观概念和景观学的一般问题[M]. 北京:商务印书馆.

蔡运龙,1999. 农业与农村可持续发展的地理学研究[J]. 地球科学进展(6):602-606.

蔡宗夏,1986. 法国人文地理学的过去和现在[J]. 国外人文地理(1):27-31.

曹诗图,1994. 文化与地理环境[J]. 人文地理(2):49-53.

陈传康,1988. 自然地理学、地球表层学和综合地理学[J]. 地理学报:258-264.

陈发虎,吴绍洪,崔鹏,等,2020. 1949—2019 年中国自然地理学与生存环境应用研究进展[J]. 地理学报,75(9):1799-1830.

陈发虎,李新,吴绍洪,等,2021a. 中国地理科学学科体系浅析[J]. 地理学报,76(9):2069-2073.

陈发虎,吴绍洪,刘鸿雁,等,2021b. 自然地理学学科体系与发展战略要点[J]. 地理学报,76(9):2074-2082.

陈吉余,吴超羽,司徒尚纪,2017. 吴尚时对中国近代地理学的贡献与学术思想探讨[J]. 地理学报,72(7):1316-1327.

陈家其,1996. 近二千年中国重大气象灾害气候变化背景初步分析[J]. 自然灾害学报(2):22-31.

陈军,陈晋,2018. GlobeLand30 遥感制图创新与大数据分析[J]. 中国科学:地球科学,48(10):1391-1392.

陈利顶,李秀珍,傅伯杰,等,2014. 中国景观生态学发展历程与未来研究重点[J]. 生态学报,34(12):3129-3141.

陈明星,陆大道,2009. 中国城市化水平的综合测度及其动力因子分析[J]. 地理学报,4:387-398.

陈述彭,1998. 地球系统科学:中国进展·世纪展望[M]. 北京:中国科学技术出版社.

陈卫,2016. 国际视野下的中国人口老龄化[J]. 北京大学学报(哲学社会科学版),53(6):82-92.

陈卫平,陈雨岚,王存立,等,2020. 中国地理—黄土高原[M]. 北京:新世界出版社.

程汉,刘卫东,2022. 地理学与国际发展研究及中国的机遇[J]. 地理学报,77(12):3090-3103.

程兴华,2017. 关于“岩石圈物质循环”一节试题的解题技巧[J]. 中学地理教学参考(18):63-64.

丁金宏,程晨,张伟佳,等,2021. 胡焕庸线的学术思想源流与地理分界意义[J]. 地理学报,76(6):1317-1333.

董玉祥,李志忠,2022. 近 40 年中国海岸风沙地貌研究回顾[J]. 中国沙漠,42(1):12-22.

杜德斌,段德忠,刘承良,等,2015.1990年以来中国地理学之地缘政治学研究进展[J]. 地理研究,34(2):199-212.

杜鹏,李龙,2021. 新时代中国人口老龄化长期趋势预测[J]. 中国人民大学学报,35(1):96-109.

杜薇,2019. 流动人口、性别结构与产业发展[D]. 北京:对外经济贸易大学.

樊杰,2019. 中国人文地理学70年创新发展与学术特色[J]. 中国科学:地球科学,49(11):1697-1719.

樊杰,2021. 我国经济地理学历史沿革、现状特征与发展策略[J]. 经济地理,41(10):10-15.

樊杰,赵鹏军,周尚意,等,2021. 人文地理学学科体系与发展战略要点[J]. 地理学报,76(9):2083-2093.

方成杰,2017. 中巴公路泥石流易发性等级评价与起动试验研究[D]. 合肥:合肥工业大学.

方创琳,2004. 中国人地关系研究的新进展与展望[J]. 地理学报(s1):21-32.

封志明,李方舟,杨艳昭,等,2017. 中国人口地理学的过去、现在和未来——进展、挑战与机遇[J]. 地理学报(英文版),27(8):925-942.

冯长强,刘宗毅,曹一冰,等,2020. 地理信息系统在地缘领域中的应用与展望[J]. 地理与地理信息科学,36(3):76-82.

冯明,刘可群,董范,2015. 户外运动气象学[M]. 武汉:中国地质大学出版社.

傅伯杰,2017. 地理学:从知识、科学到决策[J]. 地理学报,72(11):1923-1932.

傅伯杰,2018. 新时代自然地理学发展的思考[J]. 地理科学进展,37(1):1-7.

傅伯杰,吕一河,高光耀,2012. 中国主要陆地生态系统服务与生态安全研究的重要进展[J]. 自然杂志,34(5):261-272.

傅伯杰,冷疏影,宋长青,2015. 新时期地理学的特征与任务[J]. 地理科学,35(8):939-945.

高长虹,2013.2013年地理高考备考建议[J]. 湖北招生考试(4):49-51.

高凯,2019. 混合型稀土矿高级氧化和二氧化碳协同浮选及基于矿粒分速特性的流程优化[D]. 北京:北京化工大学.

葛全胜,刘浩龙,郑景云,等,2013. 中国过去2000年气候变化与社会发展[J]. 自然杂志,35(1):13.

葛全胜,朱会义,2021. 两千年来中国自然与人文地理环境变迁及启示[J]. 地理学报,76(1):3-14.

顾朝林,苏鹤放,顾江,等,2023. 论地球科学的新时代[J]. 干旱区地理,46(7):1176-1195.

郭来喜,1994. 中国人文地理学研究回顾和展望[J]. 地理学报(s1):609-615.

郭文,2023. 中国文化地理学的研究范式:争论、张力与延展[J]. 地理科学,43(1):50-60.

韩渊丰,张治勋,赵汝植,1993. 区域地理理论与方法[M]. 西安:陕西师范大学出版社.

韩致文,董治宝,王涛,等,2003. 塔克拉玛干沙漠风沙运动若干特征观测研究[J]. 中国科学:地球科学(3):255-263.

郝二旭,2010. 敦煌曲辕犁新考[J]. 敦煌研究(2):60-66.

何凡能,李美娇,杨帆,2019. 近70年来中国历史时期土地利用/覆被变化研究的主要进展[J]. 中国历史地理论丛,34(4):5-16.

何沛东,2021. 张其昀先生的区域地理学思想与成就[J]. 地理学报,76(01):235-247

贺丹,2017. 世界人口发展版图[J]. 人口与计划生育(6):64.

贺雪峰,2020. 中国区域差异中的文化核心区与边缘区[J]. 陕西师范大学学报(哲学社会科学版),49

(6):23-29.

侯家璇,2023. 基于地理学发展史的综合思维培养策略[J]. 中学地理教学参考(1):34-37.

侯元兆,1992. 全球森林保护的问题及趋势[J]. 世界林业研究(1):1-6.

胡伟平,1997. GIS 与人文地理学的发展[J]. 人文地理(3):42-46,33.

胡雄光,薛华伟,王兴勇,等,2015. 中国植物空间分异规律[J]. 南水北调与水利科技,13(6):1089-1092,1142.

胡兆量,阿尔斯朗,琼达,等,2009. 中国文化地理概述(第 3 版)[M]. 北京:北京大学出版社.

胡志丁,曹原,刘玉立,等,2013. 我国政治地理学研究的新发展:地缘环境探索[J]. 人文地理,28(5):123-128.

胡志丁,刘卫东,2016. 论地缘战略的主体间性——兼论中国地缘战略抉择[J]. 人文地理,31(3):122-127.

胡钰,王莉,2020. 中国可持续农业发展模式的区域比较和启示[J]. 中国农业资源与区划,41(1):8-14.

华林甫,2002. 二十世纪中国历史地理学的成就[J]. 华东师范大学学报(哲学社会科学版)(1):116-123,128.

华一新,赵鑫科,张江水,2023. 地理信息系统研究新范式[J]. 地球信息科学学报,25(1):15-24.

黄秉维,1959. 亚历山大·洪堡的生平及其贡献[J]. 地理学报(3):176-179.

黄秉维,1960. 地理学一些最主要的趋势[J]. 地理学报(3):149-154.

黄秉维,郑度,赵名茶,等,1999. 现代自然地理[M]. 北京:科学出版社.

黄贤金,毛熙彦,贾铠阳,等,2023. 人文地理学科十年发展综述与评价(2009—2018)——基于人文社科综合指数的分析[J]. 东南学术(5):97-107.

黄忠恕,金兴平,2005. 水文气候预测基础理论与应用技术[M]. 北京:中国水利水电出版社.

姜世中,2020. 气象学与气候学[M]. 北京:科学出版社.

蒋玉莲,2010. 高中阶段地理示意图学与教的研究[D]. 上海:上海师范大学.

金凤君,靳海涛,2018. 人文—经济地理学的学科融合和创新[J]. 地理科学进展,37(3):309-316.

巨大立,杨钊,史小辉,等,2023. 河流地貌演化研究进展[J]. 地质科学,58(3):1063-1090.

李德仁,姚远,邵振峰,2014. 智慧城市中的大数据[J]. 武汉大学学报(信息科学版),39(6):631-640.

李尔晨,张羽,苑广辉,2023. 定量评估黑河流域 4 种下垫面类型对地表温度的影响[J]. 干旱区研究,40(1)30-38.

李蕾蕾,2004. 从新文化地理学重构人文地理学的研究框架[J]. 地理研究(1):125-134.

李强,邵丹丹,张鲸,等,2023. 论生态文明时代国土空间规划的对象[J]. 城市发展研究,30(4):1-8.

李双成,王羊,蔡运龙,2010. 现代人地关系与人地系统科学[J]. 地理学报,65(11):1315-1324.

李小建,2018. 经济地理学(第三版)[M]. 北京:高等教育出版社.

李小建,2022. 中国经济地理思想的历史演变及发展走向[J]. 地理学报,77(8):1873-1891.

李小建,苗长虹,2004. 西方经济地理学新进展及其启示[J]. 地理学报(s1):153-161.

李小建,李国平,曾刚,等,2019. 经济地理学[M]. 北京:高等教育出版社.

李小云,杨宇,刘毅,2016. 中国人地关系演进及其资源环境基础研究进展[J]. 地理学报,71(12):

2067-2088.
李小云,杨宇,刘毅,2018. 中国人地关系的历史演变过程及影响机制[J]. 地理研究,37(8):1495-1514.
李小云,杨宇,刘毅,等,2021. 中国人地关系的系统结构及2050年趋势模拟[J]. 地理科学,41(2):187-197.
李新,车涛,李新武,等,2020. 冰冻圈遥感学[M]. 北京:科学出版社.
李彦辉,朱竑,2012. 国外人文地理学关于记忆研究的进展与启示[J]. 人文地理,27(1):11-15,28.
李祎君,王春乙,赵蓓,等,2010. 气候变化对中国农业气象灾害与病虫害的影响[J]. 农业工程学报,26(s1):263-271.
李义虎,2006. 海权论与海陆关系[J]. 太平洋学报(3):16-24.
李召良,段四波,唐伯惠,等,2016. 热红外地表温度遥感反演方法研究进展[J]. 遥感学报,20(5):899-920.
李志林,王继成,谭诗腾,等,2018. 地理信息科学中尺度问题的30年研究现状[J]. 武汉大学学报(信息科学版),43(12):2233-2242.
李宗敏,2010. 怒江河谷潞江段工程地质环境研究[D]. 北京:中国地质大学.
梁昱庆,邱道持,1988. 建立中国政治地理学刍议[J]. 西南师范大学学报(人文社会科学版)(4):19-24.
廖小罕,2020. 地理科学发展与新技术应用[J]. 地理科学进展,39(5):709-715.
廖小韵,佘世建,薛怀平,等,2014. 新编世界地势图的分层设色[J]. 地理空间信息,12(3):149-151,10.
刘昌明,郑度,崔鹏,等,2020. 自然地理学创新发展与展望[J]. 地理学报,75(12):2547-2569.
刘纪平,王勇,胡燕祝,等,2022. 互联网泛在地理信息感知融合技术综述[J]. 测绘学报,51(7):1618-1628.
刘洁,2014. 黄河壶口地质遗迹特征及瀑布形成演化研究[D]. 北京:中国地质大学.
刘静,刘丛强,陈喜,等,2022. 圈层相互作用:深部过程如何影响表层地球系统[J]. 地球科学,47(10):3781-3782.
刘南威,2014. 自然地理学[M]. 北京:科学出版社.
刘沛林,2011. 中国传统聚落景观基因图谱的构建与应用研究[D]. 北京:北京大学.
刘馨尹,2021. 中国沿海海陆环流特征及对 $PM_{2.5}$ 污染的影响[D]. 南京:南京大学.
刘序俨,洪星,杨军,2001. 平动及其在起潮力中的作用[C]//福建省天文学会,泉州市科协. 第四届全国日地关系与灾害学术研讨会论文专辑:8.
刘彦随,2020. 现代人地关系与人地系统科学[J]. 地理科学,40(8):1221-1234.
刘彦随,王大伟,彭留英,2004. 中国农业地理学研究的进展与趋向[J]. 地理学报(s1):175-182.
刘媛,熊柴,2022. 全球人口变局、影响及中国应对[J]. 经济学家(1):26-35.
刘云刚,柴彦威,2006. 日本人文地理学的发展特征与动态[J]. 人文地理(6):6-10,96.
刘云刚,叶清露,许晓霞,2015. 空间、权力与领域:领域的政治地理研究综述与展望[J]. 人文地理,30(3):1-6.

刘云刚,刘玄宇,王丰龙,等,2022. 领土 VS 主权:政治地理学领土陷阱理论研究进展[J]. 地理科学进展,41(8):1492-1503.

刘云刚,王丰龙,安宁,等,2023. 中国政治地理学教材建设:特色定位与拓展领域[J]. 地理研究,42(4):1146-1162.

刘中民,黎兴亚,2006. 地缘政治理论中的海权问题研究——从马汉的海权论到斯皮克曼的边缘地带理论[J]. 太平洋学报(7):34-45.

龙花楼,张英男,刘彦随,等,2021. 中国现代农业与乡村地理学研究进展[J]. 经济地理,41(10):49-58.

卢薇,尹铎,朱竑,2019. 西方超越人类的地理学研究进展[J]. 地理学报,74(10):2178-2191.

陆大道,2000. 50 年来我国经济地理学的发展[J]. 经济地理(1):2-6.

陆大道,2023. 人文与经济地理学如何响应"中国式现代化"的要求[J]. 经济地理,43(3):1-5.

陆大道,杜德斌,2013. 关于加强地缘政治地缘经济研究的思考[J]. 地理学报,68(6):723-727.

罗瑞欣,吕涛,蒋其发,2022. 新经济地理学下区域农业经济增长动力研究[J]. 农业经济(2):16-18.

罗桑,叶超,2023. 当地理遇到治理:思想渊源与理论演变[J]. 地理科学,43(7):1167-1173.

罗士培,吴传钧,1986. 人文地理学的领域和宗旨[J]. 国外人文地理(2):3-6.

罗兴佐,2006. 社会行动单位与村庄类型划分[J]. 甘肃理论学刊(1):47-50.

罗勇,2017. 中国陆地水循环演变与成因[M]. 北京:科学出版社.

闾国年,俞肇元,袁林旺,等,2018. 地图学的未来是场景学吗[J]. 地球信息科学学报,20(1):1-6.

马恩朴,蔡建明,韩燕,等,2020. 人地系统远程耦合的研究进展与展望[J]. 地理科学进展,39(2):310-326.

马金玉,罗勇,申彦波,等,2012. 近 50 年中国太阳总辐射长期变化趋势[J]. 中国科学:地球科学,42(10):1597-1608.

马卫,白永平,张雍华,等,2015. 2002—2011 年中国新型城市化空间格局与收敛性分析[J]. 经济地理,35(2):62-70.

毛汉英,2014. 中国周边地缘政治与地缘经济格局和对策[J]. 地理科学进展,33(3):289-302.

毛熙彦,贺灿飞,2023. 经济全球化新叙事与中国经济地理学发展新趋势[J]. 地理学报,78(12):2905-2921.

蒙赵红,陈均亮,张晓东,等,2015. 徐家围子断陷断层相关褶皱类型及演化模式[J]. 大庆石油地质与开发,34(1):7-10.

孟凡超,2015. 气候变化对东北玉米生长和产量影响的观测与模拟[D]. 北京:中国气象科学研究院.

缪启龙,2018. 现代气候学(第二版)[M]. 北京:气象出版社.

莫正玺,叶强,2020. 地理学视角下信息通讯技术与城市互动影响研究综述[J]. 现代城市研究(5):70-79.

尼古拉斯·斯皮克曼,2016. 和平地理学[M]. 上海:上海人民出版社.

倪绍祥,查勇,1998. 综合自然地理研究有关问题的探讨[J]. 地理研究(2):2-7.

牛方曲,封志明,刘慧,2018. 资源环境承载力评价方法回顾与展望[J]. 资源科学,40(4):9.

牛力,2023. 从地学到地理学:竺可桢与中国近代大学地理学系的构建[J]. 南京大学学报,60(5):

127-144.
裴韬,刘亚溪,郭思慧,等,2019. 地理大数据挖掘的本质[J]. 地理学报,74(3):586-598.
千庆兰,樊杰,李平,2004. 战后中西人文地理学比较研究[J]. 人文地理(1):22-26.
钱俊希,朱竑,2015. 新文化地理学的理论统一性与话题多样性[J]. 地理研究,34(3):422-436.
佘之祥,2015. 任美锷先生对人文—经济地理学的贡献和启迪[J]. 经济地理,35(10):1-4.
申彦波,王标,2011. 近50年中国东南地区地面太阳辐射变化对气温变化的影响[J]. 地球物理学报,54(6):1457-1465.
申艳军,彭建兵,陈兴,等,2023. 高山冰川地貌区垂直分带性与地质灾害空间配置关系[J]. 岩石力学与工程学报,42(6):1336-1351.
申悦,王德,2022. 行为地理学理论与方法的跨学科应用研究[J]. 地理科学进展,41(1):40-52.
申朝瑞,李连慧,2022. 指向高中地理合格考的地理新教材教学设计探讨——以鲁教版必修第一册"河流地貌"为例[J]. 文科爱好者(教育教学)(1):34-36.
沈志奔,2014. 高频地波雷达海流应用研究[D]. 武汉:武汉大学.
石泌煜,2023. 基于文化地理学背景下各地区传统民居村落研究[J]. 城市建设理论研究(17):1-3.
史本叶,2016. 我国人口结构变化对经济转型的影响[J]. 人口学刊,38(4):17-24.
史培军,宋长青,程昌秀,2019. 地理协同论——从理解"人—地关系"到设计"人—地协同"[J]. 地理学报,74(1):3-15.
宋长青,2016. 地理学研究范式的思考[J]. 地理科学进展,35(1):1-3.
宋长青,程昌秀,史培军,2018. 新时代地理复杂性的内涵[J]. 地理学报,73(7):1204-1213.
宋长青,张国友,程昌秀,等,2020. 论地理学的特性与基本问题[J]. 地理科学,40(1):6-11.
宋贯一,2008. 长期极移的成因[J]. 地球物理学进展(4):1063-1070.
宋欣,2011. 河流景观的近自然化设计研究[D]. 北京:北京交通大学.
苏奋振,2020."地理智能"专辑导言[J]. 地球信息科学学报,22(1):1.
苏文才,1980. 论土壤分布的垂直地带性地理规律[J]. 河南师范大学学报(自然科学版)(2):117-128.
孙俊,潘玉君,姚辉,等,2012. 科学地理学的理论基础及其研究内容与学科性质[J]. 地理科学进展,31(2):239-247.
孙四周,2002. 关于月牙形状的数学分析[J]. 数学通报(3):34-35.
孙莺绮,2019. 高中生地理综合题解题错误分析及纠正对策研究[D]. 上海:上海师范大学.
谈明洪,吕昌河,2003. 以建成区面积表征的中国城市规模分布[J]. 地理学报(2):285-293.
谭本馗,陈文,2014. 中高纬度大气遥相关动力学及其对东亚冬季气候影响的研究进展[J]. 气象学报,72(5):908-925.
汤国安,李发源,熊礼阳,2017. 黄土高原数字地形分析研究进展[J]. 地理与地理信息科学,33(4):1-7.
汤礼莎,龙花楼,周贵鹏,等,2023. 中国农业地理学研究进程与展望[J]. 地理科学进展,42(9):1853-1868.
汤姆·莱昂纳德,马德琳·邓菲,2016. 这里是非洲稀树草原[M]. 北京:中国少年儿童出版社.

仝德,刘涛,李贵才,2013. 外生拉动的城市化困境及出路—以珠江三角洲地区为例[J]. 城市发展研究,6:80-86.

汪品先,田军,黄恩清,等,2018. 地球系统与演化[M]. 北京:科学出版社.

王长松,2023. 城市文化空间的概念、研究范式与实践[J]. 中国社会科学评价(2):85-94,159.

王恩涌,1998. 政治地理学[M]. 北京:高等教育出版社.

王恩涌,赵荣,张小林,等,2000. 人文地理学[M]. 北京:高等教育出版社.

王晗,2020. 历史地理学研究中 GIS 的认知过程及其人类因素考量[J]. 云南大学学报(社会科学版),19(4):60-67.

王晗,张丹妮,华廷,等,2023. 社会—生态系统:研究态势、主题演进与地域实践[J]. 生态学报,43(15):6499-6513.

王辉,徐红罡,2021. 中国内地女性主义地理学研究进展和展望[J]. 人文地理,36(4):53-60,158.

王劲峰,徐成东,2017. 地理探测器:原理与展望[J]. 地理学报,72(1):116-134.

王礼茂,牟初夫,陆大道,2016. 地缘政治演变驱动力变化与地缘政治学研究新趋势[J]. 地理研究,35(1):3-13.

王社教,2022. 史念海先生对中国历史地理学科建设的贡献[J]. 中国历史地理论丛,37(2):127-134.

王淑强,青秀玲,王晶,等,2017. 基于文献计量方法的国际地理科学研究机构竞争力分析[J]. 地理学报,72(9):1702-1716.

王树声,2006. 黄河晋陕沿岸历史城市人居环境营造研究[D]. 西安:西安建筑科技大学.

王维涛,张敏,2022. 地理媒介与第三空间:西方媒介与传播地理学研究进展[J]. 地理科学进展,41(6):1082-1096.

王鑫宇,刘红年,俞布,2023. 海陆风环流和城市热岛环流相互作用及其对空气污染的影响[J]. 南京大学学报(自然科学版),59(4):713-721.

王亚飞,樊杰,2023. 资源环境承载能力百年研究的系统综述[J]. 地理学报,78(11):2676-2693.

王亚军,2007. 生态园林城市规划理论研究[D]. 南京:南京林业大学.

王铮,耿文均,夏海斌,等,2023. 区域发展的地理学基础评估及其指标体系构建[J]. 地理学报,78(3):558-571.

王志理,2019. 世界人口增速放缓人类进入低增长时代——《世界人口展望 2019》研讨会在京召开[J]. 人口与健康(7):14-15.

卫言,2011. 四川省新型城镇化水平及指标体系构建研究[D]. 成都:四川师范大学.

温锋,2023. 黄土面状侵蚀特征及微观机理研究[D]. 西安:长安大学.

文洁,张琦,2018. 地理综合思维溯源[J]. 地理教学(12):27-29,58.

乌拉尔·沙尔赛开,2017. 世界人口展望:人口、资源与环境[J]. 生态经济,33(9):2-5.

吴传钧,1989. 农业地理学发展述要[J]. 地理环境研(1):10-17.

吴传钧,1991. 论地理学的研究核心——人地关系地域系统[J]. 经济地理(3):1-6.

吴传钧,1994. 发展具有中国特色的人文地理学[J]. 中学地理教学参考(z2):6-7.

吴传钧,1996. 展望中国人文地理学的发展[J]. 人文地理(s1):1-10.

吴传钧,1997. 谈地理教育的改革问题[J]. 中学地理教学参考(6):4-5.

吴传钧,1998. 发展具有中国特点的人文地理学[J]. 国外人文地理(2):1-6.
吴殿廷,2020. 区域地理学基本原理初探[J]. 西北师范大学学报(自然科学版),56(6):95-101.
吴建藩,1986. 德国人文地理学的理论与实践[J]. 国外人文地理(1):21-26.
吴绍洪,赵东升,尹云鹤,等,2016. 自然地理学综合研究理论与实践之继承与创新[J]. 地理学报,71(9):1484-1493.
吴振华,2013. 佤族社会文化变迁研究[D]. 北京:中央民族大学.
吴征宇,2010. 海权、陆权与大战略——地理政治学的大战略内涵[J]. 欧洲研究,28(1):52-66,160-161.
伍光和,王乃昂,胡双熙,等,2007. 自然地理学[M]. 北京:高等教育出版社:464.
肖善才,张东海,胡涛,等,2023. 美丽中国建设的综合自然地理学透视[J]. 经济地理,43(2):33-39.
谢树成,罗根明,朱宗敏,2023. 地球表层系统对深部圈层时空演变的影响[J]. 科学通报,1-11.
邢西武,2019. 西班牙十日纪行[M]. 成都:四川文艺出版社.
熊琛然,武友德,彭邦文,2017. 威胁:地缘政治理论构建的前提与原始动力[J]. 世界地理研究,26(2):51-61.
熊巨华,王佳,张晴,等,2021. 地理科学的学科体系构建与内涵[J]. 科学通报,66(2):153-161.
熊礼阳,汤国安,2022. 黄土高原沟谷地貌发育演化研究进展与展望[J]. 地球信息科学学报,22(4):816-826.
徐冠华,柳钦火,陈良富,等,2016. 遥感与中国可持续发展:机遇和挑战[J]. 遥感学报,20(5):679-688.
晏小敏,李启平,2016. 农业产业集群与农村劳动力迁移、城镇化的关系研究[J]. 求索(2):93-96.
严中伟,丁一汇,翟盘茂,等,2020. 近百年中国气候变暖趋势之再评估[J]. 气象学报,78(3):370-378.
杨发祥,茹婧,2014. 新型城镇化的动力机制及其协同策略[J]. 山东社会科学,1:56-62.
杨光辉,2006. 中国人口老龄化与产业结构调整的统计研究[D]. 厦门:厦门大学.
杨国安,甘国辉,2003. 人文地理学研究方法述要[J]. 地域研究与开发(1):1-4,13.
杨青山,韩杰,丁四保,等,2004. 世界地理[M]. 北京:中国大百科全书出版社.
杨蓉,袁振杰,尹铎,等,2023. 人地互动关键带的内涵与理论框架探索[J]. 地理学报,78(11):2659-2675.
杨吾杨,怀博,1983. 古代中西地理学思想源流新论[J]. 自然科学史研究(4):322-329.
姚蒙蒙,2017. 基本地质构造类型的参数化三维建模方法研究[D]. 南京:南京师范大学.
姚士谋,周春山,王德,等,2016. 中国城市群新论[M]. 北京:科学出版社:14-15.
叶超,2012. 人文地理学空间思想的几次重大转折[J]. 人文地理,27(5):1-5,61.
由川,2020. 面阵成像式红外地球敏感器在轨姿态测量误差分析与校正方法研究[D]. 上海:中国科学院上海技术物理研究所.
翟金良,2012. 地理学:"出思想"的重要学科领域[J]. 中国科学院院刊,27(5):611-617.
翟明国,2015. 大陆动力学的物质演化研究方向与思路[J]. 地球科学与环境学报,37:1-11.
展亚荣,谷人旭,2022. 国际经济地理学研究的知识图谱分析[J]. 热带地理,42(5):706-715.

张博,邓浩坤,安宁,等,2019. 大数据背景下国内人文地理研究进展与方法审视[J]. 人文地理,34(3):14-21,90.

张渤鑫,2023. 地理科学技术在智慧城市规划中的应用研究[J]. 中学地理教学参考(12):79-80.

张国,2014. 地理表象信息转换生成的教学设计[D]. 济南:山东师范大学.

张国友,黄剑,朱竑,等,2019. 中国地理学会与《地理学报》的发展[J]. 地理学报,74(11):2197-2208.

张涵,李彦辉,刘博,2022. 基于 GIS 的国外文化地理学研究热点演变与趋势[J]. 华南师范大学学报(自然科学版),54(5):1-11.

张洪岩,周成虎,闾国年,等,2020. 试论地学信息图谱思想的内涵与传承[J]. 地球信息科学学报,22(4):653-661.

张建国,1997. 论现代林业[J]. 世界林业研究(4):2-10.

张杰,2023. 难民危机全球治理的冲突与涉外法治融合发展[J]. 广西警察学院学报,36(4):1-6.

张兰生,2012. 中国古地理:中国自然环境的形成[M]. 北京:科学出版社:306-359.

张明龙,周剑勇,刘娜,2014. 杜能农业区位论研究[J]. 浙江师范大学学报(社会科学版),39(5):95-100.

张宁,杨瑞琴,2023."人地关系"视阈下马克思人与自然关系思想及其对生态危机的阐释[J]. 理论导刊(11):107-113.

张燕妮,2015. 地理微课程实践研究——以微课"背斜与向斜的判断及实践应用"为例[J]. 地理教学(5):17-20,27.

张耀光,2015. 中国海洋经济地理学[M]. 南京:东南大学出版社.

张耀光,王圣云,宋欣茹,等,2004. 大陆架在国家可管辖海域划界问题研究[J]. 地理与地理信息科学(3):52-55,108.

张玉清,张语嫣,2017. 试论伏羲八卦本源于"地心说"的太阳运行轨迹[J]. 文教资料(15):79-84.

张育庆,詹程程,2022. 女性主义地理学研究进展与展望[J]. 世界地理研究,31(4):881-893.

张震,李强,2024. 中国人口死亡高峰的特征与演化机制[J]. 人口研究,48(3):20-34.

张智源,邓奕,唐燕,等,2024. 养老住房政策体系演进与多样化实施方法探究——以加拿大老年住房计划为例[J]. 城市发展研究,31(4):74-81.

张仲伍,畅田颖,高鑫,2021. 黄河流域生态经济协调发展研究[J]. 地域研究与开发,40(3):25-30,36.

赵国春,张国伟,2021. 大陆的起源[J]. 地质学报,95:1-19.

赵文津,2009. 大陆漂移,板块构造,地质力学[J]. 地球学报,30(6):717-731.

甄峰,秦萧,王波,2014. 大数据时代的人文地理研究与应用实践[J]. 人文地理,29(3):1-6.

郑度,吴绍洪,尹云鹤,等,2016. 全球变化背景下中国自然地域系统研究前沿[J]. 地理学报,71(9):1475-1483.

郑伟,林山君,陈凯,2014. 中国人口老龄化的特征趋势及对经济增长的潜在影响[J]. 数量经济技术经济研究,31(8):3-20,38.

郑永飞,2024. 太古宙地质与板块构造:观察与解释[J]. 中国科学:地球科学,54(1):1-30.

钟赛香,袁甜,苏香燕,等,2015. 百年 SSCI 看国际人文地理学的发展特点与规律——基于 73 种人文地理类期刊的文献计量分析[J]. 地理学报,70(4):678-688.
周成虎,孙九林,苏奋振,等,2020. 地理信息科学发展与技术应用[J]. 地理学报,75(12):2593-2609.
周骁男,2010. 中国地缘政治学的过去、现在和未来[J]. 东北师范大学学报(哲学社会科学版)(4):22-26.
周一星,陈彦光,2004. 城市地理研究的几个基本问题[J]. 经济地理(3):289-293.
周永宏,郑大伟,虞南华,等,2000. 地球自转运动与大气、海洋活动[J]. 科学通报(24):2588-2597.
朱阿兴,闾国年,周成虎,等,2020. 地理相似性:地理学的第三定律[J]. 地球信息科学学报,22(4):673-679.
朱竑,郭隽万果,吴伟,2017. 国际社会文化地理学研究发展与启示——基于 Social and Cultural Geography 论文统计分析[J]. 地理研究,36(10):1981-1996.
朱华友,2004. 空间集聚与产业区位的形成:理论研究与应用分析[D]. 长春:东北师范大学.
朱明亮,2020. 人口老龄化、人力资本和经济增长[D]. 北京:中央财经大学.
ARTHUR G,2014. Introduction to Geography[M]. New York:McGraw Hill Education.
BEHR W,2019. Role of major erosion events in Earth's dynamics[J]. Nature,570:38-39.
CAWOOD P A,2020. Earth Matters:A tempo to our planet's evolution[J]. Geology,48:525-526.
CHEN F H,LI X,WU S H,et al,2021. Disciplinary structure of geographic science in China[J]. Acta Geographica Sinica,76(9):2069-2073.
DUAN Y Y,PEI X J,ZHANG X C,et al,2022. The hypsometric integral based on digital elevation model for the area west of Lvliang Mountains in Loess Plateau,Shanxi,China[J]. Frontiers in Earth Science,10:1-14.
GRANGER D E,KIRCHNER J W,FINKEL R,1996. Spatially averaged long-term erosion rates measured from in situ-produced cosmogenic nuclides in alluvial sediment[J]. The Journal of Geology,104(3):249-257.
GREGORY K J,2000. The Changing Nature of Physical Geography[M]. London:Arnold.
GUO H D,2020. Big Earth data facilitates sustainable development goals[J]. Big Earth Data,4(1):1-2.
JOHN A M,DAVID T H,2008. Geography:A Very Short Introduction[M]. New York:Oxford University Press Inc.
LIANG L W,WANG Z B,LI J X,2019. The effect of urbanization on environmental pollution in rapidly developing urban agglomerations[J]. Journal of Cleaner Production,237.
LIANG S L,WANG J D,2019. Advanced Remote Sensing:Terrestrial Information Extraction and Applications[M]. New York:Academic Press.
LINDSEY R,DAHLMAN L A,2020. Climate change:Global temperature[J]. Climate:16.
LIU J,HULL V,GODFRAY J C,et al,2018. Nexus approaches to global sustainable development[J]. Nature Sustainability,1(9):466-476.
LIU H,FANG C,FANG K,2020. Coupled Human and Natural Cube:A novel framework for analyzing the multiple interactions between humans and nature[J]. Journal of Geographical Sciences,30(4):

355-377.

MILLER H J,2020. Geographic information science Ⅲ :GIScience,fastand slow-Why faster geographic information is not always smarter[J]. Progress in Human Geography,44(1):129-138.

NAUMANN G,CAMMALLERI C,MENTASCHI L,et al,2021. Increased economic drought impacts in Europe with anthropogenic warming[J]. Nature Climate Change,11(6):485-491.

OHTANI E,2021. Hydration and dehydration in Earth's interior[J]. Annu Rev Earth Planet Sci,49:253-278.

PEIXOTO J P,OORT A H,1992. Physics of Climate[M]. New York:Springer.

RANDALL D,2015. AnIntroduction to the Global Circulation of the Atmosphere[M]. Princeton:Princeton University Press.

SCHULTZ N M,LAWRENCE P J,LEE X,2017. Global satellite data highlights the diurnal asymmetry of the surface temperature response to deforestation[J]. Journal of Geophysical Research: Atmospheres,122(4):903-917.

SOBOLEV S V,BROWN M,2019. Surface erosion events controlled the evolution of plate tectonics on earth[J]. Nature,570:52-57.

WANG F,ZHOU Y,1999. Modelling urban population densities in Beijing 1982—1990:Suburbanisation and its causes[J]. Urban Studies,36(2):271-287.

WANG S,FU B,PIAO S L,et al,2016. Reduced sediment transport in the Yellow River due to anthropogenic changes[J]. Nature Geoscience,9(1):38-41.

ZENG Z Z,PIAO S L,LI L Z,et al,2017. Climate mitigation from vegetation biophysical feedbacks during the past three decades[J]. Nature Climate Change,7(6):432-436.